SARDINIEN

TAUCHFÜHRER

Jahr Verlag Hamburg

SARDINIEN

TAUCHFÜHRER

Text und Fotos:
Egidio Trainito

Graphic Design
Patrizia Balocco Lovisetti
Clara Zanotti

Illustrationen und Karten
Stefano Trainito

Übersetzung
Aquapress Jörg Keller

Redaktion
Valeria Manferto De Fabianis

Satz
Partner Satz GmbH, Hamburg

Sardinien
Tauchführer

Sardinia • Diving Guide

Via Candido Sassone, 24
13100 Vercelli, Italien

Jahr Verlag GmbH & Co.
Jessenstraße 1
D-22767 Hamburg
Telefon 040/38906-0
Telefax 040/38906-252

Inhalt

Seite 1
Ein Teppich von Juwelenanemonen (Corynactis viridis) *bedeckt an den Wänden nördlich von Secca di Su Puntillone den Fels. Dies gehört zu den eindrucksvollsten Naturerlebnissen in den sardischen Gewässern.*

Seite 2 - 3
Gorgonien, Weichkorallen und goldene Krustenanemonen ringen auf den Felsen von Secca del Papa um Lebensraum.

Seite 4 oben
Das Blitzlicht bringt die Farben eines Drachenkopfes zum Aufleuchten.

Seite 4 unten
In den Schattenzonen dominieren die Tiere. Hunderte von Lebewesen, meistens Schwämme und Gorgonien, die sich teilweise sogar überwuchern, drängen sich auf den Wänden von Secca Washington.

ISBN 3-86132-223-4

Die Deutsche Bibliothek – CIP-Einheitsaufnahme

Sardinien : Tauchführer / Text und Fotos Egidio Trainito.
Ill. Stefano Trainito. Übers. Aquapress Jörg Keller. - Hamburg :
Jahr, 1997
Einheitssacht.: Sardinia diving guide <dt.>
ISBN 3-86132-223-4

STRASSE VON BONIFACIO
27
28
26
MADDALENA
CAPRERA
29
PALAU
MORTORIO
30
ASINARA
25
GOLF VON OLBIA
GOLF VON ASINARA
2
Capo Figari
1
Capo Falcone
3
4
TAVOLARA
CASTELSARDO
OLBIA
5
6
7
MOLARA
SASSARI
24
ALGHERO
Capo Caccia
Capo Comino
OROSEI
8
9
23
BOSA
CALA GONONE
22
10
GOLF VON OROSEI
11
21
12
Capo di Mt. Santu
Capo Mannu
SARDISCHES MEER
13
ORISTANO
ARBATAX
Capo Bellavista
GOLF VON ORISTANO
Capo della Frasca
TYRRHENISCHES MEER
Capo Pecora
Capo Ferrato
GOLF VON GONNESA
20
CAGLIARI
S. PIETRO
16
VILLASIMIUS
19
15
GOLF VON CAGLIARI
14
S. ANTIOCO
18
17
Capo Teulada
Capo Spartivento

EINLEITUNG

Der Duft von Strohblumen, Ginster, Rosmarin und Hunderter anderer Pflanzen ist das erste, was man an den Küsten Sardiniens wahrnehmen wird, noch bevor man sich den Riffen und Sandstränden zuwendet. Das Sardische Meer – Mar di Sardegna – hat etwas Einmaliges an sich, und ein Vergleich mit irgendeinem tropischen Gewässer verbietet sich. Vielleicht ist es die Transparenz des Wassers, vielleicht ist es auch die Landschaft ganz allgemein.
Nicht so unmittelbar, aber ebenso beeindruckend ist die Empfindung, wenn man an der Küste entlangsegelt oder unter Wasser blickt. Hier ist die Zeit Stein geworden, haben sich riesige Wassermassen abgelöst und dabei Felsen und Sand abwechselnd freigelegt und wieder überflutet. Es mag wie ein seltsames Wortspiel erscheinen, aber der antike Name Sardiniens, „Ichnusa", bedeutet „geprägt", und die Küsten dieser Insel zeigen in der Tat die Zeichen der vergangenen Zeiten. Offensichtlich sind die Zeugnisse dafür, daß der Meeresspiegel heute freiliegendes Land überflutete, als in weit zurückliegenden erdgeschichtlichen Perioden die Zeiten großer Vulkanaktivitäten endeten. So sieht man acht bis elf Meter über dem heutigen Wasserspiegel die vor 120 000 Jahren entstandenen Brandungskerben. Und unter Wasser, vom Flachwasser bis hinunter zu 60 Meter Tiefe, sind die langen Bänder versteinerter Strände stumme Zeugen des langsamen Anstiegs des Meeresspiegels, der vor 20 000 Jahren noch 120 Meter unter dem heutigen Niveau lag. Die Geologen nennen dies Strandfelsen, während die Sarden farbiger und kreativer von „Römischen Straßen" sprechen. Parallel zur heutigen Küstenlinie liegen Anhäufungen von Steinkonglomeraten, auseinandergebrochene und von Rissen und Spalten durchzogene Massen aus Sandstein und Geröll, die gewöhnlich nur an wenigen Stellen auf dem Meeresgrund verankert sind und deshalb tiefeingeschnittene Klippen bilden. Wie eine gepunktete Linie ziehen sich über und unter Wasser diese Klippen als Zeugen der Zeit um die gesamte Küstenlinie und beweisen, daß die Grenzen zwischen Land und Meer flüchtig sind – und zwar nicht nur, weil sie sich im Laufe der Zeit verändern, sondern auch, weil sich die Landschaft unter Wasser unverändert fortsetzt. Diese Unterwasserlandschaften, die mit den beschränkten Mitteln der Unterwasserfotografie unmöglich zu erfassen sind, bleiben unauslöschlich im Gedächtnis, wenn man hier getaucht hat.

A

B

Sardinien als Teil des Mittelmeers

Obwohl das Mittelmeer aus biogeografischer Perspektive, das heißt im Hinblick auf die Verbreitung seiner Lebensformen, als relativ homogen betrachtet werden kann, wird es im allgemeinen doch in unterschiedliche Gebiete aufgeteilt. Im Westen markiert das nach der gleichnamigen, südlich von Spanien gelegenen Insel benannte Alboránmeer die Grenze und gleichzeitig den Punkt, wo der Wasseraustausch mit dem Atlantik stattfindet. Zentral im westlichen Mittelmeer liegt das Gebiet von den Balearischen Inseln bis nach Sizilien. Die Adria und das östliche Mittelmeer bilden die nördlichen und östlichen Grenzen.
Sardinien liegt direkt in der Mitte des zentralen Mittelmeers in einer Position, die allgemein günstig für eine Synthese der biologischen Merkmale der gesamten Region ist. Die Ursprünge der Arten, die heutzutage das Mittelmeer bevölkern, können bis in die Zeiten zurückverfolgt werden, als alle heutigen Kontinente noch in einem einzigen, riesigen Superkontinent, Pangäa genannt, zusammenhingen, in den ein tiefer Golf hineinreichte, das Thetismeer. Dieses Thetismeer lag etwa dort, wo sich heute das Mittelmeer erstreckt und wird deshalb als dessen Ursprung angesehen. Es war ein warmes Meer, bevölkert von einer großen Anzahl tropischer Arten.
Vor etwa 210 Millionen Jahren begann die Kontinentaldrift: Große Bruchteile der Erdkruste, die heutigen Kontinente, begannen sich auf dem Erdmantel zu bewegen, brachen vom Urkontinent Pangäa ab und bildeten dabei neue Meere. Es dauerte etwa 200 Millionen Jahre, bis das Mittelmeer in etwa die heutige Form angenommen hatte.
Gegen Ende dieser Periode, vor 25 bis 16 Millionen Jahren, trennte sich die Landmasse von Sardinien und Korsika, die beinahe einen Minikontinent bildet, von der Pyrenäen/Provence-Region, öffnete den heutigen Golf von Lyon und erreichte schließlich im

C

Endstadium ihre heutige Position. Am Ende des Tertiärs, während des Pliozäns vor 17 bis 10 Millionen Jahren, wurde das Mittelmeer nach und nach vom Indopazifik abgeschnitten, und das Klima begann sich abzukühlen. Die erste Folge dieser Entwicklung war ein Rückgang der tropischen Arten, und mit wachsender Isolation begann die Entfaltung und Anpassung der verbleibenden Arten an das warm-gemäßigte Wasser. Gleichzeitig begünstigte der Abfall der Wassertemperatur die Einwanderung zahlreicher atlantischer Arten ins Mittelmeer.

Im Quartär hatte das westliche Mittelmeer mit Sardinien im Mittelpunkt weitgehend seine heutige Form erreicht. Nunmehr wurde die Entwicklung der Arten in diesem Becken hauptsächlich durch die zunehmenden Klimaveränderungen beeinflußt, die von den sich abwechselnden Eiszeiten und Zwischeneiszeiten verursacht wurden. Besonders während der Kälteperioden veränderten sich die generellen Strömungssysteme, wobei durch die Straße von Gibraltar Oberflächenwasser des Mittelmeeres aus- und Tiefenwasser aus dem Atlantik einfloß. Letzteres begünstigte die Einwanderung der sogenannten „Kältefauna“, womit aus dem nördlichen Atlantik stammende Arten gemeint sind.

Diese komplexen Phänomene sind die Grundlage der heutigen Bedingungen und machen aus dem Mittelmeer ein Gewässer mit ganz besonderen Eigenarten. Wasseraustausch erfolgt nur mit dem Atlantik, indem Oberflächenströmungen einfließen und schwache Tiefenströmungen ausfließen.

Verglichen mit anderen Gebieten des Mittelmeers sind die Sardinien umgebenden Gewässer relativ stabil, speziell das Hochseewasser, das eine Salinität von 37 bis 38 Prozent aufweist. Auch die Oberflächentemperaturen verändern sich gleichbleibend nur zwischen 12 bis 14 °C im Februar und 23 bis 25 °C im August.

D

E

A - Blühender wilder Rosmarin setzt im Buschwerk an der Küste des Golfes von Orosei wunderschöne Farbakzente.

B - Im Frühling gleichen die mit Macchia überzogenen Kalkfelsen von Tavolara einem Blütenmeer.

C - Wilde Lilien (Pancrazio illirico) *gedeihen in den Felsspalten und auf Flachgebieten. Im Frühling sind die Schluchten, die an der Ostseite Tavolaras zum Wasser führen, blühende Liliengärten.*

D - Die Granitklippen der Insel Mortorio vor der Küste von Gallura tragen vereinzeltes Buschwerk, das dem Mistral ausgesetzt ist.

E - Auf der Insel Spargi, die zum La-Maddalena-Archipel gehört, ist eine Sanddüne von dichtem Gebüsch besiedelt worden. Sand und Fels trennen das Grün dieser Macchia vom Smaragdgrün des Meeres.

Heutzutage findet man in den Gewässern rund um die Insel alle Tiergruppen, die für das ganze Mittelmeer typisch sind. Die Mehrheit bilden im Mittelmeer endemische Arten, die von der Bevölkerung des Tethismeers abstammen, sowie die aus dem Atlantik eingewanderten Arten. Eine andere wichtige Gruppe sind die kosmopolitischen Arten, die man in allen Meeren der Welt antreffen kann. Die Arten mit eher tropischen Vorlieben, die während warmer Perioden einwanderten, sind weniger zahlreich. In den vergangenen hundert Jahren seit der Eröffnung des Suezkanals sind allerdings gewisse Gruppen aus dem Roten Meer zugewandert.

Das Leben im Meer

Es ist offensichtlich, daß sich das Leben in einer marinen Umwelt anders entwickelt als an Land. Weniger leicht zu verstehen sind die Umstände, die diese Vielfalt im Meer verursachen und insbesondere die, welche für die Verbreitung der Lebewesen innerhalb der verschiedenen Lebensräume sorgen. Beispielsweise ist das erste Problem, mit dem wir uns unter Wasser konfrontiert sehen, die Bestimmung, was Pflanzen und was Tiere sind. Wie häufig sagt man doch nach einem Tauchgang zwischen Gorgonien: „Das waren entzückende Pflanzen!" Dabei spielt die pflanzliche Komponente in der Unterwasserwelt eine absolut zweitrangige Rolle, und die Gorgonien sind, auch wenn sie wie Pflanzen aussehen, in Wirklichkeit Tierkolonien. Wir haben uns eben angewöhnt, alle Lebensformen, die mit dem Boden verbunden und busch- oder baumförmig sind, als Pflanzen zu betrachten, und von den Tieren erwarten wir, daß sie sich bewegen, gehen oder kriechen.

A

B

C

D

Tatsache ist, daß zum Nahrungserwerb im Meer besondere Techniken erforderlich sind, die eng an das Medium gebunden sind. In der Tat ist auch das transparenteste Wasser voller lebender und toter organischer Materie, die von den Wellen, Strömungen und Gezeiten herbeigetragen wird und kontinuierlich auf den Meeresgrund herabsinkt. Deshalb haben sehr viele tierische Lebewesen aus den verschiedensten Gruppen spezialisierte Formen und Strukturen entwickelt, um dieses „Himmelsmanna" einzufangen. Das erklärt auch, weshalb viele marine Tiere absolut seßhaft sind – sie haben es nicht nötig, sich auf der Suche nach Nahrung fortzubewegen, sondern müssen sie nur einfangen, wenn sie herabschwebt.

Es ist klar, daß für Tiere dieses Typs wie Schwämme, Seeanemonen, Röhrenwürmer und Seescheiden das Vorhandensein von Strömungen – oder allgemeiner ausgedrückt Wasserbewegung – und die Konzentration von organischem Material in einem bestimmten Lebensraum wichtige Faktoren sind, die ihre Verteilung beeinflussen. Um auf die Gorgonien zurückzukommen: Sie sind Tiere, deren Kolonie aus einem Hartskelett besteht, um das herum ein verbindendes Gewebe Hunderte von kleinen Polypen zusammenhält. Um leben und wachsen zu können, brauchen sie einen Standort, der den Strömungen ausgesetzt ist. Man findet sie nicht nur ausschließlich unter solchen Bedingungen, sondern auch die Wuchsform und Stellung der Kolonie sind durch die Richtung der Strömung bestimmt, denn sie stehen immer im rechten Winkel dazu, um ein Maximum an Nahrung zu erbeuten.

Für die Pflanzen ist das Licht der grundlegende Faktor. Pflanzen verzehren ja keine anderen Lebewesen, sondern wachsen aufgrund der Photosynthese. Deshalb sind sie auch in der Lage, mit Hilfe der Lichtenergie einfache anorganische Substanzen (wie Wasser und Kohlendioxid) in komplexe organische Substanz (Zucker) umzuwandeln. Die Verbreitung von Pflanzen in der marinen Umwelt ist also von der Menge und Qualität des verfügbaren Lichts abhängig. Da das Meerwasser in Oberflächennähe mehr Lichtanteile absorbiert und insbesondere die langwelligeren, findet man auf den ersten Metern vorwiegend Pflanzen, die die roten Lichtanteile nutzen, und weiter unten nur noch diejenigen, die Photosynthese mit den kürzeren grünen und blauen Wellenlängen durchführen können.

Aber Licht ist ein Faktor, der auch die Verbreitung der festsitzenden tierischen Lebewesen beeinflußt. Viele von ihnen sind nachtaktiv oder an Zonen mit wenig Lichteinfall gebunden. In den dunklen Zonen ist auch der Kampf um Lebensraum weniger heftig, weil der pflanzliche Anteil drastisch zurückgeht.

Ein drittes Element, das ebenfalls klar das Vorhandensein und die Menge mariner Organismen beeinflußt, ist die Struktur des Meeresgrunds. Indem sie die zahlreichen ihnen zur Verfügung stehenden, spezialisierten Bauformen nutzen, klammern sich sowohl Pflanzen als auch seßhafte Tiere an Felsen und anderes Hartsubstrat, und für beide ist es schwieriger, sich auf sandigem oder schlickigem Grund festzusetzen, weil dieser sich kontinuierlich mit den Wasserbewegungen verändert. Deshalb werden derartige Lebensräume von speziell angepaßten Pflanzen, beispielsweise marinen Blütenpflanzen und insbesondere dem Neptunsgras, besiedelt, während die seßhaften Tiere überwiegend eingegraben dort leben und dafür interessante, aber weit weniger sichtbare Anpassungen aufweisen als die der Tiere, die auf Hartsubstrat leben.

G

E

H

F

A - Goldene Krustenanemonen und rote Krustenschwämme überziehen die Felsen.

B - Auf einem Fels hat sich eine Violette Gorgonie (Paramuricea chamaeleon) *entwickelt.*

C - An den schattigen Wänden wachsen Farbwechselnde Gorgonien (Paramuricea clavata).

D - Eine Große Meerhand (Alcyonium palmatum) *streckt bei Capo Caccia ihre stummeligen Arme in die Strömung.*

E - Eine Gruppe von Meerjunkern (Coris julis) *schwärmt um eine Schraubensabelle* (Spirographis spallanzani) *herum.*

F - Die Korallengründe sind komplex zusammengesetzte Lebensräume, in denen die Tiere vorherrschend sind.

G - Die Gelbe Krustenanemone (Parazoanthus axinellae) *gehört zu den Nesseltieren .*

H - Eine Mittelmeer-Muräne (Muraena helena) *schaut aus ihrem Unterschlupf.*

Lebensräume unter Wasser

Eine der größten Attraktionen der Tauchgründe Sardiniens ist das klare Wasser. Gegen Ende des Sommers kann die Sichtweite in manchen Gebieten über 40 Meter betragen. Aber es gibt auch weniger subjektive Anzeichen für klares Wasser. Dazu gehört die Verbreitung der ausgedehnten, üppigen Neptunsgraswiesen, die rund um die Insel in den Flachwasserzonen vorkommen. Das Neptunsgras ist eine höhere Pflanze und unterscheidet sich somit von den Algen. Es bringt Blüten und Früchte hervor und verfügt über Wurzeln und Stengel. Neptunsgras wächst auf sandigem Meeresgrund, und seine auch Posidonienwiesen genannten Ansiedlungen können gewöhnlich nur in Tiefen bis 40 Meter gedeihen. In manchen Gebieten an der sardischen Küste findet man die Posidonienwiesen jedoch wesentlich tiefer, beispielsweise im Golf von Orosei. Dort erlaubt die Klarheit des Wassers ihre Verbreitung bis in 45 Meter Tiefe.

B

B - In den Schattenzonen bilden die Rotalgen emporragende Strukturen, die die Form des Gesteins darunter verändern und eine günstige Ansiedlungsfläche für viele andere Lebewesen bilden. Das Neptunsgras wächst in den höheren, besser belichteten Zonen.

C

C - Manche Tiere sind ausschließlich nachtaktiv. Dazu gehört auch die Wunder-Anemone **(Alicia mirabilis).** *Sie sackt tagsüber zu einem unscheinbaren Klumpen zusammen, der nichts von der Schönheit der entfalteten Anemone ahnen läßt.*

A

A - Das Neptunsgras **(Posidonia oceanica)** *besiedelt nicht nur Sandgründe, sondern unter günstigen Lichtverhältnissen auch Felsvorsprünge. Wo weniger Licht vorhanden ist, ändert sich die Besiedlung dramatisch.*

Als gesichert gilt, daß die untere Tiefengrenze des Neptunsgrases mit zwei anderen wichtigen Tiefengrenzen zusammenfällt. Die erste ist die Tiefengrenze für Hobbytaucher und bildet deshalb in diesem Buch die Tiefengrenze der vorgestellten Tauchplätze. Die zweite ist die Tiefengrenze des infralitoralen Bereichs, worunter die Meeresbiologen den Lebensraum zwischen dem mittleren Meeresspiegel und dem zirkumlitoralen Bereich verstehen. Letzterer reicht bis etwa 200 Meter in die Tiefe und an den Rand des Kontinentalschelfs heran.

Die Einteilung des Meeresgrunds nach solchen Bereichen ist nützlich, um die Verbreitung der Lebewesen zu beschreiben, die in engem Kontakt mit dem Meeresgrund leben. So kann man Zonen identifizieren, in denen die ökologischen Bedingungen konstant sind und von den Bereichen darüber und darunter unterscheiden, in denen sich die biologische Zusammensetzung beträchtlich verändert. Die Tauchgänge dieses Führers finden alle in der infralitoralen Zone statt.

Die Posidonienwiesen sind bei den Tauchern nicht sehr beliebt. Aber hinter ihrer anscheinenden Eintönigkeit verbirgt sich eine enorme Menge von Lebensformen – so viel, daß man die Posidonienwiesen schon mit den Amazonaswäldern verglichen hat. Lebewesen verschiedenster Art verbergen sich am Fuß der Stengel und zwischen den Blättern. Viele Fische, darunter auch große, leben im Grenzgebiet zwischen Posidonienwiesen und felsigem Meeresgrund. Bei Nachttauchgängen kann man klar sehen, wieviele Lebensformen aus dem dichten Gewirr der Blätter hervorkommen: Seeigel, die zu höheren Plätzen wandern, die phantastischen Wunder-Seeanemonen, die tagsüber zu einem unscheinbaren Klumpen zusammengeschrumpft sind und sich nachts in ganzer Schönheit aufrichten, sowie Fische und Krustentiere, die unerwartet auftauchen.

Die sandigen oder mit Detritus bedeckten Meeresgründe werden häufig auch nur flüchtig beachtet, obwohl auch hier – insbesondere nachts – er-

innernswerte Begegnungen möglich sind. Es ist ein richtiges Erlebnis, einen Himmelsgucker zu beobachten, der nahezu vollständig im Sand vergraben liegt und seine Zunge wie einen Angelköder ausstreckt, um kleine Beutefische anzulocken. Aber auch tagsüber kann man dort die perlenfarbigen Schermesserfische sehen, die kopfüber in den Sand eintauchen. Interessant ist auch das ruhelose Spiel der bunten Lippfische, die über ihren Nestern ihre Balzrituale aufführen.
Felsige Meeresgründe sind die klassischen Tauchplätze, sowohl vom Ufer aus als auch im Freiwasser. Sie bieten eine Vielfalt von Unterwasserlandschaften und entsprechend unterschiedliche Lebensräume. Die lichtliebenden Algen, insbesondere die Grün- und Braunalgen, sind auf den Spitzen der Felsen und überall dort vorherrschend, wo direktes Sonnenlicht ankommt. Die Riffe sind deshalb mit einer weichen Pflanzenschicht bedeckt, die unterschiedlich hoch ist und als Weideland für viele Arten, insbesondere die Seeigel, dient. Auch die Warzigen Kreiselschnecken, die selbst mit einer Algenschicht auf ihren Schalen getarnt sind, sind Weidegänger. Hier ist das Königreich der Meerjunker und Meerpfauen, aber auch der Drachenköpfe. Auf den der Strömung ausgesetzten Flächen entfalten sich die schlanken Gebilde der Hydrozoenkolonien, und auf diesen sich in den Wellen wiegenden Zweigen sitzen Nacktschnecken, die auf die Polypen ihres Gastgebers spezialisiert sind.
Beim Schwimmen über den felsigen Meeresgrund kann man unschwer erkennen, wie sich die Zusammensetzung der Lebewesen auf den Felsen ändert, je nachdem wieviel Sonnenlicht am Standort zur Verfügung steht. Auf der Nordseite der Felsmassen, an steilen Wänden, in den Höhlen und selbst im kleinsten Spalt im Fels wechselt die Farbe vom bleichen Grün der Algen schlagartig zum Rot, Orange und Gelb der Schwämme. Die Fächer der Gorgonien erheben sich über ziegelrot gefärbten Rotalgen. Teppiche goldener Krustenanemonen lassen wenig Siedlungsraum für die roten Seeschei-

D

D - Ein kleines Petermännchen (Trachinus sp.) *ist zur Hälfte im Detritus vergraben. Viele Verfolger leben auf sandigem und schlammigem Grund. Sie verstecken sich im Sand, locken trickreich die Beute heran und schnellen dann blitzschnell hervor.*

E

E - Ein Gestreifter Schleimfisch (Parablennius gattorugine) *sucht zwischen den Algen, die den Fels bedecken, nach Nahrung. Die Schleimfische leben meistens versteckt in Ritzen und Löchern. Die Tentakel auf der Stirn sind von Art zu Art unterschiedlich geformt.*

F

F - Die Gemeine Sepia (Sepia officinalis) *gehört zu den Tintenfischen und ist in küstennahen Lebensräumen nicht selten. Sie kann blitzschnell die Farbe wechseln und sich somit der Umgebung anpassen.*

G

G - Der Rote Einsiedlerkrebs (Dardanus arrosor) *schleppt seine Behausung auf dem Rücken mit sich herum. Dieses Schneckengehäuse ist von Rotalgen überkrustet. Für den Einsiedlerkrebs ist der Schutz überlebensnotwendig, denn sein Hinterleib ist nicht gepanzert.*

A

B

C

A - Ein kleiner Weißer Zackenbarsch (Epinephelus aeneus) *versteckt sich in einer Spalte unter dem Fels. Er unterscheidet sich vom Braunen Zackenbarsch* (Epinephelus marginatus) *deutlich in Größe, Färbung und durch die abwechselnd hellen und dunklen Streifen am Kopf.*

B - Ein Schriftbarsch (Serranus scriba) *in der Paarungsfärbung, bei der die Farben viel kräftiger sind als normal.*

C - Ein Drückerfisch (Balistes carolinensis) *hat beim Schwimmen seine erste Rückenflosse aufgestellt.*

D - Wenige Meter unter der Wasseroberfläche ist eine schattige Wand mit Gelben Krustenanemonen (Parazoanthus axinellae) *bedeckt.*

E - Mit guter Tarierung und etwas Aufmerksamkeit kann der Taucher es vermeiden, den Meeresgrund zu berühren.

den frei. Der Anteil der Pflanzen geht deutlich zugunsten der festsitzenden Tiere zurück. Unter den Felsen und in den Spalten findet eine Explosion der Farben statt, und dort sind auch die großen Fische wie Zackenbarsche, Gabeldorsche und Meeräschen zu sehen.
Die schwach belichteten Zonen zwischen den Felsen sowie die Höhlen sind ein weiterer typischer Lebensraum. Vom Höhleneingang an vermindert sich das Licht schnell, und an den Wänden kann man eine Abfolge von Lebewesen finden, wobei die pflanzliche Komponente allmählich zurückgeht und schließlich ganz verschwindet. Die Tiere nehmen überhand und bedecken schließlich allein den Fels. Aber selbst das tierische Leben nimmt ab, je weiter man in die Höhle vordringt. Im Dunkel findet man dann nur noch frei bewegliche Tiere. Die Höhleneingänge sind der bevorzugte Lebensraum der Edelkorallen. Im Wettbewerb um Lebensraum mit der Edelkoralle sind Steinkorallen, Schwämme, Moostierchen und Röhrenwürmer. Die Höhlen sind ein klassischer Lebensraum für große und kleine Krustentiere wie Hummer, Langusten, Bärenkrebse, Garnelen, Runzelige Seespinnen, und auch Gabeldorsche und Zackenbarsche leben dort.

Es mag widersinnig erscheinen, doch findet man im Mittelmeer die prächtigsten Farben dort, wo das wenigste Licht hinkommt. Dies trifft auch für die Tiefe zu. In Tiefen zwischen 40 und 200 Meter gibt es einen für das Zirkumlitoral typischen Lebensraum, in dem nur das Blitzlicht die leuchtend gefärbten Algen und Tiere zur Geltung bringen kann. Das ist der Korallengrund, das Koralligen, durch Kalkrotalgen gekennzeichnet, die Strukturen aufbauen und somit die Formen der Felsen oder des Meeresgrunds überwuchern. Diese Korallengründe sind voller Höhlen und Spalten und beherbergen eine große Zahl tierischer Organismen, von denen viele leuchtende Farben tragen: Vorherrschend sind die roten Gorgonien und die gelben Armschwämme. In dieser Zone suchen auch die Korallentaucher die Edelkorallen, wozu sie heutzutage über hundert Meter tief gehen müssen, und auch die Langustenfischer konzentrieren sich auf diesen Tiefenbereich.
Den Lebensraum der Tiefe kann der Taucher auch in geringerer Tiefe antreffen, allerdings ist dann die Zusammensetzung der Lebewesen anders. Am Fuß steiler Klippen sowie an Höhleneingängen, an Riffwänden, die im Freiwasser nach Norden ausgerichtet sind, und generell in Gebieten mit wenig Licht ab 30 bis 35 Meter Tiefe kann man auch auf Korallenformationen stoßen, die zwar nicht so üppig sind wie in großer Tiefe, aber immer noch spektakulär. Häufig verläßt man die durchlichtete Zone und dringt durch eine Zwischenzone, in der Grünalgen wie die Pfennigalge oder Gorgonien dominieren, in die Korallengründe vor.
Die Mehrzahl der in diesem Buch vorgestellten Tauchgänge erfolgt auf Routen, die es dem Taucher erlauben, die wichtigsten unterseeischen Lebensräume zu besuchen und zu verfolgen, wie sie sich nacheinander ablösen. Dort kann er auch die charakteristischen Pflanzen und Tiere beobachten, teilweise sogar recht seltene. Zusammen mit den spektakulären Unterwasserlandschaften und dem klaren Wasser rechtfertigen sie den Ruhm der Gewässer um Sardinien.

Faszination Tauchen

Unter allen Aktivitäten mit engem Naturkontakt ist keine so begeisternd wie das Tauchen, zum einen, weil die Unterwasserwelt nur mit Hilfe spezieller Techniken und Anpassungen aufgesucht werden kann, zum anderen, weil hier die Beziehung zu wilden Tieren so intim ist und mit keinem anderen Lebensraum auf der Welt verglichen werden kann. Es gibt jedoch eine Kehrseite der Medaille, und das besonders in den Gebieten, in denen der Unterwassertourismus zunimmt. Die Lebensräume unter Wasser sind fragil, und häufig bedarf es nur eines Augenblicks der Geistesabwesenheit, um ein Gleichgewicht zu zerstören, das in Jahren langsamen Wachstums aufgebaut worden ist. Hier ein Beispiel: Die Luft, die lebensnotwendig ist und die wir beim Tauchen in unseren Preßluftgeräten mitführen, ist für marine Lebewesen tödlich. Einfach indem wir in eine Höhle eindringen oder unter einen Überhang schwimmen, bewirken wir, daß die mit jedem Atemzug ausgeatmete Luft an der Höhlendecke gefangen bleibt.

Manchmal genügt ein Flossenschlag oder eine sorglos plazierte Hand, um die auf dem Riff wachsende Lebensgemeinschaft zu verletzen. Sicherlich ist das ein relativ geringer Schaden, vergleichbar etwa damit, daß jemand über eine hochstehende Wiese läuft. Wenn aber, um bei diesem Vergleich zu bleiben, jeden Tag eine Kavallerieschwadron über diese Wiese reitet, wird daraus ein blanker Streifen nackter Erde. Diesem Risiko sind die schönsten und darum auch beliebtesten Tauchplätze genauso ausgesetzt – daß nämlich unbesonnene Besucher sie verarmen lassen. Aber genau wegen der physischen Bedingungen, die sie von landgebundenen Lebensräumen unterscheiden, haben die marinen Lebensräume häufig eine Lösung dieses Problems zu bieten. Unter Wasser kann man ohne jeden körperlichen Kontakt zwischen den Felsen hindurchschlüpfen und zwischen Fischschwärmen schwimmen, indem man einfach die Fische nachahmt und frei im Wasser schwimmt.

Dieses starke Gefühl der Schwerelosigkeit, beinahe der Losgelassenheit, gehört für die meisten Menschen zu den erfreulichsten Aspekten des Tauchens. Ein Taucher wird also nicht durch körperliche Kraft, Widerstandsfähigkeit oder die Fähigkeit zum Tieftauchen zu einem guten Taucher. Ein guter Taucher oder eine gute Taucherin paßt auf seine Ausrüstung auf, weiß sich neutral zu tarieren und ist in der Lage, sich achtsam im marinen Lebensraum zu bewegen. Das Verständnis und die Rücksichtnahme für und auf die Rhythmen und Gleichgewichte der unterseeischen Lebensräume dienen nicht nur dazu, sie intakt zu halten, sondern sie sind auch der beste Weg, um diese außerordentlichen Schönheiten zu genießen. Eine letzte Bemerkung: Jemand, der im Wald spazieren geht, wird wohl in der Lage sein, Gräser von Bäumen, Insekten von Waldbeeren oder Traktoren von Singvögeln zu unterscheiden. Aber wie viele Menschen tauchen, ohne einen Schwamm von einer Alge oder einen Wurm von einer Schnecke unterscheiden zu können? Zu viele! Eine gewisse Kenntnis ist aber die Grundlage dafür, die Lebensräume unter Wasser zu bewahren und die Komplexität und Vielfalt der Lebensräume genießen zu können.

Dieses Buch will deshalb nicht nur als Führer zu den schönsten Tauchplätzen Sardiniens dienen, sondern sollte auch benutzt werden, um diese Tauchplätze aus einer anderen Perspektive zu betrachten, die dem großen Zackenbarsch die gleiche Bedeutung beimißt wie dem kleinen Mönchsfisch, den berühmten Langusten ebenso wie den winzigen Fadenschnecken, den spektakulären Gorgonien genauso wie dem unterschätzten Neptunsgras.

D

E

F

F - Unter Wasser kann in jeder Höhle eine Überraschung auf den Taucher warten. Die Vertrautheit mit den unterseeischen Lebensräumen und den dort lebenden Organismen hilft nicht nur bei deren Schutz, sondern kann erheblich das Auffinden interessanter Arten fördern und die Freude am Tauchen vergrößern.

DIE OSTKÜSTE: VON CAPO FIGARI BIS ZUM GOLF VON OROSEI

Entlang der Ostküste Sardiniens dominiert ein Landschaftselement: hohe, steile Klippen aus weißem Sandstein. Sie sind die Überbleibsel der Sedimentmassen, die während des Jura-Erdzeitalters abgelagert wurden. Diese Küste aus Kalkgestein ist durch die Wirkung der Wellen stark verändert worden, und an manchen Stellen wirken diese Kräfte immer noch weiter, indem sie das Gestein auf Meereshöhe aushöhlen und schwächen.

Im nördlichen Bereich bei Capo Figari und Tavolara liegt der Sandstein der großen Granitformation von Gallura auf, und hier sind steile Klippen eher die Ausnahme. Statt dessen wird die Landschaft durch die weichen, runden Formen des Granits geprägt. Weiter nach Süden hinunter wird die Küste flacher, und lange Sandzungen wechseln sich mit felsigen Vorgebirgen aus Granit ab. Basaltflüsse, ein Ergebnis der in relativ jüngerer Zeit erfolgten Vulkanausbrüche, reichen bei Orosei bis ans Meer heran, und im Eingangsbereich des Golfs von Orosei überlagern sie die Sedimentgesteine.

Die Küste des Golfs von Orosei bis zum Capo di Monte Santu ist eine enorme Kalksteinfront. Hier sind die Strände schmal und liegen zwischen den senkrechten Wänden, die die Mündungen der „codule", der ausgetrockneten Flußbetten, säumen. In vielen Fällen liegen direkt unter der Wasseroberfläche schmale, durch marinen Bewuchs gebildete Plattformen, die die Wucht der Wellen abfangen und einen weiteren Abbau der Küstenfelsen verhindern. Während bei Capo Figari und Tavolara die Klippenwand sich über 20 Meter unter Wasser fortsetzt, findet man deshalb entlang der Küste des Golfs von Orosei nur im südlichsten Bereich tiefen Meeresgrund direkt an der Küste. Obwohl geologisch eine gewisse Gleichförmigkeit gegeben ist, wechseln doch in Wirklichkeit die Unterwasserlandschaften an diesem Streifen der Küste und bieten eine breite Vielfalt von Tauchgebieten. Manche von ihnen gehören zu den klassischen Mittelmeer-Tauchplätzen.

Capo Figari bietet Tauchplätze an Wänden, Felsabbrüchen und Höhlen: Jeder Meter der Wand ist hier interessant, und diese Lebensräume verfügen über klares Wasser, in dem man zusätzlich zur klassischen Riffauna mit Zackenbarschen, Gabeldorschen und Langusten auch pelagische Fische sehen kann. Es gibt zahlreiche Höhlen, von denen einige leicht zu erkunden sind, weil man dabei immer den Ausgang in Sicht hat.

Die Verhältnisse bei Tavolara sind vergleichbar. Hier gibt es zahlreiche Tauchplätze, die sich in erster Linie dadurch auszeichnen, daß man innerhalb des 20-Meter-Tiefenbereichs nahezu alles finden kann, was man beim Tauchen jemals sehen wollte, ausgenommen Edelkorallen. Allerdings schaffen die nahegelegenen Inseln Molara und Molarotto sowie weitere Inselchen und Riffe und mehrere Flachbereiche eine größere Vielgestaltigkeit der Unterwasserlandschaften als bei Capo Figari. Molara und Molarotto sind Granitinseln, und die Gestalt des Meeresgrundes ist recht verschieden von den Kalksteingründen von Tavolara. Sogar der Granit wechselt seine Gestalt zwischen der Westseite von Molara, wo er gerundet ist, und der Ostseite sowie Molarotto, wo die Szenerie mit Felsspitzen und Einschnitten eher dramatisch wird.

Weiter südwärts nach Capo Coda Cavallo wird die Küste flach, und hinter den Stränden, die länger und häufiger werden, liegen unter Wasser ausgedehnte Posidonienwiesen, die nur langsam in größere Tiefen absinken. Gegenüber dem Cinta-Strand bei S.

A

B

Teodoro liegt ein großer Komplex von Granitriffen; weiter südlich, um die Insel Pedrami herum, findet man weitere Riffe. Kurz vor dem Capo Comino kann man am Wrack eines Corsair-Flugzeugs tauchen – vorausgesetzt, die Winterstürme haben dieses amerikanische Kriegsflugzeug nicht mit Sand überdeckt.

Bevor es in den Golf von Orosei geht, liegt zwischen Fuile Mare und Punta Nera die Secca di Punta Nera (Secca bedeutet Untiefe), die von Basaltergüssen gebildet wurde, wie man sie auch auf dem trockenen Land sehen kann. Weitere Strände gibt es bei Marina di Orosei und Marina di Osala. Dann hebt sich plötzlich die Küste und wird von hier bis zum Capo di Monte Santu von Kalksteinwänden bestimmt. Ausgeprägte Karstbildung hat den Kalkstein ausgehöhlt und riesige Höhlensysteme geschaffen. Die Blue-Marino-Höhle, die besichtigt werden kann, gibt nur einen Vorgeschmack der verwickelten, erstaunlich langen Labyrinthe aus Gängen und Höhlen. Sie liegen teils über, teils unter Wasser. Dieser Küstenstreifen bietet zahlreiche gute Tauchplätze, von denen viele auch leicht zugängliche Höhlen in geringen Tiefen aufweisen. Andere beliebte Tauchziele sind mindestens zwölf moderne Wracks, von denen die meisten in Tiefen unter 40 Meter liegen und für Taucher zugänglich sind. Nur das Wrack der „Klearcos“ liegt über 80 Meter tief im Kanal, der Tavolara von Molara trennt. Die „Klearcos“ war 1979 mit einer gemischten Ladung, zu der auch arsenhaltige Produkte gehörten, unterwegs, als an Bord Feuer ausbrach. Dieses geriet schnell außer Kontrolle, und nach einigen Tagen der Ungewißheit und Unentschlossenheit über das Vorgehen sank das Schiff mitsamt der Ladung zwischen den beiden Inseln. In der Folgezeit wurde ein Teil der Giftladung geborgen. Taucher, die an der Bergung teilnahmen, konnten nichts über eine verschmutzte Umwelt berichten. Im Gegenteil, die Brücke des Schiffs scheint mit Langusten förmlich gepflastert zu sein, was sicher als gutes Zeichen zu werten ist!

C

D

E

F

A - Die Felsnadel Goloritzè im Golf von Orosei befindet sich über dem kleinen weißen Strand. Die Klippen im Golf werden nur durch die Mündungen der „codule“ unterbrochen, der engen, ausgetrockneten Flußbetten.

B - Der Bogen von Goloritzè ist eine der charakteristischsten Kalksteinformationen an der Ostküste. Hier gab es früher Mönchsrobben. Heute sind sie leider ausgestorben.

C - Der hohe Kalksteinklotz von Tavolara erhebt sich unerwartet am Ende des langen Strandes von Spalmatore di Terra aus dem Meer.

D - In der Bucht von Coda Cavallo scheinen alle Farben Sardiniens auf einmal versammelt zu sein. Das Foto zeigt das Meeresgebiet, das für die Einrichtung des Marineschutzparks von Tavolara vorgeschlagen worden ist.

E - Die „Chrisso“ ist eines der vielen Wracks, die an der Ostküste Sardiniens gescheitert sind. Sie transportierte gemischte Ladung und lief vor etwa 20 Jahren auf einen nicht über Wasser ragenden Felsen auf. Trotz der flachen Tauchtiefe kann man hier viele interessante Beobachtungen machen.

F - Das Wrack der Corsair liegt in sechs Meter Tiefe auf dem weißen Sand vor Capo Comino. Häufig wird es bei Stürmen mit Sand zugeschüttet und beim nächsten Sturm wieder freigelegt.

LA CITTÀ DELLE NACCHERE

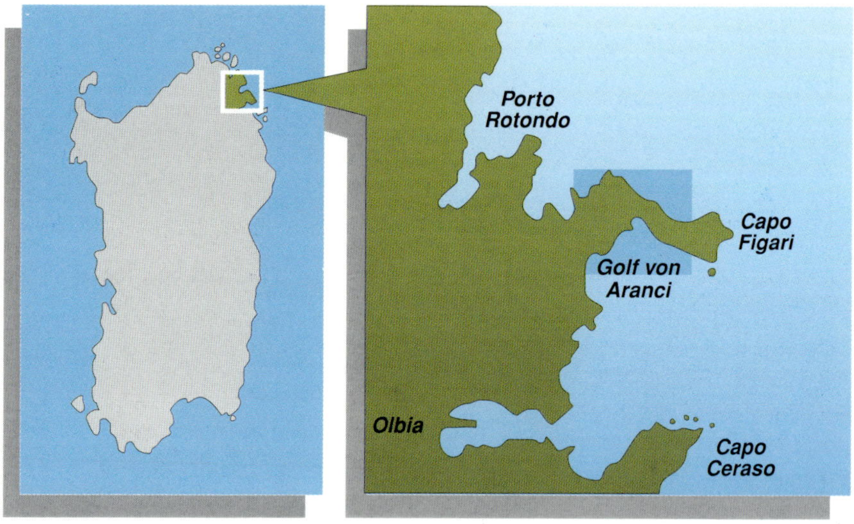

Golf von Aranci
N

0m
10m

Es ist kein Zufall, daß der erste Tauchplatz nicht unter das für Sardinien typische Schema fällt. Wir haben ihn aber ausdrücklich aufgenommen, weil er fundamentale Werte erfüllt: Bedeutsamkeit als Lebensraum, Originalität der Unterwasserlandschaft und flache Tauchtiefen.

Im Sommer laden die Fähren Tausende von Urlaubern am Golf von Aranci ab, die höchstwahrscheinlich keine Vorstellung davon haben, daß nur wenige Meter von der Stelle entfernt, wo die Fähre wendet, in nur zehn Meter Tiefe ein seltenes Beispiel für die Geschichte der sardischen Gewässer liegt. Natürlich ist es ein sehr spezielles Beispiel: Über eine Fläche von wenigen hundert Quadratmeter verteilt haben sich hier außerordentlich viele Große Steckmuscheln erhalten. Dies sind die größten Muscheln des Mittelmeers und fast überall vom Aussterben bedroht. Illegale Fischfangpraktiken mit Grundnetzen, direkte Entnahme und die Umweltverschlechterung haben ihre Bestände drastisch reduziert. Aber im Golf von Aranci stehen sie noch zu Hunderten auf dem schlickigen Meeresgrund, der außerdem von Grünalgen besiedelt ist. Ihrer Länge nach zu urteilen – sie sind alle etwa 70 Zentimeter groß –, muß es sich um alte Individuen, ungefähr 20 Jahre alt, handeln. Viele von ihnen sind abgestorben, so daß nur die leeren Schalen noch stehen, aber die meisten leben und gedeihen.

C

A

D

B

Man kann diese Population als ein Zeugnis für die dramatischen Veränderungen des Meeresgrundes betrachten. Die Erklärung für dieses Phänomen könnte darin zu finden sein, daß die vereinzelt dazwischenstehenden Flecken von Neptunsgras die Überreste einer dichten Posidonienwiese darstellen. In ihr begannen vor 20 bis 30 Jahren die Steckmuscheln ihre Entwicklung. Während sie wuchsen, zogen sich die Posidonien zurück. Die Schuld daran trug die zunehmende Besiedlung der Küste durch den Menschen. Und wie so häufig trat an die Stelle des Neptunsgrases die Blatt-

Caulerpa, eine Grünalge, die typisch für flachen, detritusreichen Meeresgrund ist. Höchst erstaunlich ist, daß diese Gruppe von Steckmuscheln noch erhalten ist, obwohl sie sonst überall noch gesammelt werden und auch an ihrem Platz die Spuren ständiger menschlicher Einwirkungen unübersehbar sind.

Dieser Tauchplatz überrascht gleicht beim ersten Anblick, weil das Szenario so ungewöhnlich ist: All diese Steckmuscheln auf dem flachen Meeresgrund sehen etwa so aus wie Grabsteine auf einem englischen Friedhof. Als erstes wandert man das Gebiet ab und versucht, seine Ausdehnung festzustellen. Die Fläche ist recht umfangreich, und obwohl die Konzentration der Steckmuscheln unterschiedlich ist, stehen sie doch immer relativ nahe beieinander. Einige von ihnen sind umgestoßen worden, und einige flach liegende sind noch lebendig.

Der Tauchplatz hat aber noch einen anderen Aspekt: In dieser verarmten, recht kahlen Umwelt dient jede einzelne Steckmuschel als Lebensraum für Tausende anderer Organismen. Schwämme, Röhrenwürmer, Seescheiden und andere Mollusken leben auf ihren Schalen.

Selbst die abgestorbenen Steckmuscheln dienen noch als Lebensgrundlage: Lippfische bauen häufig ihr Nest in ihnen, oder Drachenköpfe verstecken sich darin. Meerraben und Schriftbarsche verstecken sich hinter den Muscheln und lauern der Beute auf. Oktopusse versuchen, die Muscheln als Festmahl zu knacken: Indem sie einen harten Gegenstand zwischen die Schalen einführen, hindern sie die Muscheln am Zuklappen, können hineinschlüpfen und das Muschelfleisch verzehren.

An einigen Stellen gibt es im Muschelfeld Ansammlungen von Felsmassen, zwischen denen eine große Zahl von Fischen Unterschlupf findet. Dort kann man unerwartet sogar einen zutraulichen Braunen Zackenbarsch treffen. Man mag es nicht glauben, aber auf diesem nur wenige Meter tief gelegenen Sandgrund vergeht eine Stunde wie im Fluge.

E

F

G

H

A - Auf dem flachen Meeresgrund, der mit einer Wiese der Blatt-Caulerpa (Caulerpa prolifera) *bedeckt ist, erheben sich Hunderte von Großen Steckmuscheln* (Pinna nobilis). *Ähnlich große Vorkommen der Steckmuscheln findet man nur noch an wenigen anderen Plätzen.*

B - Nicht alle Steckmuscheln sind noch lebendig, aber auch die Schalen der abgestorbenen Tiere dienen noch als Lebensraum für andere Tiere und Pflanzen.

C - Schwämme und Röhrenwürmer haben die Schale einer Steckmuschel besiedelt. Die von der Muschel verursachte Wasserbewegung bringt auch Nahrung für die Gäste herbei.

D - Schirmchenalgen (Acetabularia mediterranea) *und Eßbare Austern* (Ostrea edulis) *gedeihen auf einer lebenden Steckmuschel.*

E - Ein Haarstern (Antedon mediterranea) *nutzt den von der Muschel gebotenen höheren Standort.*

F - Ein Läppchen-Schleimfisch (Blennius tentacularis) *lauert in der Schale einer abgestorbenen Steckmuschel.*

G - Eine Nummer kleiner ist das Versteck dieses Läppchen-Schleimfischs: ein Austerngehäuse, das an einer Steckmuschel haftet.

H - Dieser Kleine Drachenkopf (Scorpaena porcus) *lauert auf der Schale einer toten und umgeworfenen Steckmuschel.*

IL MAMUTHONE

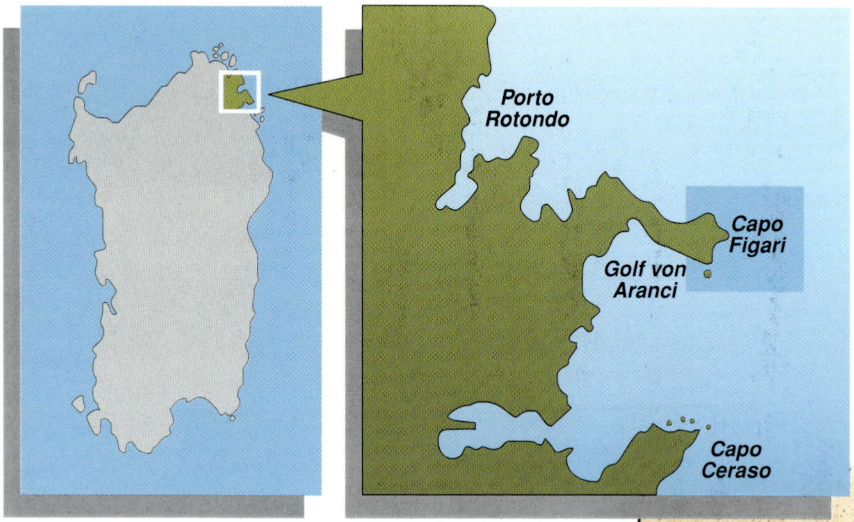

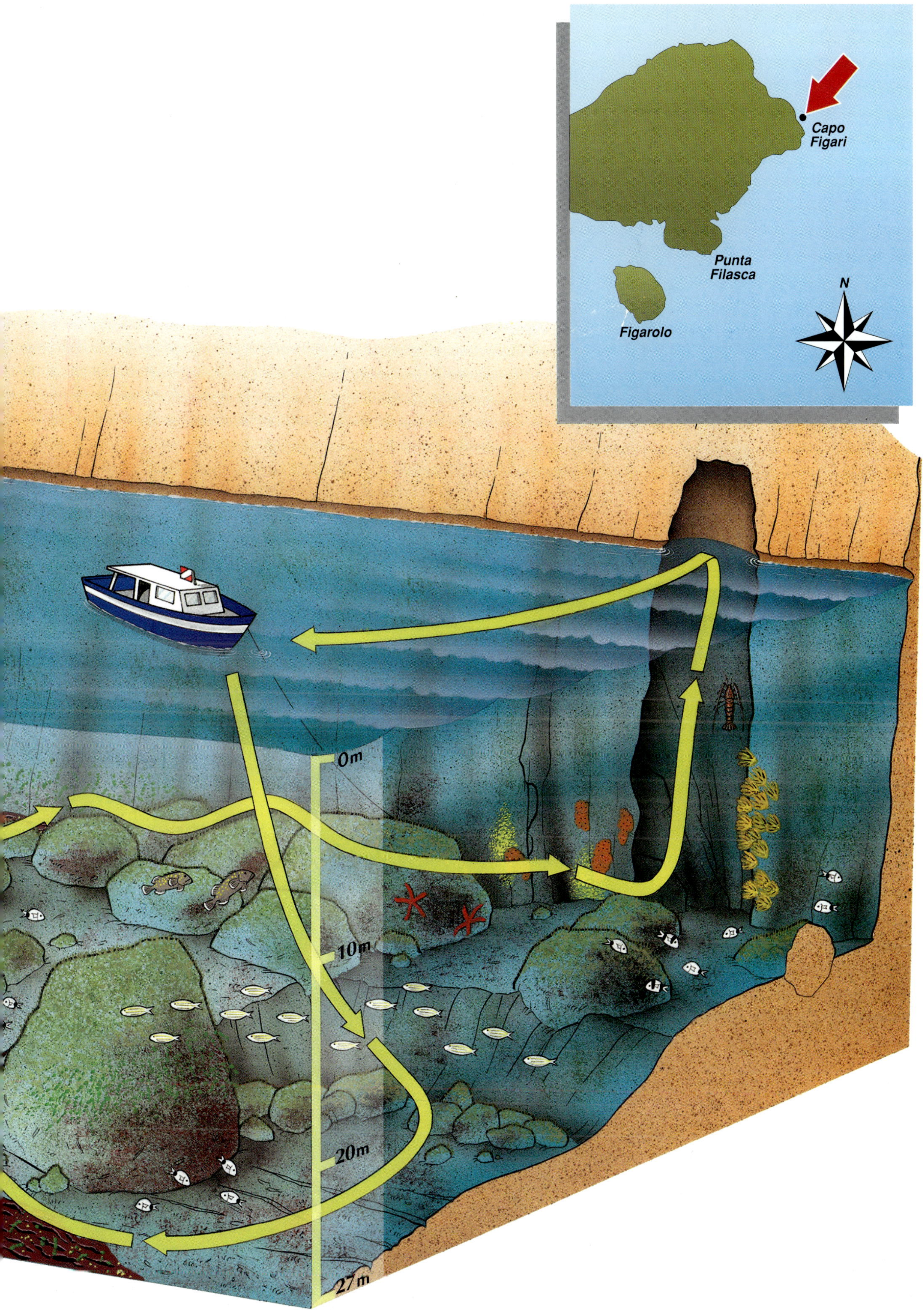
Capo
Figari
Punta
Filasca
Figarolo
N
0m
10m
20m
27m

A - Unterhalb der Klippen des Kaps liegen schattige Zonen, in denen man die für wenig beleuchtete Gebiete typischen Pflanzen und Tiere finden kann.

B - Ein Violetter Seestern (Ophidiaster ophidianus) *kriecht weidend über die Algen hinweg.*

Wenn man an der Spitze von Capo Figari vorbei nordwärts fährt, gelangt man zu einem nach Nordosten gerichteten Vorsprung in der Wand. Er wird „Il Mamuthone" genannt, weil er dem Profil einer Karnevalsmaske gleichen Namens aus der Stadt Momoiada in der Provinz Nuoro ähnelt. Etwas weiter nördlich erkennt man in der Wand eine große Aushöhlung, die Grotta Nera (Schwarze Höhle). Man ankert in der Nähe der Wand über gemischtem Meeresgrund aus Detritus und Felsblöcken, der hier 24 Meter tief liegt.

Am besten geht man an der Ankerleine in die Tiefe und wendet sich dann südwärts. Der Meeresgrund fällt langsam bis zu 27 Meter ab und weist Korallenformationen auf, die die niederen Felsen überziehen. Von hier aus fällt ein Korallenhang mit zackigen, von Spalten und Vertiefungen gebildeten Konturen bis auf 35 Meter ab. Beim klassischen Tauchgang bleibt man in 27 Meter Tiefe und schwimmt an großen Felsblöcken entlang weiter. Auf dem Gestein findet man Moostierchen-Kolonien sowie kleine Kolonien von Parasitären Weichkorallen. Ein großer, flacher Stein liegt auf anderen auf und bildet einen etwa einen Meter hohen Bogen, der mit Gelben Nelkenkorallen überzogen ist. Einige große Meerraben schwimmen hier in der Düsternis. Rundherum kann man

A

B

C

D

E

C - Die Europäischen Langusten (Palinurus elephas) *sind nachtaktiv und bewohnen tagsüber Spalten im Fels, die teilweise auch in geringer Tiefe liegen können. Im Flachwasser findet man aber nur kleine Exemplare, denn die großen haben sich in die Tiefe zurückgezogen, um dem ständigen Verfolgungsdruck durch Befischung zu entgehen.*

D - Am Fuß der Klippen hat ein Felsvorsprung Spalten und Überhänge geschaffen, die von vielen verschiedenen Lebewesen, insbesondere Tieren, bewohnt werden. Schwämme, Hohltiere und Moostierchen wachsen auf einem Substrat von Rotalgen. Die geringe Lichteinstrahlung schafft einen Lebensraum, der eigentlich für größere Tiefen typisch ist.

E - Gelbe Gorgonien (Eunicella cavolinii) *sind charakteristisch für die prekoralligene Zone am Fuß der Klippen von Capo Figari. Die Position dieser Kolonie zeugt von Strömungen rund um die Basis der Wand.*

F - Zahlreiche Braune Porzellanschnecken (Talparia lurida) *leben in den dunklen Höhlen und Spalten. Dieses Weichtier bedeckt seine Schale mit einem Mantel und tarnt sich damit. Die Schale ist glatt und schimmert wie Porzellan, woraus sich der Name dieser Mittelschnecken ableitet.*

in den Vertiefungen und Löchern der Gesteinsanhäufungen zahlreiche Harems von Fahnenbarschen sehen.
Dann steigt man zwischen den Felsblöcken wieder höher, wobei man Braune Zackenbarsche, Meeraale und in der Entfernung Brassen und Bläueln erblickt. Schließlich gelangt man zum Fuß der Felswand, wo etwa einen Meter über dem Grund ein waagrechter Überhang verläuft, der sich der Form der Klippe anschmiegt. Im Schatten dieses Überhangs findet man einen typischen Schatten-Lebensraum: mit Gelben Krustenanemonen, Moostierchen, Röhrenwürmern und Gorgonien, die auf einem Teppich von Rotalgen wachsen.

Wenn man am Fuß der Wand entlangschwimmt und sich nordwärts wendet, stößt man auf eine weitere Massenansammlung. Dort haben auch zwei Zackenbarsche ihre Unterschlupfe. Zwischen den Algen im oberen Bereich windet sich der Violette Seestern, und rundherum schwimmen hübsche Schulen von Goldstriemen. Etwas weiter gelangt man zu einer Lebensgemeinschaft, die sich in einem weiten Spalt in 18 Meter Tiefe versammelt hat. Es handelt sich um eine Art offener Höhle, die senkrecht bis über den Wasserspiegel hochsteigt und dort eine Kaverne bildet. Gleich am Eingang stößt man auf eine hübsche Gruppe

I

J

F

G

H

G - Die Großen Drachenköpfe (**Scorpaena scrofa**) *findet man häufig zwischen den Felsmassen auf dem Grund liegend.*

H - Ein Meeraal (**Conger conger**) *hält sich zwischen Gestein versteckt, das zu großen Teilen mit Krustenschwämmen überzogen ist. Der Meeraal ist ein nachtaktiver Verfolger mit schlangenartigem Körper.*

I - Meerraben (**Sciaena umbra**) *kommen in den Höhlen und Spalten von Capo Figari noch recht häufig vor. Sie versammeln sich oft in dichten Schwärmen an den Eingängen ihrer Höhlen.*

J - Gemeine Kraken (**Octopus vulgaris**), *teilweise sogar von beträchtlicher Größe, sind auf den Geröllfeldern des Kaps ebenfalls noch des öfteren zu finden. Sie sind nächtliche Räuber. Ihre bei Tag bewohnten Wohnhöhlen erkennt man an den Eingängen, an denen die Tiere Geröll und Muschelschalen angehäuft haben, womit sie die Eingänge blockieren können.*

von Meerraben. Dann schwimmt man etwa 30 Meter in den Spalt hinein. Der Blick zurück ins Freiwasser ist recht beeindruckend. Beim Aufstieg in der Höhle macht man Stopps in 15 und drei Meter Tiefe. An den Wänden findet man die klassische Abfolge dunkler Zonen, wo die Gelben Krustenanemonen nach und nach von Gelben Nelkenkorallen abgelöst werden, bis in den dunkelsten Bereichen schließlich die Zahl der festsitzenden Tiere drastisch abnimmt. Dort befinden sich Porzellanschnecken, Langusten und Fangschreckenkrebse, während das Gestein in Oberflächennähe, wo die Wasserbewegung stärker ist, dicht mit Hydroidenkolonien bewachsen ist.
Nach dem Dekostopp, den man unterhaltsam mit der Beobachtung der kleinen Lebewesen auf dem Gestein verbringen kann, taucht man an der hintersten Stelle der Kaverne auf. Deren Decke ist im hinteren Bereich pyramidenförmig und niedrig und öffnet sich nach außen in einem breiten, zehn Meter über die Wasserfläche gewölbten Bogen. Das Licht- und Schattenspiel auf den über Wasser liegenden Höhlenwänden ist prachtvoll, und das Wasser schimmert in tiefem Türkisblau.

TEDJA LISCIA

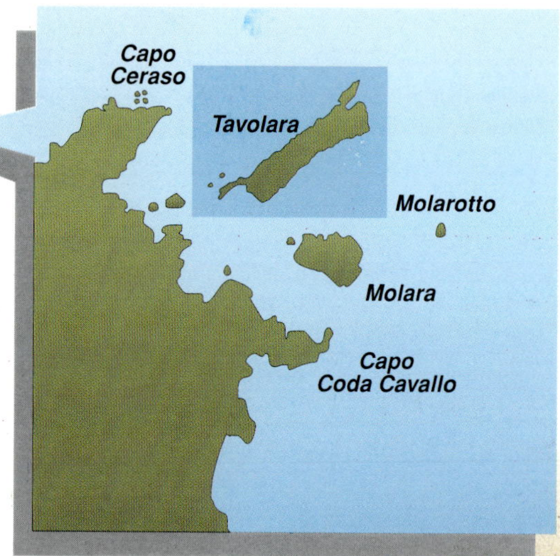

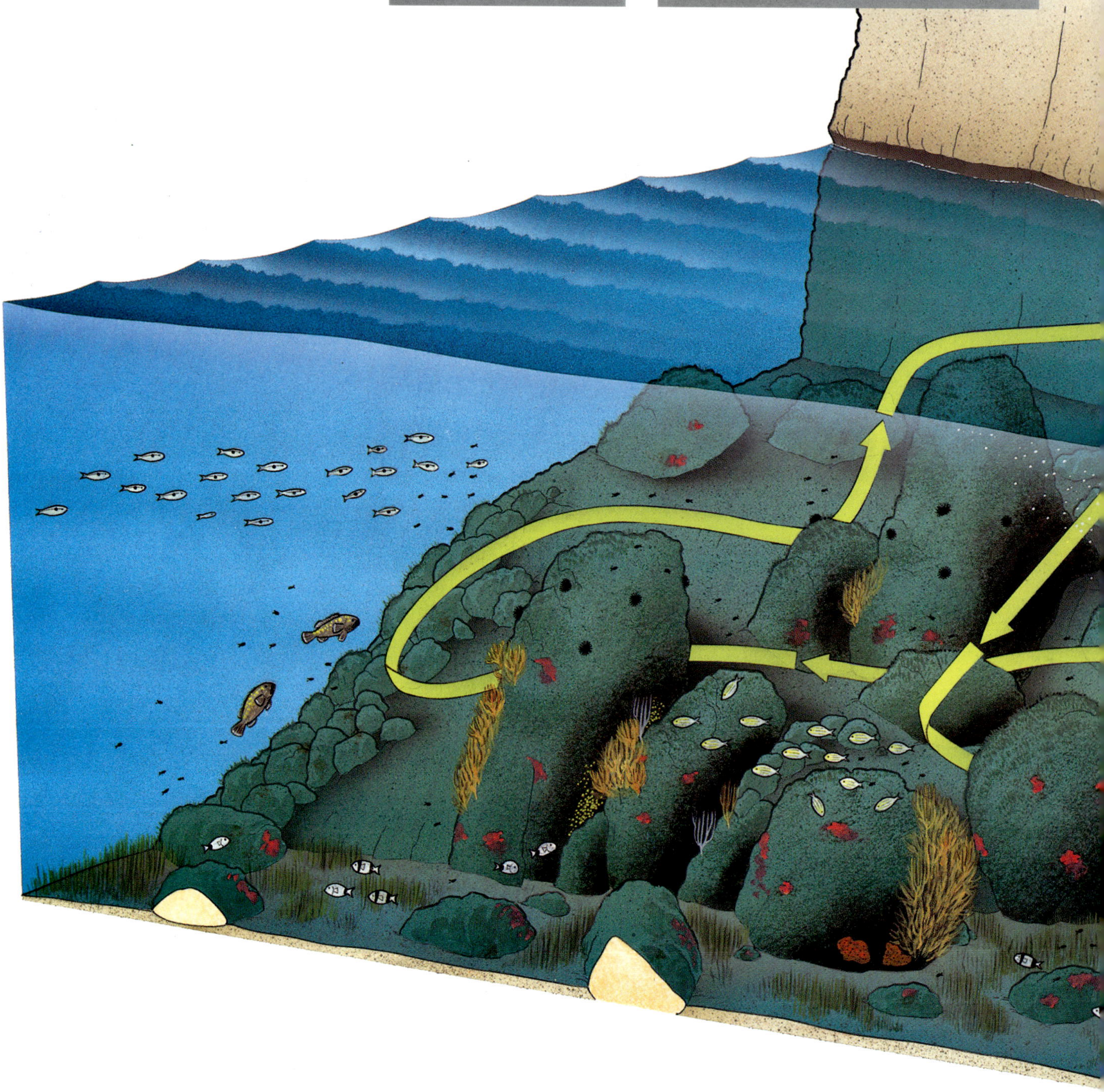

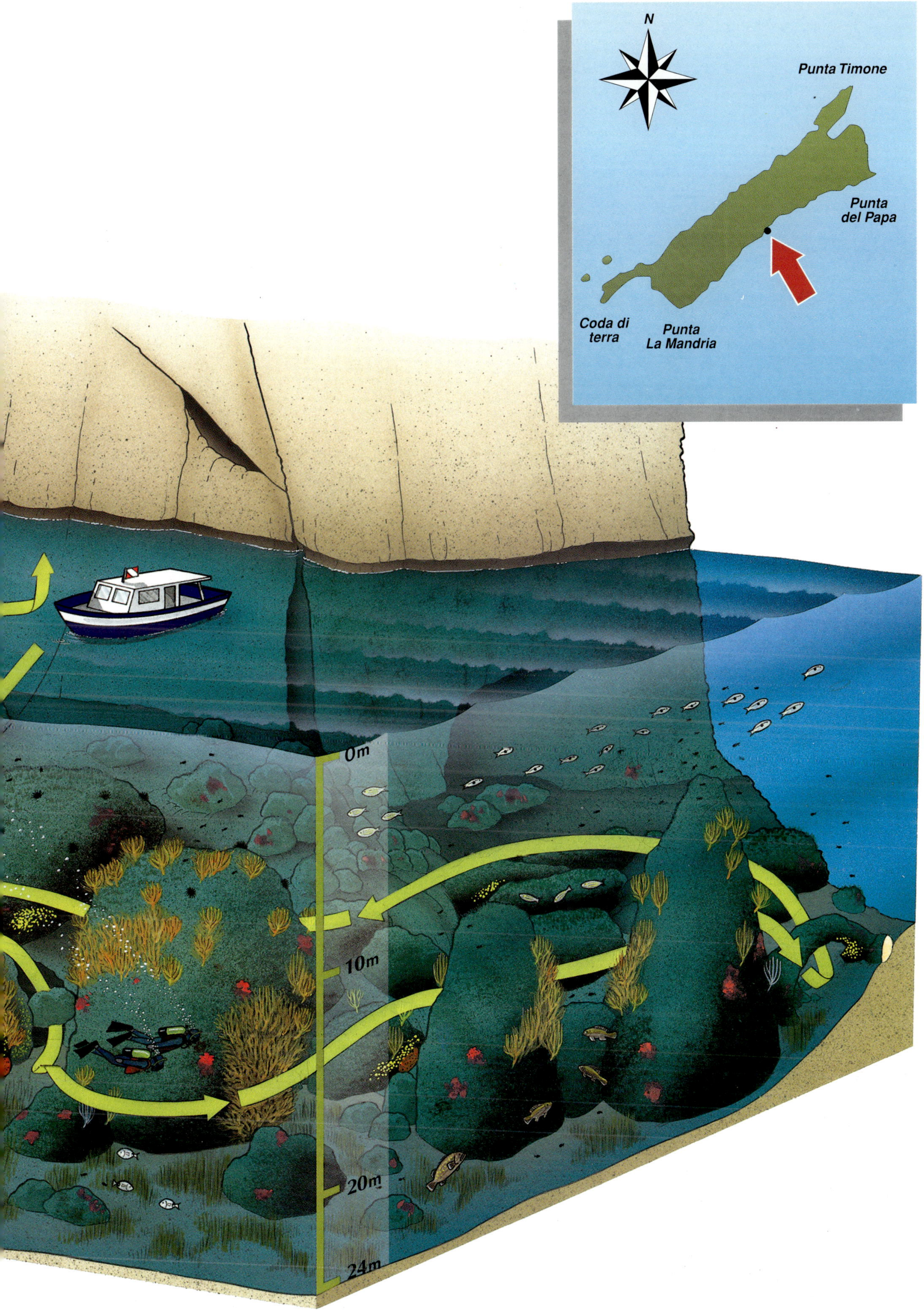
N
Punta Timone
Punta del Papa
Coda di terra
Punta La Mandria
0m
10m
20m
24m

A

B

C

D

Die Steilklippen von Tavolara fallen in einem kurzen Abschnitt an der mittleren, nach Südosten ausgerichteten Küste nicht ganz so steil ab, und genau dort, unter einer enormen Felsmasse, die auf den Klippen zu balancieren scheint, liegt einer der klassischsten Tauchplätze Sardiniens. Man verankert das Boot vor der Küste auf einem ausgedehnten Plateau, das mit großen Felsblöcken übersät ist.
Der Tauchgang kann auf mehreren Routen erfolgen. Wenn man von der Insel weg Richtung Freiwasser taucht, gelangt man in 14 Meter Tiefe zur ersten Anhäufung nahezu viereckiger Felsblöcke. An ihrem Fuß ist der Meeresgrund 24 Meter tief. Der Be-

E

wuchs des Grundes wechselt von dünnen, filzartigen Lagen lichtscheuer Algen bis zu den typischen Arten der präkoralligenen Zone mit Pfennigalgen und Gelben Gorgonien.
Der Grund senkt sich allmählich zwischen den Steinmassen weiter ab und ist teilweise mit Neptunsgras bestanden. In 27 Meter Tiefe stößt man auf einen senkrechten Fels, der mit Neptunsgras bedeckt ist. Die tiefste Stelle liegt bei 36 Meter. Dort erheben sich einige große Felsen auf dem Sandgrund, die bis zu drei bis vier Meter unter die Wasseroberfläche reichen. Hier beginnen typische koralligene Formationen mit ihrer starken Dominanz von Kalkrotalgen.

A - Tavolara ist ein riesiger Fels aus Kalkstein und Dolomit und erhebt sich auf dem Granitsockel von Gallura. Die Südostseite, an der die interessantesten Tauchplätze liegen, ist eine lange Steilwand aus Kalkstein und fällt senkrecht ins Meer ab.

B - In der Luftaufnahme erkennt man unterhalb der glatten Steilwand im Wasser die herabgestürzten Felsmassen, die die Unterwasserlandschaft charakterisieren.

C - Die größten Felshaufen bilden Überhänge, Tunnel und Höhlen, die von den lichtscheuen Lebewesen dominiert werden: Ein Teppich von Gelben Nelkenkorallen (Leptosammia pruvoti), *Schwämmen, Röhrenwürmern und Moostierchen bedeckt alle schattigen Wände.*

D - Auf Tavolara kann man auch die Spuren der Verkarstung finden. Sie künden von den Zeiten, als dieses Gestein über Wasser lag und ausgehöhlt wurde.

E - Im östlichen Bereich wirft die Steilwand so viel Schatten, daß man dort die typischen Lebewesen der prekoralligenen Zone findet: gelbe Gorgonien sowie Rot- und Pfennigalgen.

F - Bei Tavolara befinden sich auch schon in geringen Tiefen Gelbe Gorgonien (Eunicella cavolinii). *Im allgemeinen besiedeln sie die Gänge und Passagen zwischen den Felsmassen, wo die Strömung ihnen ausreichend Nahrung heranträgt.*

Auf dem ganzen Weg kann man Gruppen von Großen Geißbrassen, ein paar Goldbrassen und große Zahnbrassen sehen. Am Fuß des letzten Felsens haben zwei große Braune Zackenbarsche ihr Revier. Sie fühlen sich so gut getarnt, daß sie regungslos auf dem Grund oder auf kleineren Felsblöcken liegenbleiben.
Für den Rückweg wählt man einen etwa parallel liegenden Weg, und wenn man nicht zu lange in großer Tiefe verweilt hat, kann man nun in Ruhe die Spalten und Höhlen zwischen den Felsmassen auf dem Plateau unter dem Boot erkunden.
Eine weitere, flachere Route führt parallel zur Küste entlang der 20-Meter-Tiefenlinie. Zuerst schwimmt man wie beim ersten Tauchgang über die verstreuten Felsmassen, bis man zu einer Passage zwischen zwei großen Felsen gelangt. Sie führt mit senkrechten Wänden zwischen Felsen und leuchtend farbigen Korallenformationen hindurch. Man gelangt in 20 Meter Tiefe wieder ins Freie. Hier an der rechten Seite zwischen den Rotalgen richtet sich nahezu jedes Jahr ein Oktopus seine Wohnhöhle ein. Dann umrundet man die größte Felsmasse, deren Außenseite mit Rotalgen, Steinkorallen und Gorgonien bedeckt ist. An dieser Stelle ändert sich die Landschaft abrupt, da die Klippe darüber steiler wird und deshalb das Sonnenlicht zurückhält. Der Lebensraum ist präkoralligener Natur, und es dominieren die Rot- und Grünalgen. Die Kalkrotalgen bilden pilzähnliche Strukturen, und im Licht der Lampe erscheint alles in leuchtenden Farben. Auf dem Dunkelrot der Algen und Schwämme wirken die weißen und schwarzen Zeichnungen der Leopardschnecke besonders auffällig. Ein Schwarm Meerraben bewegt sich langsam zwischen den Algenformationen, und Schulen von Goldstriemen weiden die Kuppen ab. In der Mitte dieses Gebiets liegen zwei pyramidenförmige Felsmassen, die durch einen kleineren Fels voneinander getrennt sind. Unter diesem befindet sich die Wohnhöhle eines Braunen Zackenbarschs, und auf den Wänden findet man nicht selten Fangschreckenkrebse.
Zurück nimmt man eine etwa parallel verlaufende flachere Route und erreicht so den Fuß der steilen Klippe in 15 Meter Tiefe. Dann passiert man ein Felsrutschgebiet voller Höhlen und Unterschlüpfe, in denen häufig ein kleiner Zackenbarsch steht. Schließlich erreicht man den Flachbereich, in dem der Tauchgang begann. Er ist mit Felsbrocken übersät, zwischen denen man Oktopusse, Langusten sowie auf den Algen Warzige Kreiselschnecken entdecken kann. Während des Aufstiegs und des Dekostopps hat man Gelegenheit, die Unterwasserlandschaft noch einmal zu überblicken, insbesondere die große Wolke von Fahnenbarschen, die immer um die Felsen schwebt.

H

I

F

G

G - Im späten Frühjahr legen die Weibchen der Großen Bärenkrebse **(Scyllarides latus)** *bei Tavolara ihre Eier ab.*

H - Paarungsritual und Eiablage der Gemeinen Kraken **(Octopus vulgaris)** *finden dagegen schon im zeitigen Frühjahr statt. In dieser Zeit kann man sie bei Tedja Liscia besonders gut beobachten.*

I - Die Spitze der Felsmassen ist mit einem Bewuchs von Grün- und Braunalgen bedeckt. Goldstriemen **(Sarpa = Boops salpa)** *in großen Schwärmen weiden die Algen ab. Häufig wachen einige „Kundschafter" ohne zu weiden am Rand des Schwarms, um diesen bei Gefahr warnen zu können.*

SECCA DEL PAPA

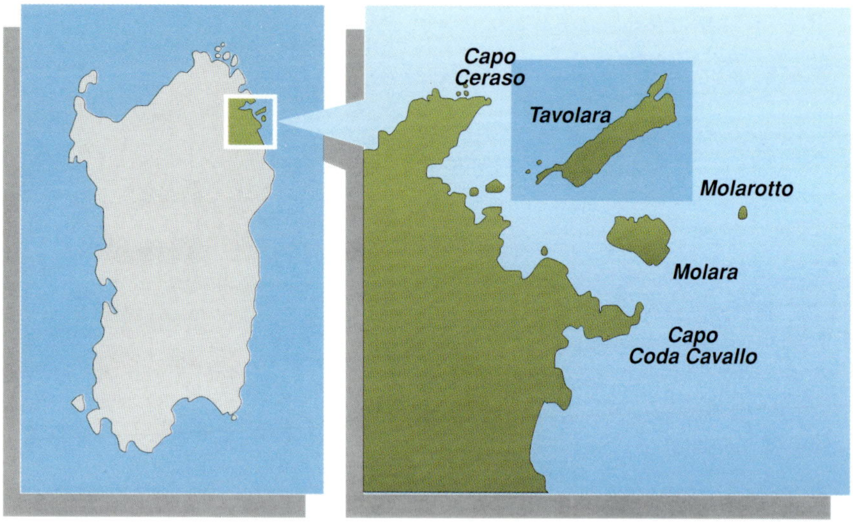

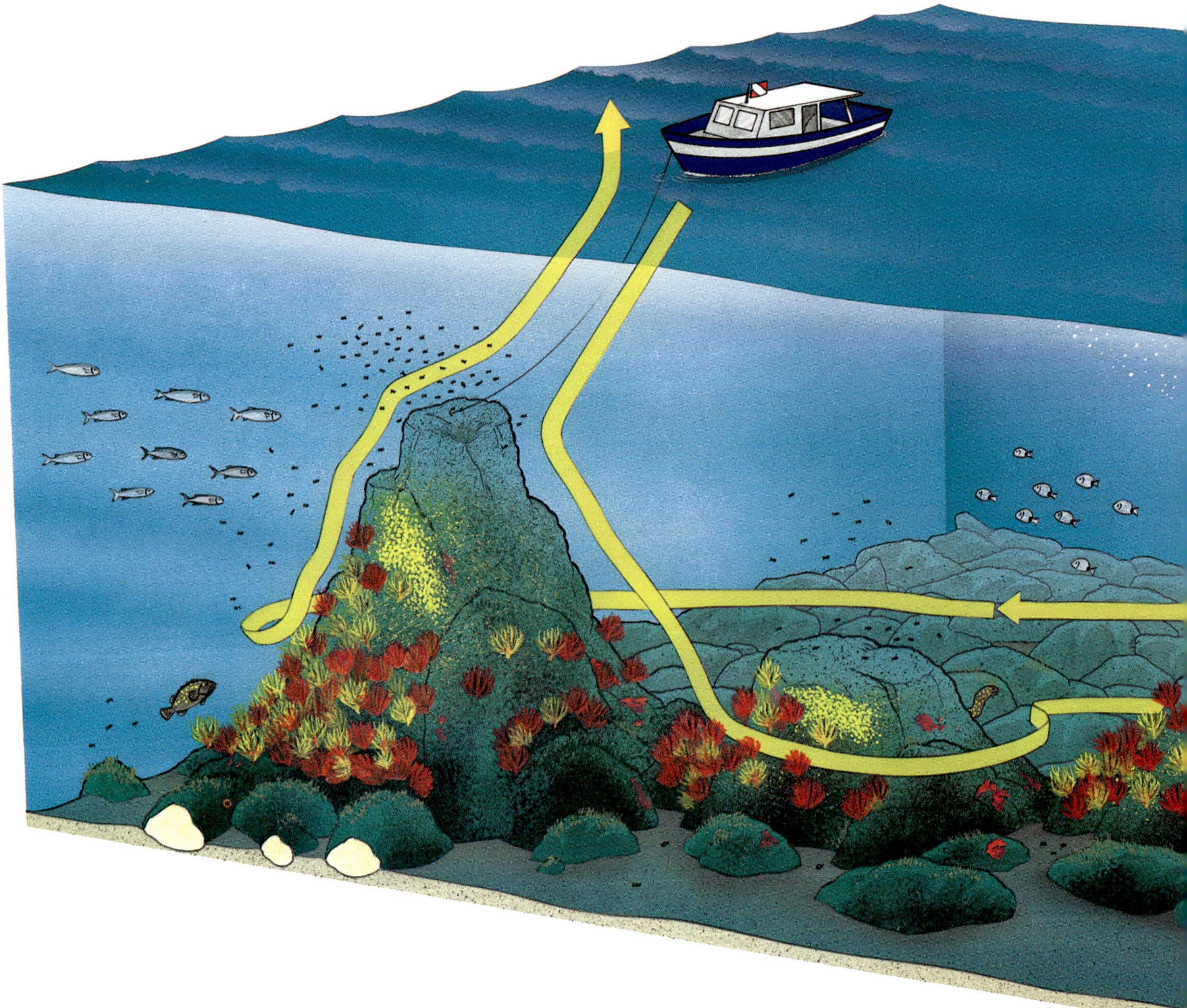

N
Punta Timone
Punta del Papa
Coda di terra
Punta La Mandria

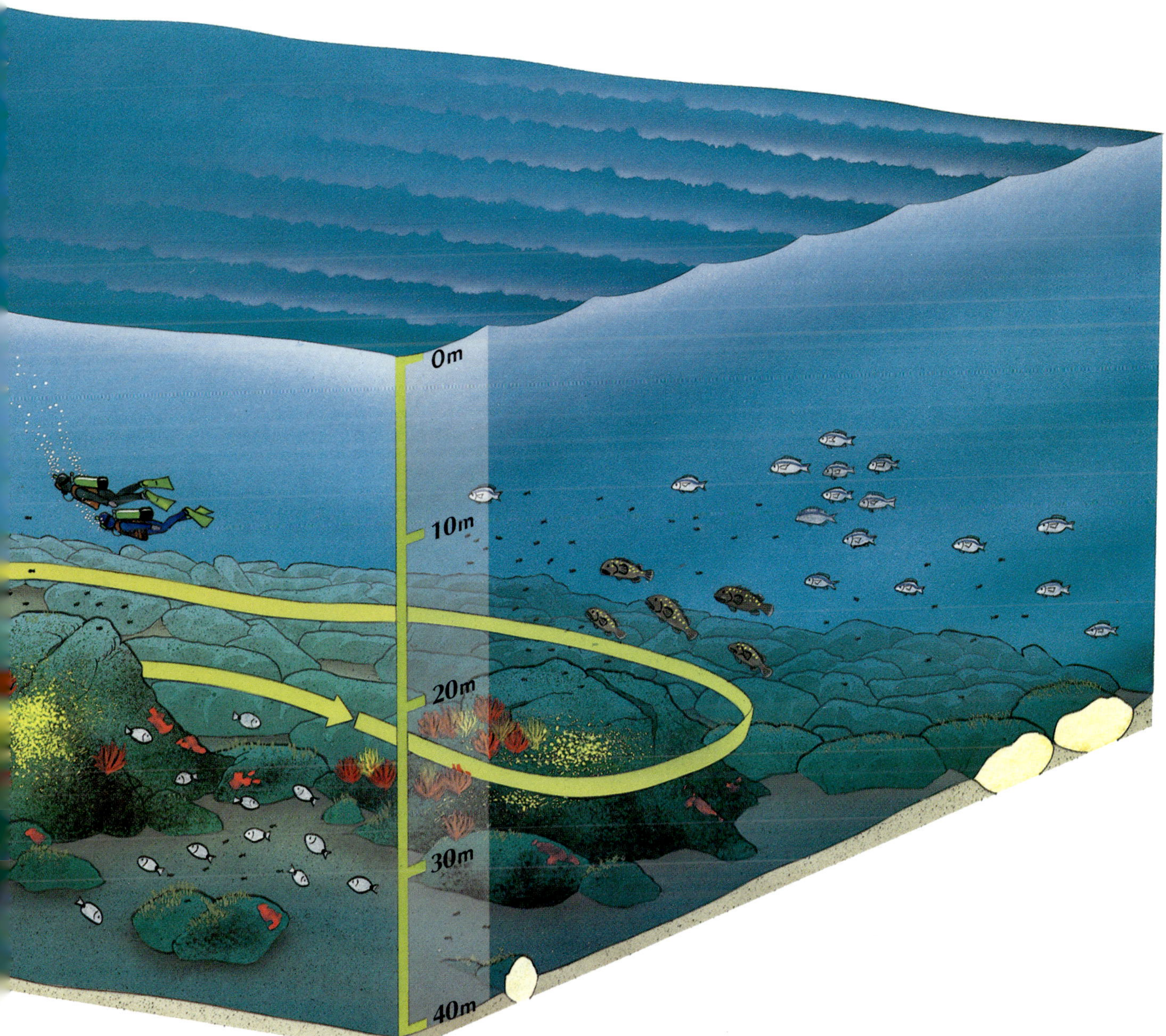
0m
10m
20m
30m
40m

Folgt man der nach Südosten gerichteten Küste Tavolaras, passiert man die Punta del Papa. Sie ist durch einen Felsen charakterisiert, der wie ein die Tiara tragender Papst aussieht. Dreihundert Meter seewärts liegt die Secca del Papa, eine Gruppe von Kalksteinformationen, die eine unterseeische Verlängerung des Kaps darstellt. Die höchste Säule steigt bis 15 Meter unter die Wasseroberfläche auf. Hier, auf der wenige Quadratmeter großen Fläche, kann man das Boot verankern.

Folgen Sie dem Steilabfall in westlicher Richtung, und wenden Sie sich dann der Gruppe von kleinen Hügeln zu, die durch tiefe Rinnen voneinander getrennt werden. Nun ist man in einer Tiefe von 28 bis 30 Meter und kann die großen Gorgonien auf der Nordseite der Felsen bewundern. Der Sandgrund liegt 38 Meter tief und ist mit Korallenformationen durchsetzt, die Tunnel und Höhlen bilden.

Auch der zweite Hügel ist mit Gorgonien bewachsen. Wenn man ein gutes Auge hat, erkennt man schon aus zehn Meter Entfernung am dritten Hügel zahlreiche Zackenbarsche. Am besten schwimmt man zur Spitze dieses Hügels und verweilt dort. Einer nach dem anderen kommen dann die sechs oder sieben Zackenbarsche vorsichtig, aber neugierig näher. Zwei von ihnen wiegen über 20 Kilogramm.

A

Beim Weiterschwimmen sollte man auch andere Details beachten: ein hübscher Schwarm Geißbrassen, ein paar Muränen und viele Fahnenbarsche. Nachdem man die höchste Untiefe wieder erreicht hat, setzt sich der Tauchgang auf einer Route fort, bei der es viel zu beobachten gibt. An der Nordseite dieser beinahe senkrechten Säule findet man in 25 bis 42 Meter Tiefe einen richtigen Wald großer Gorgonien: Viele Fächer leuchten in Abstufungen von Gelb, andere dagegen sind an der Basis rot und an den Zweigen gelb gefärbt. Häufig sind die Zweige der Gorgonien mit Trugkorallen bewachsen. Viele weitere Lebewesen siedeln auf diesen Gorgonien: un-

B

D

C

A - Einige der Farbwechselnden Gorgonien (Paramuricea clavata) *von Secca del Papa sind über einen Meter hoch.*

B - An der äußersten südöstlichen Spitze von Tavolara steht eine Kalksteinsäule, die einem die Tiara tragenden Papst ähnelt. Daraus leitet sich der Name des Kaps ab.

C - Viele Felsbereiche sind mit Teppichen von Gelben Krustenanemonen (Parazoanthus axinellae) *bedeckt.*

D - An den nördlichen Wänden von Secca del Papa befindet sich dichter Gorgonienbewuchs.

E - Im tieferen Bereich lebt eine Gruppe großer Brauner Zackenbarsche (Epinephelus marginatus), *die sich häufig den Tauchern nähern.*

F - Hier bei Secca del Papa ist auch einer der Standorte der Farbwechselnden Gorgonien (Paramuricea clavata).

G - Mittelmeer-Muränen (Muraena helena) *findet man hier sowohl im Flachwasser als auch in der Tiefe.*

H - Die Seriolas (Seriola dumerilli) *leben pelagisch in großen Schwärmen und können am besten an Untiefen wie der Secca del Papa gesichtet werden, die sich im Freiwasser erheben. Am häufigsten sieht man sie gegen Ende des Sommers.*

I - Eine Violette Fadenschnecke (Flabellina affinis) *legt ihr Eiband zwischen den Algen und Moostierchen auf der Spitze des Riffs ab.*

ter anderem Vogelmuscheln, Röhrenwürmer und Büschel-Seescheiden. Ganze Bereiche der Wand sind mit Teppichen aus Gelben Krustenanemonen überzogen.

Der Tauchgang setzt sich mit einem spiralförmigen Aufstieg rund um die Felssäule fort. In verschiedenen Tiefen findet man kleine Terrassen, wo in den Spalten Muränen, Meeraale und gelegentlich auch kleine Zackenbarsche hausen. Je nach Jahreszeit kann man auch Große Seespinnen und Einsiedlerkrebse entdecken. Auf der Gipfelfläche der Säule wächst Sargassum, das aber von Fischen und Seeigeln ständig abgeweidet wird. Nur wenige Exemplare wachsen

E

hoch, wobei ihre Zweige von kugeligen Schwimmblasen, den Aerozysten, aufrechterhalten werden. Versteckt in Felsspalten sind tagsüber die Diademseeigel, die man deshalb nicht leicht entdecken kann.

Wegen seiner Lage im offenen Meer ist Secca del Papa einer der klassischen Tauchplätze, an dem man auch große Schwärme pelagischer Fische antrifft. Große, neugierige Seriolas, Schulen großer Zahnbrassen und Bonito-Schwärme nutzen dieses Riff häufig als Jagdgrund, und mit etwas Glück und zur rechten Zeit wird man hier unvergeßliche Sichtungen erleben, die einem der besten Tauchgebiete des Mittelmeers würdig sind.

F

G

H

I

SECCA DI PUNTA ARRESTO

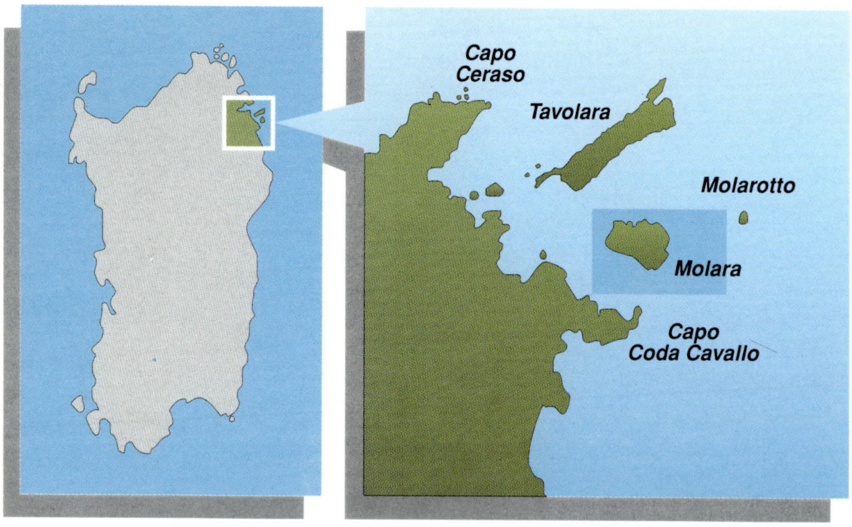

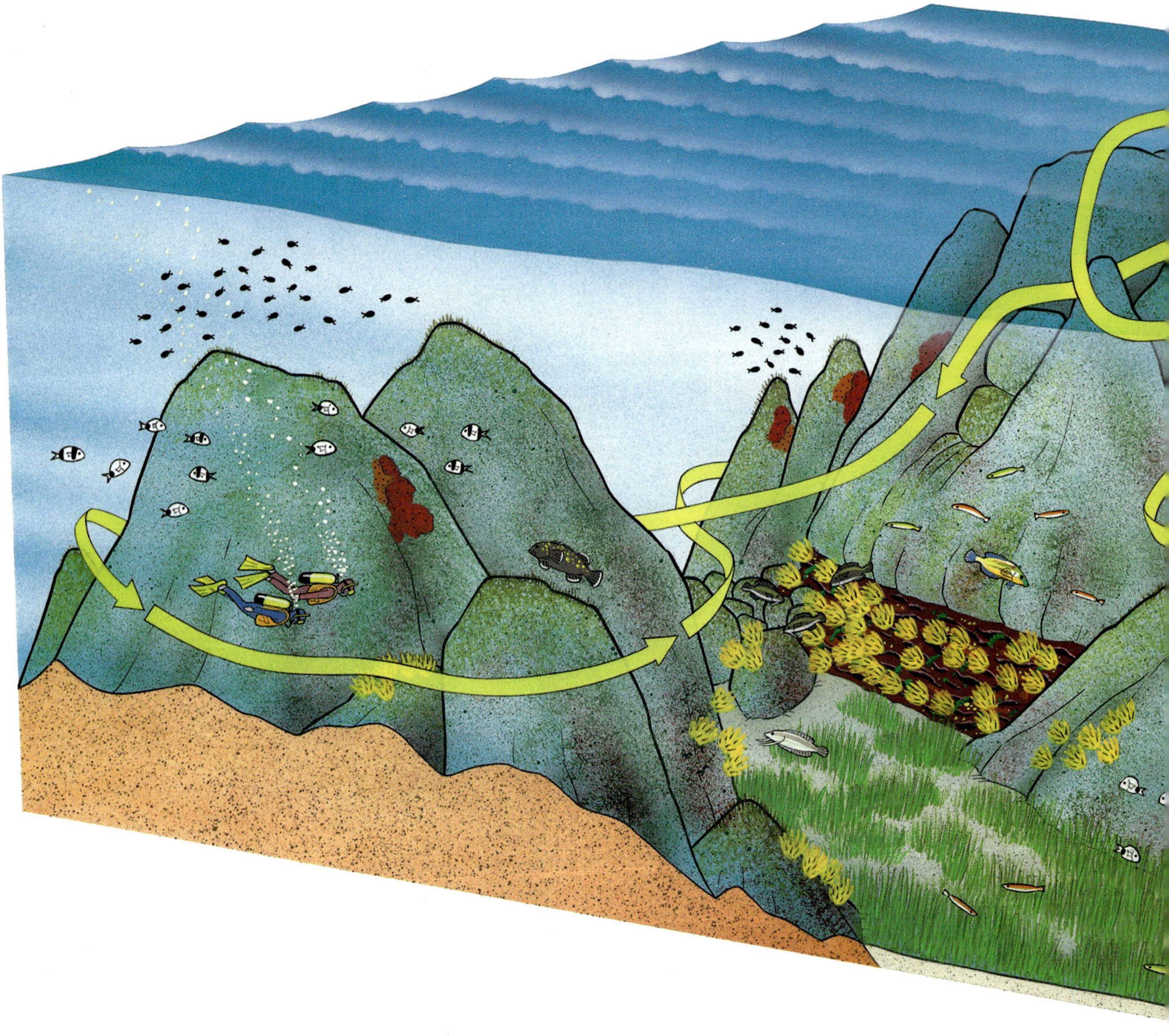

N
Punta Arresto
Molara
Punta Scirocco

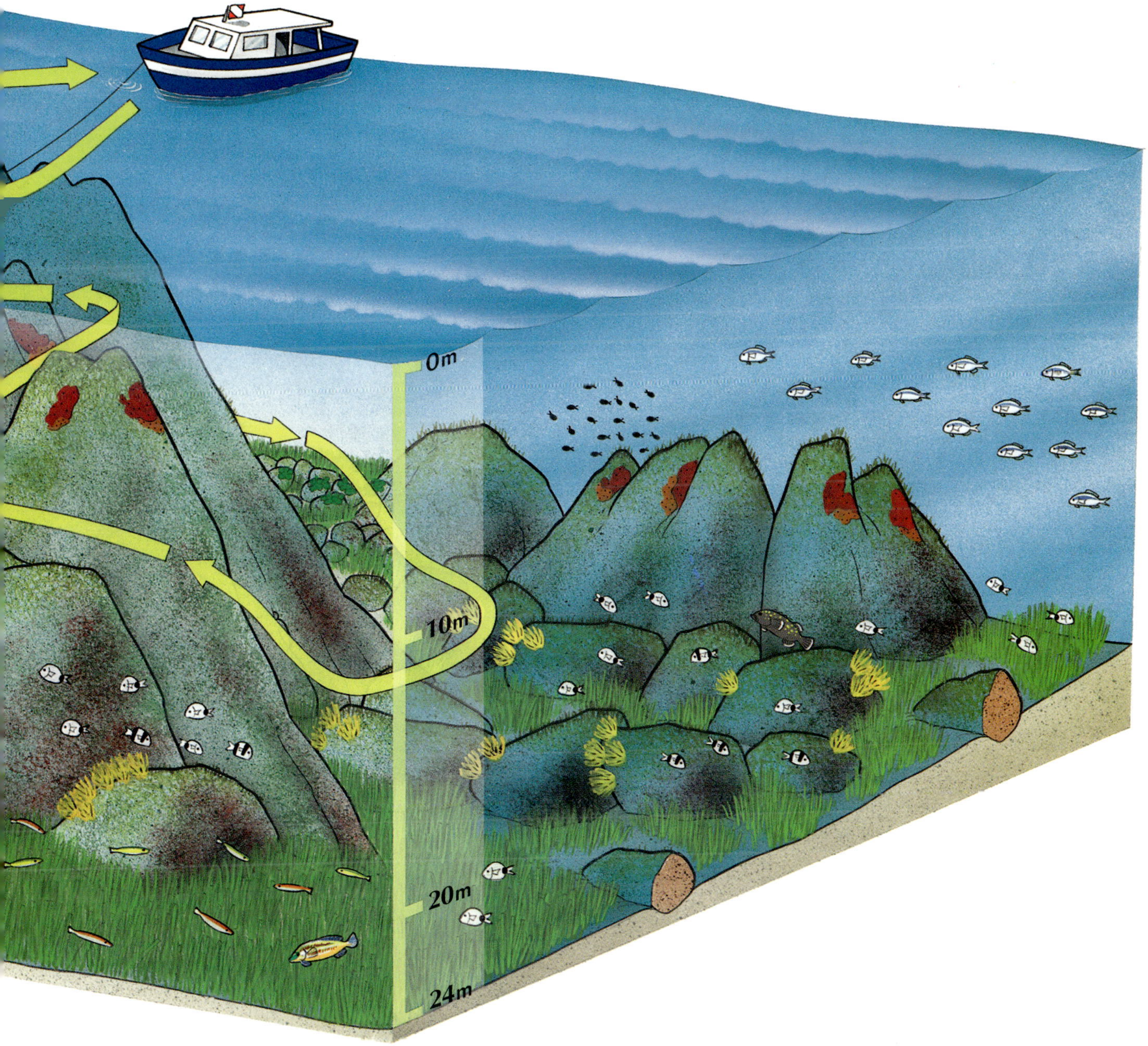
0m
10m
20m
24m

Punta Arresto ist die Nordspitze von Molara, eine Reihe von Granitkegeln, die sich im Meer nach Nordosten hin fortsetzt. Wenige Meter vor der Landspitze sieht man klar den Schimmer der Untiefe, die bis zu drei Meter unter die Wasserfläche hochsteigt. Die Felsriffe werden von tiefen Einschnitten unterbrochen und laufen schließlich in 27 Meter Tiefe auf einer Posidonienwiese aus.
Nach dem Abtauchen über dem ersten Hang schwimmt man in Richtung offenes Wasser. In etwa zehn Meter Tiefe erreicht man eine Reihe kegelförmiger Felsen. Dann geht es am Hang hinunter. Am Fuß der Wand gelangt man zu einer Vertiefung, in der sich große Felsmassen angesammelt haben. Sie sind voller Passagen („tafoni" genannt), Spalten und Höhlen. Wundervolle Meerraben und ein paar Große Gabeldorsche schwimmen hier von einer Höhle zur anderen.
Dann wendet man sich nach Norden in Richtung einer Vertiefung in rund 20 Meter Tiefe. Dort erreicht man den äußeren Rand der zweiten Felsformation. Man schwimmt an ihr entlang bis zu einem Trog in 27 Meter Tiefe, in dem Meerraben und ein Pärchen großer Brauner Zackenbarsche schwimmen. Beim Aufstieg zum Gipfel der Felskegel bewundert man unter Überhängen und in schattigen Bereichen das Purpurrot der Algen und das Orange und Azurblau der Schwämme mit den gelben Farbflecken der Korallen dazwischen.
Dabei sollte man auch nicht versäumen, immer wieder ins Freiwasser zu blicken, denn dort können Überraschungen lauern. Hier hatte ich das Glück, meine bisher einzige Begegnung mit einem Großen Tümmler zu erleben. Besser ausgedrückt, der Delphin, ein ausgewachsenes Männchen, war so neugierig auf diese seltsamen, geräuschvollen Kreaturen mit ihren Luftblasen, daß er näherkam, um uns zu inspizieren. Er tauchte plötzlich aus den blauen Tiefen auf, näherte sich uns auf etwa zwei Meter und bewegte dabei seinen Kopf, um besser zu

C

A

D

B

sehen. Er schwamm etwas weiter, kehrte zurück, um einen letzten Blick zu riskieren, und dann war er mit einem einzigen Flipperschlag weg, verschwunden im Blau.

Begegnungen dieser Art sind natürlich selten, nicht aber die mit hübschen Zahnbrassen und kapitalen Meerbrassen. Wenn man oben angelangt ist, schwimmt man auf der Höhe des Einschnitts zur ersten Felsformation zurück, an dem der Tauchgang begann. Hier gelangt man zu einem flachen, mit Felsmassen bedeckten Bereich, wo man Zackenbarsche und Langusten finden kann, sowie einem Streifen kleinerer Felsen, die vollständig mit Algen der Art Meerball bewachsen sind.

E

Dann erreicht man den Rücken dieser Felsformation und beginnt mit dem Aufstieg. Dabei folgt man kleinen Rinnen im Fels, in denen die Röhrenwürmer ihre Tentakelkronen entfalten, und gelangt schließlich zum Gipfel, an dem der Tauchgang begann. Der Sicherheitsstopp kann zu einem der unterhaltsamsten Teile dieses Tauchgangs werden, weil man dabei in fünf Meter Tiefe zwischen den Felsen umherschweben und eine Reihe interessanter Dinge erkunden kann: Einsiedlerkrebse, Nacktschnecken und zahlreiche Röhrenwürmer. Meerjunker und Meerpfauen jagen über den Felsen, und die Krönung des Spektakels bildet eine dichte Wolke von Mönchsfischen.

F

G

H

I

A - Die Insel Molara besteht aus Granitgestein. Die umliegenden Meeresgründe stellen eine Kombination aus Sandflächen, Posidonienwiesen und herausragenden Felsblöcken dar.

B - Das Vorgebirge Punta Arresto liegt im Nordosten der Insel. Der Tauchplatz Secca di Punta Arresto ist ein unterseeischer Ausläufer dieses Vorgebirges.

C - Die Spitze des Tauchplatzes ist ein flaches, zerklüftetes Gebiet, durchzogen von Gräben und mit vereinzelten Spitzen bekrönt.

D - Zahlreiche felsige Sporne, unterbrochen von tiefen Kanälen, verlaufen zum offenen Wasser hinaus.

E - An der Basis der Felsen wachsen Kolonien von Weißen Gorgonien (Eunicella singularis).

F - Häufig findet man zwischen den Felsen Neptunsgras. Dies schafft ein günstiges Umfeld für Filtrierer wie Röhrenwürmer und Schwämme.

G - Der Schriftbarsch (Serranus scriba) *hält immer Kontakt zum Meeresgrund. Er kommt in diesem Gebiet oft vor.*

H - Der Kleine Drachenkopf (Scorpaena porcus) *bevorzugt flache Felsgebiete als Lebensraum.*

I - Goldstriemen (Sarpa = Boops salpa) *trifft man überwiegend im Flachwasser an. Sie patrouillieren in großen Schwärmen über die Felsen und weiden Algen ab.*

SECCA NORDÖSTLICH VON MOLAROTTO

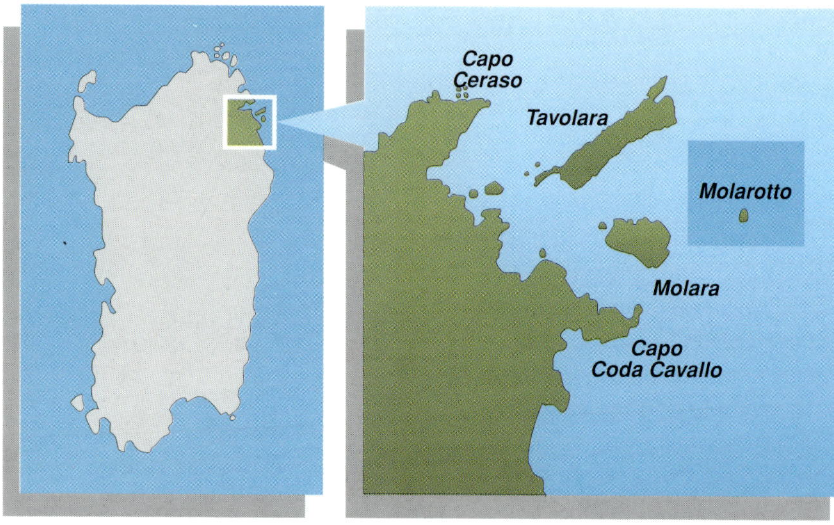

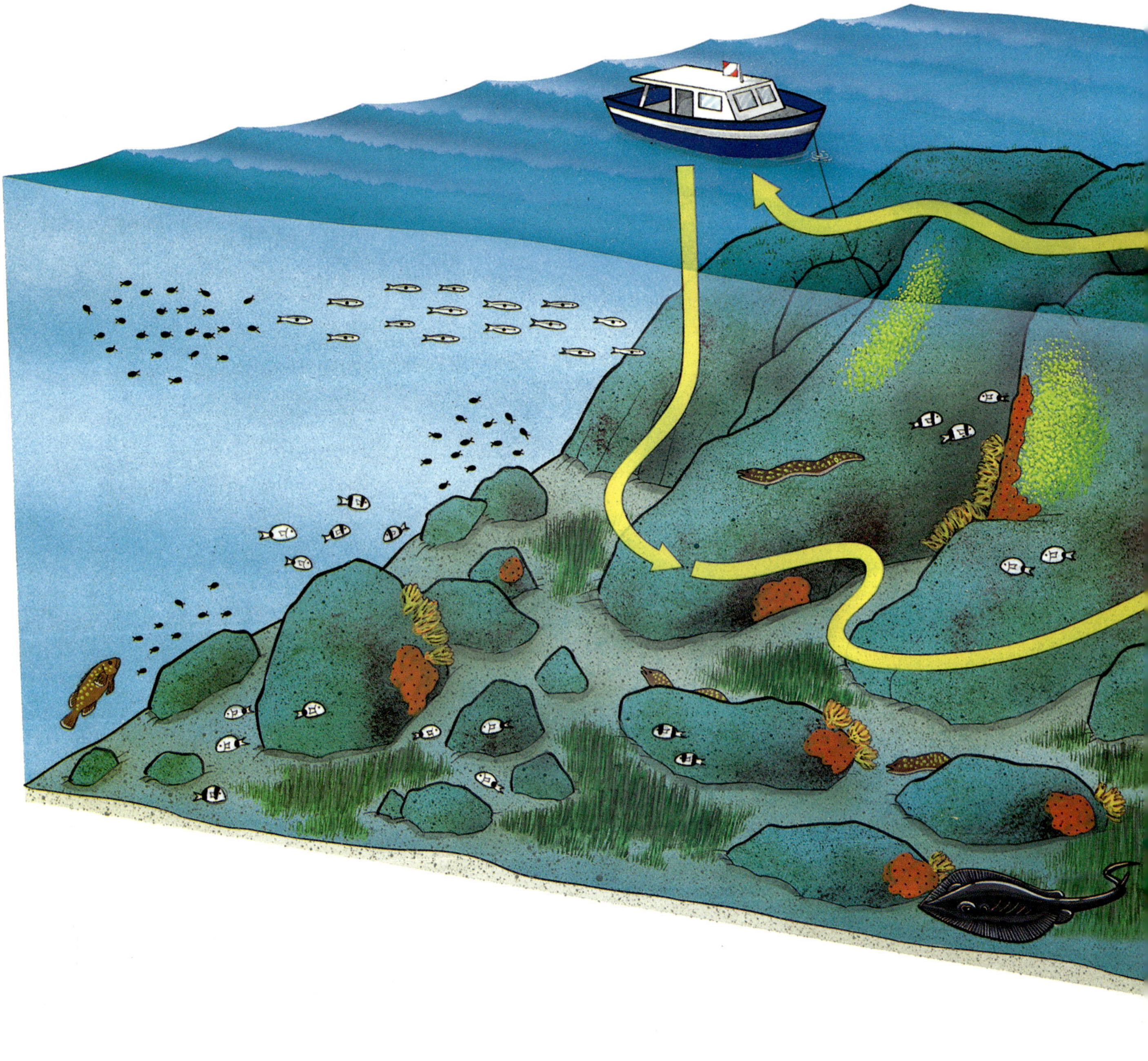

N
Molarotto

0m
10m
20m
27m

A

Molarotto ist ein Granitmassiv östlich von Molara, rund 13 Kilometer von der sardischen Küste entfernt. Es erhebt sich 51 Meter über den Meeresspiegel und ist die Heimat einer großen Kormoran-Kolonie. Während der Brutsaison im Winter und zu Frühjahrsbeginn besetzen die Kormorane jeden Spalt zwischen den Felsen und der spärlichen Vegetation. Molarotto ist ringsum von zahlreichen felsigen Untiefen umgeben. Der klassischste Tauchplatz liegt an der nordöstlichen Untiefe. Man verankert das Boot über einer Felsbastion, die bis zu neun Meter unter dem Wasserspiegel aufragt. Der Tauchgang geht in nördlicher Richtung, wobei man zuerst an der Basis der vier felsigen Erhebungen entlangschwimmt und anschließend umgekehrt zurück in deren oberen Bereichen. Diese gratähnlichen Erhebungen liegen in Nordostrichtung und werden untereinander von tiefen Gräben getrennt. Dort fällt der Meeresgrund zum offenen Wasser hin von 18 auf 24 Meter ab und erreicht schließlich 27 Meter. Die Felsbastionen sind mit einer fellartigen Schicht lichtliebender Algen bedeckt, die von weidenden Arten und der starken Wasserbewegung immer kurz gehalten werden. Hier stehen häufig Strömungen an, die bei der Tauchgangsplanung berücksichtigt werden müssen.

B

D

C

A - Malorotto ist ein von zahlreichen Untiefen umgebenes Felsmassiv, wobei die Riffe die Fortsetzung der trocken liegenden Felsnasen darstellen.

B - Die Felsen der nordöstlichen Untiefe sind mit einer dünnen Lage aus Algen bedeckt, die aufgrund der starken Wasserbewegungen und der weidenden Fische und Wirbellosen immer niedrig bleiben.

C - Am Fuß der Felsen findet man häufig Gelbe Gorgonien und orangefarbene Schwämme.

D - Die Unterwasserlandschaft Molarottos zeichnet sich durch felsige Vorsprünge aus, die senkrecht aus dem Boden aufragen.

E - Das Wasser ist um Molarotto herum immer kristallklar und läßt reichlich Licht eindringen.

F - Mittelmeer-Muränen **(Muraena helena)** *kommen hier so häufig vor, daß manche sich zu zweit oder zu dritt einen Spalt teilen.*

G - Die oberen Bereiche sind immer von dichten Schwärmen der Mönchsfische **(Chromis chromis)** *umgeben.*

H - Auf den tiefer liegenden Felsen und dem Sandgrund stößt man häufig auf Große Drachenköpfe **(Scorpaena scrofa).**

I - Ein Läppchen-Schleimfisch **(Blennius tentacularis)** *kauert zwischen den Algen. Er faßt die Beute mit einem blitzschnellen Vorstoß.*

Wenn man an den Felsmassiven vorbeischwimmt, scheint man überall auf Muränen zu stoßen: Große Exemplare schauen aus nahezu jeder Spalte hervor, und manchmal leben sogar zwei oder drei zusammen. Man sieht auch große Drachenköpfe, auch wenn sie wegen ihrer bemerkenswerten Tarnung nicht leicht zu entdecken sind. Zum offenen Wasser hin enden die Felsbastionen abrupt mit Steilwänden, die an den Nordseiten von roten Schwämmen und Gelben Krustenanemonen bewachsen sind. Wie über Wasser ist das Granitgestein auch unter Wasser von tiefen Rissen und Passagen durchzogen, und darin verbergen sich große Zackenbarsche.

E

Dieser Tauchplatz hat besondere Attraktionen zu bieten. Hier kann man außerordentlich große Stechrochen sichten, die manchmal auf den Sandflecken am Meeresgrund, manchmal auf einem flachen Fels ruhen. Ein anderes Spektakel ist im Sommer ein großer Pfeilhechtschwarm, der um das Riff herum patrouilliert. Vor allem erwähnenswert aber sind große pelagische Fische, die man beim Zurückschwimmen beobachten kann, darunter Seriolas, Zahnbrassen und sogar Schwertfische. Zu den beeindruckenden Anblicken gehört auch eine Wolke von Mönchsfischen, die sich rhythmisch und synchron über den von der Sonne beschienenen Felsen bewegt.

F

G

H

I

DAS WRACK VON MOLARA

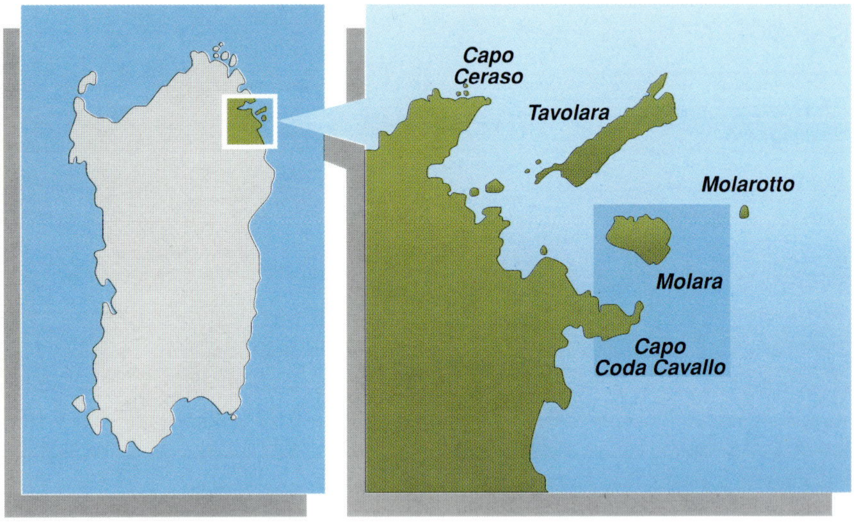

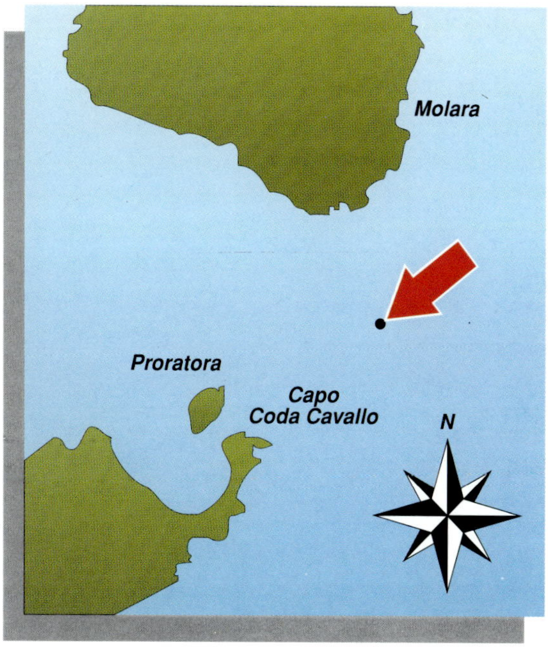
Molara
Proratora
Capo
Coda Cavallo
N

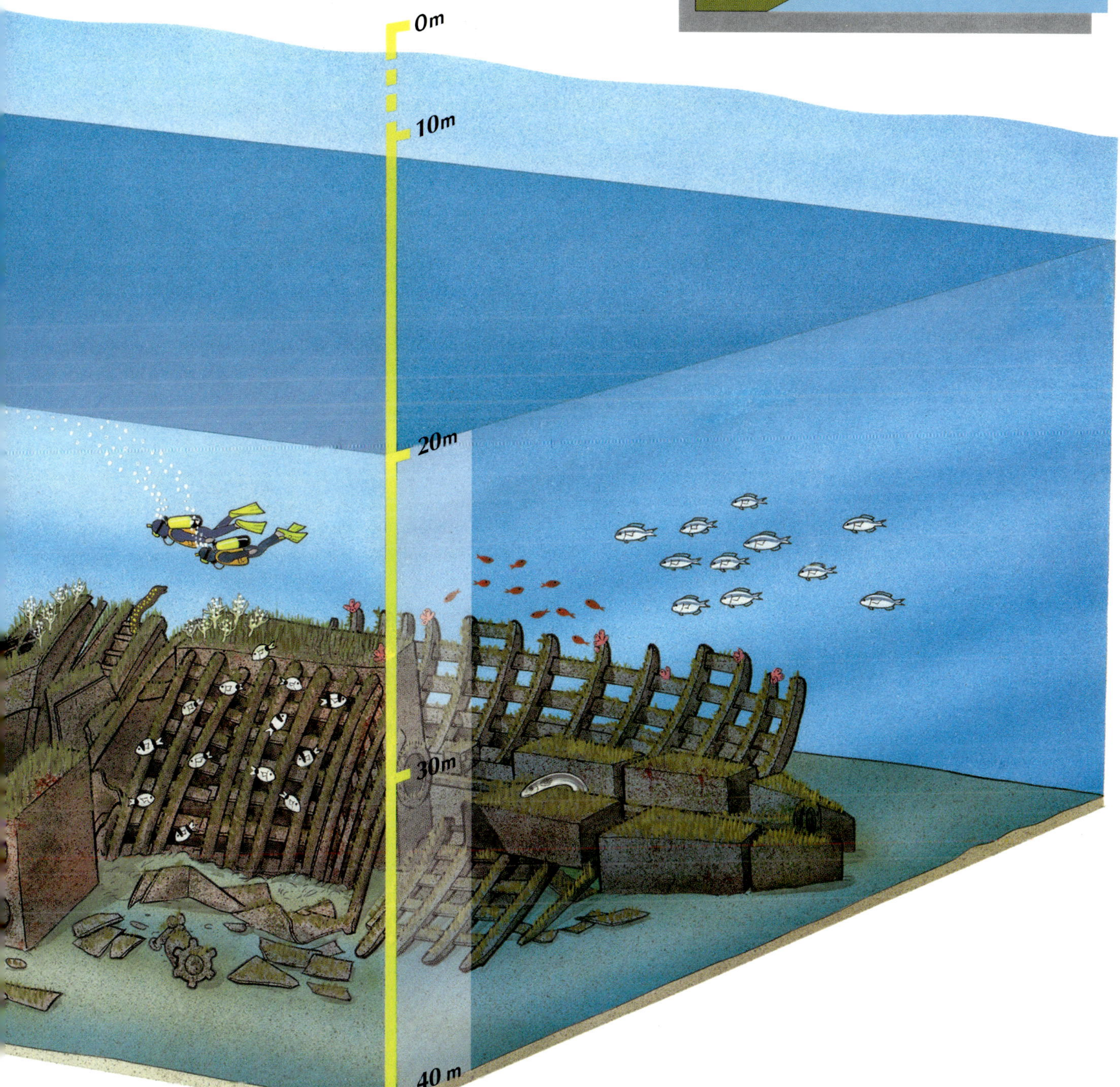
0m
10m
20m
30m
40 m

Zwischen Molara und Capo Coda Cavallo liegt auf dem Sandgrund in 39 Meter Tiefe der mächtige Rumpf eines Wracks. Lange Zeit glaubte man, es handle sich um ein bewaffnetes Frachtschiff, das Nachschub transportierte und von einem britischen U-Boot torpediert worden sei. Es gibt sogar Zeugen dafür, daß das Schiff Feuer gefangen habe, bevor es sank. Aber einige Umstände sprechen dafür, daß es sich bei diesen Erinnerungen um ein anderes Schiff als dieses handeln muß. In jedem Fall müßte es stark beschädigt sein und Spuren des Feuers zeigen. Das Molara-Wrack hat aber nicht nur keine Feuerschäden, sondern ist von der Bauart und dem allgemeinen Zustand her offenbar weit älter als aus dem Zweiten Weltkrieg.

Neuere Nachforschungen vermitteln uns nun ein klares Bild darüber, was sich 1943 ereignete. Im frühen Frühjahr versenkten englische U-Boote vor Capo Coda Cavallo mindestens zwei Schiffe: einen Minensucher und ein altes, vergammeltes Dampfschiff, das Tabakballen und wahrscheinlich auch Getreide transportierte. Der Minensucher ist noch nicht wiedergefunden worden, aber bei ihm handelt es sich höchstwahrscheinlich um das „bewaffnete Frachtschiff“, über das so viele Gerüchte im Umlauf sind, und das Dampfschiff ist wohl unser Wrack. Es handelt sich um ein großes Schiff in gemischter Stahl- und Holzbauweise, über 70 Meter lang und wahrscheinlich mit einem Bruttoregistergewicht von über 2000 Tonnen. Entweder handelte es sich um ein Motorschiff oder um einen Motorsegler – das kann man anhand der Zwei-Kolben-Dampfmaschine und der Füße für die drei Masten heute noch klar erkennen. Daraus läßt sich auch schließen, daß das Schiff gegen Ende des 19. Jahrhunderts gebaut worden sein muß. Als das Schiff sank, war es schon fast museumsreif. Wahrscheinlich fuhr es unter französischer Flagge und war von Syrien her unterwegs nach Marseille. Außer dem französischen Kapitän hatte es zwölf oder 13 schwarze Seeleute als Besatzung an Bord. Es wurde auf dem offenen Meer von einem britischen U-Boot torpediert. Nur der Kapitän wurde gefangengenommen. Die Crew, die auf einem Rettungsboot Zuflucht genommen hatte, wurde freigelassen.

Man taucht über dem Wrack im Freiwasser ab. In 20 Meter Tiefe beginnt sich die dunkle Masse des Rumpfes auf dem Meeresgrund abzuzeichnen. Die höchsten Teile in 35 Meter Tiefe sind die Bereiche mittschiffs, die die riesige Dampfmaschine – den Ofen und den Boiler – beherbergten. Ein Schornstein ist zur Backbordseite hin umgefallen. Der Rumpf ist weitgehend zerfallen, und man braucht einige Zeit, um seine Lage zu erkennen und die vielen übereinanderliegenden Teile zu identifizieren. Von der Beplankung und anderen hölzernen Bauteilen ist wenig erhalten geblieben. Nur an den Eisenplanken sind rund um die Nieten einige Holzreste zu erkennen. Der große, doppelt T-förmige Kielbaum zeigt durch seine Lage an,

C

D

A

B

A - Während des Zweiten Weltkriegs waren die italienischen und deutschen Konvois an der Ostküste Sardiniens ständigen, große Verluste verursachenden Angriffen durch englische U-Boote ausgesetzt. 1943 wurden nicht weit vom Capo Coda Cavallo zwei Schiffe versenkt: ein Minensucher und das Molara-Wrack.

B - Das Molara-Wrack war ein dreimastiger Dampfsegler, wie sie in der zweiten Hälfte des 19. Jahrhunderts gebaut wurden. Das Foto zeigt den Haltering des Heckmastes.

C - Das Schiff hatte an Deck keine Aufbauten. Außer den Masten ragten nur die Schornsteine hervor, die nun umgefallen sind.

D - Der Rumpf war aus Eisenwanten und Holzplanken erbaut. Vom Holz blieben nur Bruchstücke erhalten, während der eiserne Rahmen in gutem Zustand ist. Viele Lebewesen, insbesondere die hier tiefvioletten Rosa Röhrenschwämme **(Haliclona mediterranea)**, *haben sich auf den höher gelegenen Teilen niedergelassen.*

daß der Rumpf auf der Backbordseite liegt, während die Steuerbordseite offenbar zusammengebrochen und auf die Backbordseite gefallen ist.

Aufgrund der Tiefe kann man bei einem Tauchgang nicht das ganze Schiff erkunden. Deshalb sollte man sich auf das Heck und die Dampfmaschine konzentrieren. Von der Maschine aus schwimmt man zur Steuerbordseite, wo die Rahmenteile aus dem Sand ragen wie der skelettierte Brustkorb eines riesigen Wals. Die Spitzen der Wanten sind mit violetten Röhrenschwämmen besetzt. Wenn man sich Richtung Heck bewegt, gelangt man ans Ende des großen Wellenschaftes mit seinen vielen Schraubverbindungen. Rund um die Welle verstreut liegen die Tankbehälter, die das sich verjüngende Ende des Rumpfs verstärken sollten. Von der Schraube fehlt jede Spur.

Schwimmt man zurück zur Maschine, erscheint das Durcheinander der Bauteile chaotisch. Der obere Bereich der Steuerbordseite ist auf die Backbordseite heruntergefallen, und dazwischen schwimmen zahllose Zweibindenbrassen. Dann gelangt man zur Maschine. Es handelt sich um eine doppeltwirkende Dampfmaschine mit zwei Zylindern und drei Kondensatoren. Die Wellenkupplung sowie eine Gruppe von Instrumenten sind auf dem Motor gut zu erkennen. Auch in der Maschine schwimmen enorm große Brassen. Zwischen den zerborstenen Eisenteilen verbergen sich eine große Muräne und riesige Zackenbarsche, die recht scheu sind. Hydrozoenkolonien wachsen auf den höher gelegenen Teilen. Daneben gedeihen große Gebilde des Sargassum-Tangs. Unter der Maschine erkennt man Ziegelmauerwerk, das das Fundament der Feuerstelle darstellte. Der Boiler befand sich direkt unter dem Schornstein. Hier lebte bis vor kurzem ein Meeraal, der Willie genannt wurde. Er war an die Taucher gewöhnt und pflegte sich an ihnen zu reiben, wofür er als Belohnung mit Fisch gefüttert wurde. Nun ist er weg, weil jemand mit Preßluftflasche hinuntergetaucht ist und ihn harpuniert hat...

Dieser klassische Wracktauchgang endet hier. Beim Aufstieg hat man einen Blick auf die Materialhaufen des Vorschiffs: Kisten, Kabel und zahlreiche Bruchstücke. Man erkennt auch die beiden Ankerwinschen vorne am Bug. Das Vorschiff ist aufgeplatzt wie eine Walnuß, und eine prächtige Schule von Brassen schwimmt darüber. Häufig sieht man an der Sichtgrenze große Zahnbrassen vorbeiziehen. So hat man beim Erreichen der Oberfläche nicht nur das Gefühl, das Geheimnis dieses Wracks gelüftet zu haben, sondern auch noch die Faszination großer pelagischer Fische erlebt.

F

G

E

H

E - Der stählerne Wellentunnel verläuft längs durch den Kiel. An ihm erkennt man Flanschen, mit denen er einst befestigt war.

F - Die Dampfmaschine liegt auf der Seite. Zwischen den Röhren und Bruchstücken erkennt man mehrere Anzeigeinstrumente, deren Glas zwar zerbrochen ist, die Zeiger aber immer noch vorhanden sind.

G - Die Dampfmaschine hatte zwei Zylinder und drei Kondensatoren.

H - Brassenschwärme, zahlreiche Muränen, Meeraale und große Zackenbarsche beleben das Wrack und finden zwischen den Bruchstücken Unterschlupf.

SECCA DI OSALLA

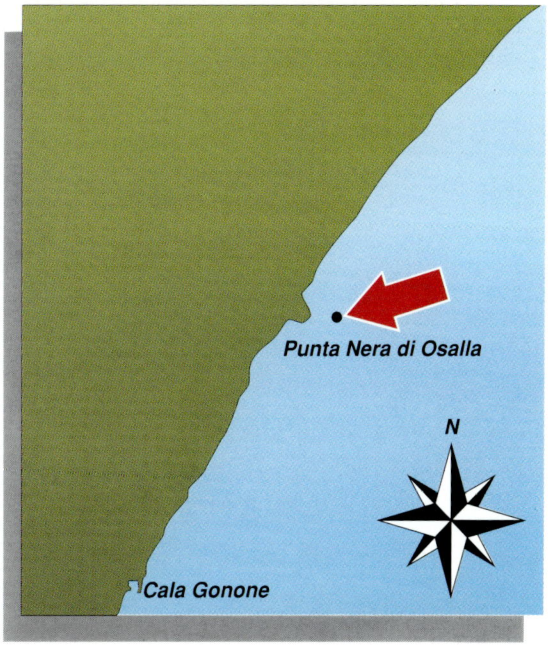
Punta Nera di Osalla
N
Cala Gonone

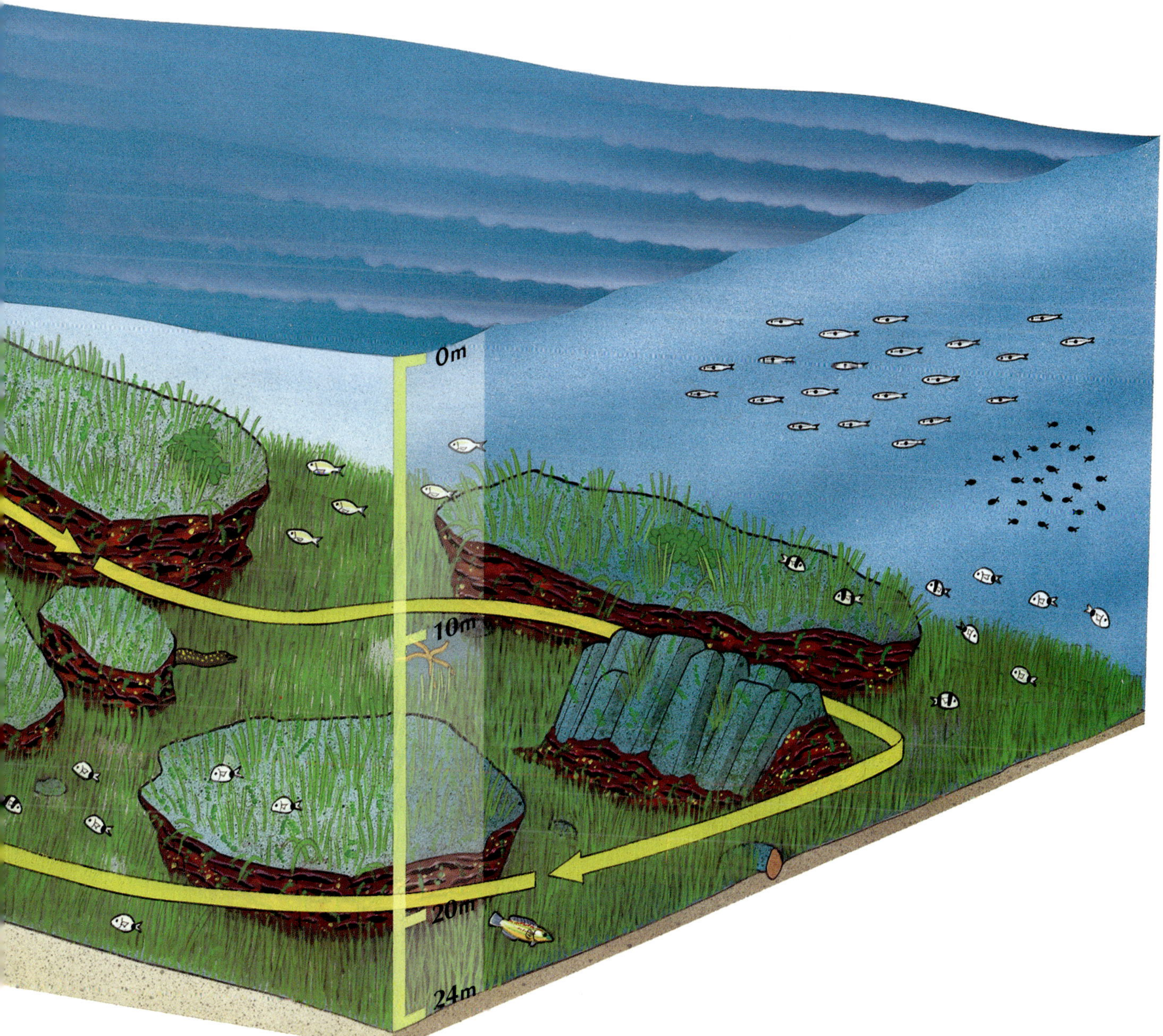
0m
10m
20m
24m

A - Secca di Osalla ist ein weitgestrecktes Gebiet mit Posidonienwiesen und dazwischengestreuten Basaltfelsen.

B - Wenn das Blitzlicht aufflammt, kommen auf den schattigen Wänden die leuchtenden gelben, orangen und blauen Schwämme und viele andere Wirbellose zur Geltung. Der Kontrast zu den lichterfüllten Gebieten, in denen das Neptunsgras vorherrscht, ist frappierend.

C - Der Meeresgrund ist an dieser Untiefe sehr abwechslungsreich: Eine Felsfläche reiht sich an die andere, und jeder Spalt birgt Überraschungen und interessante Lebewesen.

D - Pinkfarbene Flecken von Kalkrotalgen, orange Stellen mit Krustenschwämmen und die Farben der vielen anderen Wirbellosen fallen am Fuß der Felsen ins Auge.

A

Der Strand von Osalla liegt an der Grenze zwischen der Küste von Dorgali und dem Golf von Orosei und wird vor einem Vorgebirge aus Basaltgestein zweigeteilt. Die Secca di Osalla liegt etwa 800 Meter vor der Küste und ist ein weites Plateau, das aus 24 Meter Tiefe bis zu 14 Meter unter die Wasserfläche reicht. Die Untiefe ist mit einer Posidonienwiese überzogen, und verstreut ragen daraus Basaltfelsen hervor.

Dieser Lebensraum scheint auf den ersten Blick eintönig zu sein, ist aber in Wirklichkeit durch die verstreut liegenden Blöcke abwechslungsreich und interessant, denn diese sind im Übergangsbereich zwischen dem Neptunsgras und den ausgedehnten präkoralligenen und koralligenen Seitenflächen der Basaltblöcke voller Höhlen und Schlupflöcher. Lippfische, Schnauzenbrassen und Seekarauschen schwimmen herum, und an jedem Basaltblock gibt es einen Zackenbarsch. Viele Muränen schauen aus den Höhlen in der Korallenzone, und häufig sieht man sie auch freischwimmend. Zwischen den Rhizomen des Neptunsgrases kann man einzelne Exemplare des seltenen Langarmigen Seesterns finden. Auf lichtexponierten Stellen wachsen Trichteralgen und Meerbälle, während in den Schattenbereichen die Pfennigalgen dominieren. Auf den Seiten der großen Basalt-

B

C

D

E

E - Peyssonnelien (Peyssonnelia squamaria) *und Gorgonienalgen* (Sphaerococcus coronopifolius) *wachsen üppig in den Schattenzonen. Dieser Lebensraum ist auch charakterisiert durch Pfennigalgen* (Halimeda tuna) *und weitere schattenliebende Organismen.*

F - Elchgeweih-Moostierchen (Pentapora fascialis) *bilden große, von der Wand abstehende Gebilde.*

G - Die Felsformationen dieses Tauchplatzes bestehen aus Basaltsäulen, wie man sie ähnlich auch an der Küste findet. Manchmal besiedelt das Neptunsgras auch die Oberfläche dieser Felsen.

H - An diesem Tauchplatz stößt man häufig auf Drückerfische (Balistes carolinensis). *Dies ist die einzige Art aus der Familie im Mittelmeer.*

I - Diese Mittelmeer-Muräne (Muraena helena) *scheint durch das Blitzlicht überrascht zu sein. Die gefleckte Färbung dient der Tarnung, wenn der Fisch frei im Wasser schwimmt.*

J - Tagsüber bilden die Schnauzenbrassen (Maena smaris) *große Schwärme und halten sich nahe der Oberfläche auf. Nachts schwimmen sie zum Grund hinab. Aus der Entfernung sehen diese Fische einfarbig aus, aber das Blitzlicht zeigt eine komplexe Färbung in verschiedenen Abstufungen von Türkis.*

massen sind weite Bereiche mit den rosafarbenen Kalkkrusten der Falschen Steinalgen überzogen, während an den weniger erleuchteten Wänden Peyssonnelien und Gorgonienalgen wachsen. Große Kolonien von Elchgeweih-Moostierchen bilden richtige Büsche, die vom Fels abstehen.
Der Reiz dieses Tauchplatzes liegt darin, von Felsblock zu Felsblock zu wandern, immer in der Gewißheit, wieder etwas Neues entdecken zu können. Der Gegensatz zwischen der Einförmigkeit der Posidonienwüste und dem Reichtum sowie der Vielfalt der Farben und Lebewesen, die vorwiegend die unteren Bereiche der Felsen bedecken, ist ebenso interessant.

F

An diesem Tauchplatz ist eine gewisse Vorsicht angebracht. Wenn Sie mit dem Gebiet nicht vertraut sind, fällt die Orientierung für das Auftauchen schwer. Außerdem wird man beim Herumwandern dazu verführt, immer weiter zu schwärmen und die Route auszudehnen. Auch seine Tauchzeit muß man gut im Blick behalten, denn man bewegt sich in durchschnittlich 20 Meter Tiefe, und da vergehen die Minuten schnell. Ein weiterer Punkt muß beachtet werden: Häufig steht in diesem Gebiet eine starke Strömung an. Deshalb muß man unbedingt vermeiden, sich zu weit vom Anker zu entfernen. Sonst befindet man sich beim Auftauchen zu weit vom Boot entfernt.

G

H

I

J

DAS „KT“-WRACK VON OROSEI

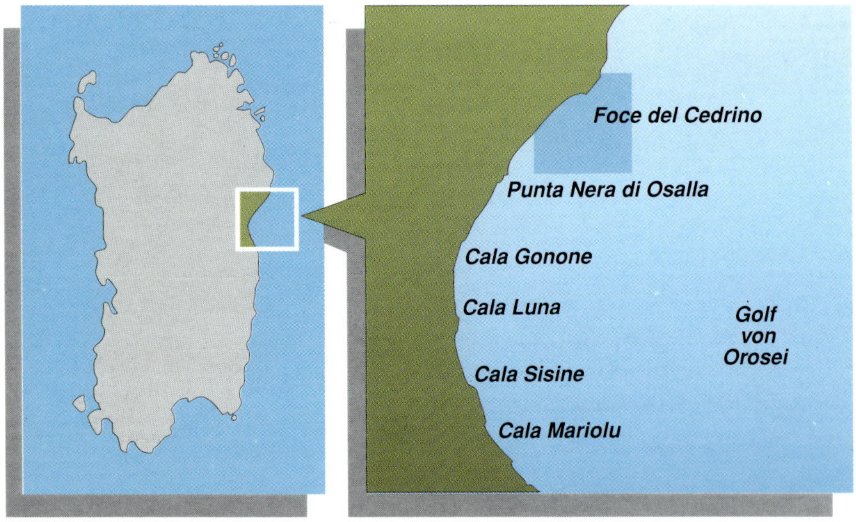

Foce
del Cedrino
N
Punta Nera di Osalla

0m
24m
34m

Etwa 3,5 Kilometer von Marina di Orosei entfernt liegt 34 Meter tief auf dem schlickigen Meeresgrund eines der schönsten Wracks in den sardischen Gewässern, das „KT"-Wrack von Orosei. Dieses flachgehende Schiff, eine deutsche Konstruktion, war 70 Meter lang. Als Kriegsschiff war es mit einer leichten Kanone im Heckbereich sowie mindestens vier Maschinengewehren auf der oberen Brücke und auf der Bugkabine ausgestattet. Es transportierte verschiedene Fahrzeuge einschließlich zweier Bagger, die man heute noch am Meeresgrund findet, weiterhin verschiedenen Nachschub und eine große Zahl von Benzin- und Ölfässern für das deut-

B

A - Große Thalli von Sargassum (Sargassum vulgare), *einer für strömungsreiche Gebiete typischen Braunalge, wachsen auf den obersten Decksbereichen.*

B - An der Backbordseite findet man die Davits der Rettungsboote noch an ihrem Platz.

C - Auf dem zweiten Deck befindet sich das Oberlicht und die Lüftungsschächte für den Maschinenraum und Schornsteine. Im Hintergrund sieht man die Geschützstände für zwei Maschinengewehre.

D - Die leichte Kanone steht im hinteren Bereich des Oberdecks. Das Schiff war darüberhinaus mit vier schweren Maschinengewehren bewaffnet.

E - Im Laderaum am Bug sind nur noch ein paar Fässer verblieben. Das Schiff transportierte große Mengen Treibstoffe, die nach dem Krieg geborgen wurden.

A

C

D

sche Afrikakorps. 1943 wurde es vom englischen U-Boot „Safari" gestellt, das auch noch zwei andere Schiffe im Golf von Orosei versenkte. Die Deutschen versuchten, die Blockade zu durchbrechen, wurden jedoch durch Torpedos in den Rumpf getroffen, die das Schiff versenkten. Seinem heutigen Zustand nach zu urteilen, wie es aufrecht auf dem Meeresgrund ruht, ist wohl Wasser in den Bug eingedrungen und hat das Schiff so schnell zum Sinken gebracht, daß noch nicht einmal Zeit war, es zu verlassen.

Das Wrack ist nicht nur bei den Tauchern bekannt, für die der Besuch ein „Muß" darstellt, sondern auch bei den Einheimischen, die es den „Öltanker" nennen. Noch lange Zeit nach seinem Sinken trieben immer wieder Ölfässer auf und wurden geborgen. Später wurden alle Überreste im Rumpf und alles sonstige Verwertbare von Tauchern nach oben geholt.

Obwohl dieser Tauchgang nicht tief führt, bietet er dennoch gewisse Schwierigkeiten, denn an dieser Stelle herrscht immer Strömung. Manchmal ist sie recht stark, insbesondere auf den ersten Metern des Abstiegs. Meist bekommt man das Heck, das am besten erhaltene Teil des Schiffs, als erstes in den Blick. Die beiden Schrauben sind noch an ihrem Platz und liegen 34 Meter tief. Auf dem Achterdeck sieht man Luken und eine Vor-

F

F - Zwei Bagger liegen neben der Steuerbordseite des Schiffs auf dem Meeresgrund. Im Vordergrund befinden sich Reste eines Netzes, das an den Wrackteilen hängengeblieben ist.

G - Am Bug kann man noch gut die großen Winschen und Hebeanlagen für die Laderaumabdeckung erkennen. Das Schiff war als großes Landungsboot mit Bugtor gebaut.

H - Das Heck ist quadratisch. Man erkennt darauf eine Vorrichtung, die wohl zum Schleppen anderer Schiffe dienen sollte.

I - Die Reling des Hauptdecks ist vollkommen mit Algen und Schwämmen bewachsen. Im Hintergrund erkennt man das Oberdeck mit der Kanone.

E

G

richtung, die wohl zum Schleppen anderer Schiffe diente. An den Kabinenwänden des ersten Decks sind das Ruder und ein Anker noch an ihrer Stelle. Auf dem zweiten Deck zeigt die leichte, auf ein Drehgestell montierte Kanone in den Himmel. Weiter vorn findet man zwei Maschinengewehrposten. Das eine Maschinengewehr ist aus der Halterung entfernt und liegt an Deck, das zweite ist verschwunden. Schwimmt man weiter Richtung Bug, gelangt man zum Oberlicht, den Lüftungsschächten des Maschinenraums sowie zwei Schornsteinen. Daneben an der Backbordseite sind die Davits für die Rettungsboote noch am Platz. Als ich kürzlich nach beinahe zwei

H

I

Jahren das „KT"-Wrack wieder einmal besuchte, war die wunderschöne Brücke, die den obersten Bauteil des Schiffs gebildet und über die vorderen Laderäume geragt hatte, verschwunden. Sie war kurz zuvor durch die Ankerkette eines großen Frachtschiffs abgerissen worden. Vor den traurigen Überresten der Kommandobrücke gähnen die schwarzen Luken des vorderen Laderaums. Vier breite Traversen verlaufen über die gesamte Breite des Bugs und bilden fünf Ladeluken, durch die man in den Laderaum hinabtauchen kann. Noch weiter bugwärts findet man ein Durcheinander von Wrackteilen, zwischen denen man eine große Winsch und zwei

B

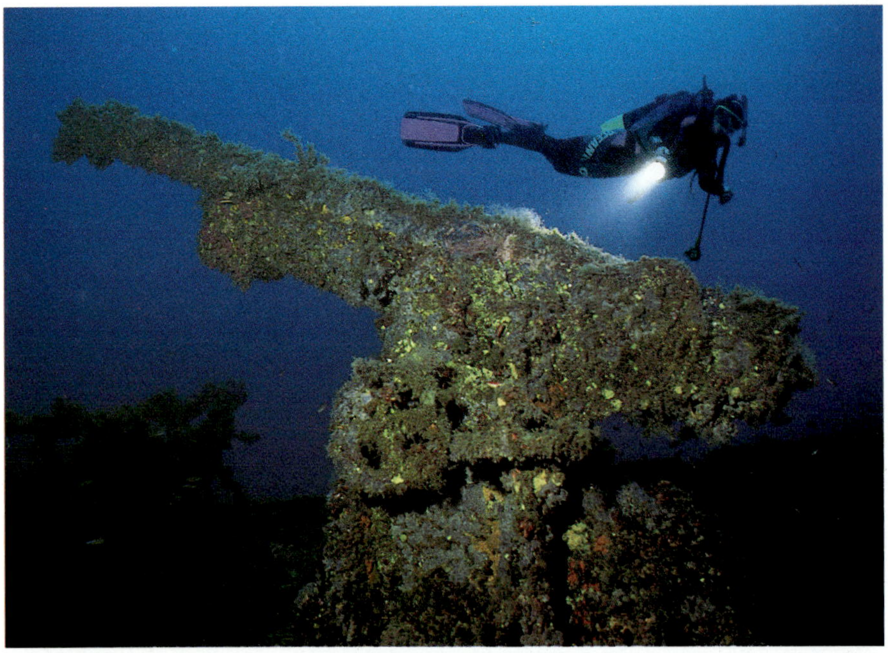

A

C

D

A - Das Ruder findet man an der Ostseite der Kabinen des Hauptdecks. Alle Teile des Wracks sind inzwischen mit einer dicken Schicht von Inkrustationen versehen.

B - Auch die leichte Kanone ist vollkommen unter einer Schicht von Wirbellosen verschwunden. Sie ist auf einer Drehlafette montiert.

C - Die Reifen der Bagger, die hinten neben der Steuerbordseite auf dem Boden liegen, haben einen Bewuchs aus Schwämmen in zartem Lila und Sargassum.

D - Der Bug ist vollkommen zerschmettert und verbogen. Hier muß der Torpedo eingeschlagen und explodiert sein, der das Schiff versenkte.

E - Der große Laderaum am Bug war mit Benzinfässern vollgeladen. Nur die aufgebrochenen oder durchlöcherten Fässer findet man heute noch neben dem Schiff auf dem Meeresgrund. Nach dem Krieg wurde die Ladung geborgen, und das Benzin kam den Einheimischen zustatten.

F - Mit vorsichtigem Flossenschlag kann das Innere des Laderaums betaucht werden. Zwischen den rostigen Wrackteilen findet man noch Teile der Ladung.

G - Die Treppenläufe, die die Decks und Laderäume miteinander verbanden, sind immer noch in guter Verfassung. Eine dicke Rostschicht bedeckt alle Metallteile. Nur speziell fürs Wracktauchen ausgebildete Taucher sollten sich allerdings bis hierher vorwagen.

H - Die Kabinen des Hauptdecks haben fast alle Wände verloren, und übrig sind im wesentlichen nur noch die Stützstrukturen. Trotz der Tiefe gibt es an der Wrackstelle noch ausreichend Tageslicht, so daß derartige Mischlichtaufnahmen gelingen können.

I - Der Tauchführer leuchtet eine Instrumententafel in der Nähe des Maschinenraums an. In den Innenbereichen des Rumpfs liegt auf allem ein feines Sediment, das leicht aufwirbelt und das Wasser eintrüben kann.

dicke Röhren erkennen kann. Das waren höchstwahrscheinlich Teile des Ladebaums, mit denen man das Bugtor dieses Landungsbootes öffnen konnte. In diesem Bereich wächst das Sargassum 50 Zentimeter hoch.

Der Bug ist praktisch vollkommen zerstört. Die beiden Seitenwände enden in zerbogenen Metallplatten, wovon die an der Backbordseite besonders deformiert aussehen. Von hier kann man zum Meeresgrund hinuntertauchen, der in diesem Bereich 32,5 Meter tief liegt. Dort findet man Überreste der Öltonnen. Die hier noch liegenden Fässer sind aufgebrochen, und um sie herum kreist ein Schwarm kapitaler Meerraben.

E

Beim Zurückschwimmen kann man den vorderen Laderaum durchqueren und auch durch große Öffnungen ins Hauptdeck eindringen. In den Kabinen schwimmen große Spitzbrassen, während es rund um das Wrack herum von Juwelenbarschen nur so wimmelt. Neben dem Rumpf liegen auf dem Sandgrund zahlreiche Benzinfässer sowie die beiden großen Bagger, deren Reifen noch intakt sind. Manchmal wird man im Oberflächenbereich über der Wrackstelle von Seriola-Schwärmen umrundet, die wohl durch die Luftblasen der Taucher angelockt wurden. Das ist ein passender Abschluß des herrlichen Tauchgangs an diesem Wrack.

F

G

H

I

LA GALLERIA

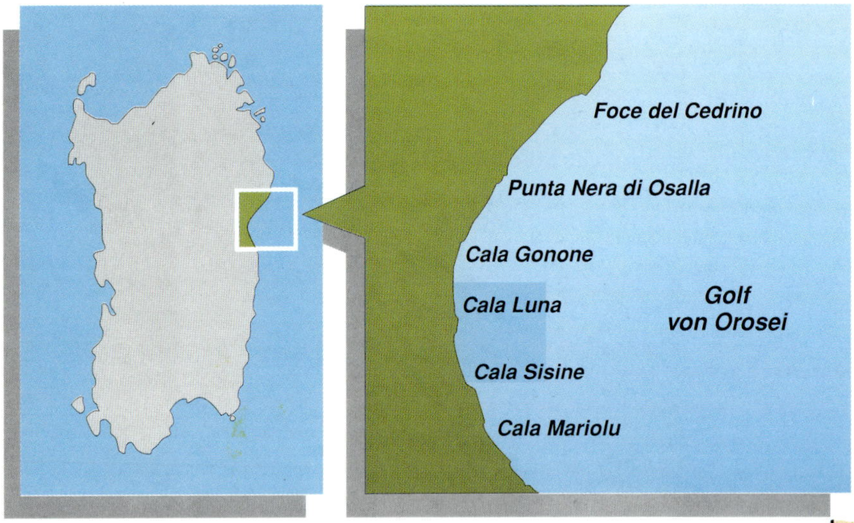
Foce del Cedrino
Punta Nera di Osalla
Cala Gonone
Cala Luna
Golf von Orosei
Cala Sisine
Cala Mariolu

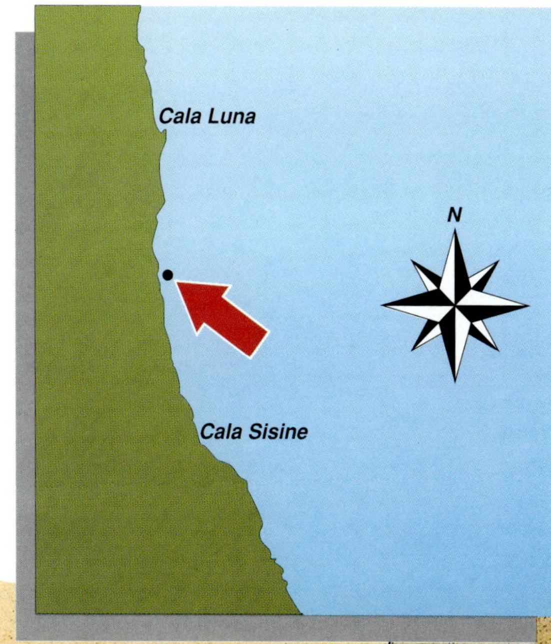
Cala Luna
N
Cala Sisine

0m
5m
10m
13m

Die Küste des Golfs von Orosei ist eine beeindruckende Kalksteinwand, durchbrochen von den „codule“, den ausgetrockneten Flußbetten. Insbesondere nahe der Wasseroberfläche ist diese Wand von einer endlosen Reihe von Höhlen, Tunneln und Rissen durchlöchert. Manche liegen über, manche unter Wasser. Zwischen Cala Luna und Cala Sisine gibt es einen Tauchplatz, der eine Zusammenfassung aller Landschaftserscheinungen im gesamten Golf darstellt. Er wird Galleria genannt, weil eine der beiden betauchten Höhlen durch einen Wandvorsprung hindurch von der einen auf die andere Seite verläuft. Das Boot wird über 13 Meter tiefem Meeresgrund verankert. Die Unterwasserlandschaft wirkt hell und einladend. Schwimmt man zum offenen Wasser hinaus, kommt man über eine Reihe großer Steinplatten, die sich über den Grund erheben und teilweise übereinander liegen. Auf ihnen sitzt büschelweise Neptunsgras. Dies ist ein versteinerter Strand, dessen höchste Erhebung nun neun Meter unter Wasser liegt. Er kündet von einer der letzten Perioden mit stabilem Meeresniveau während des Anstiegs auf den heutigen Stand. Von oben betrachtet sehen diese Blöcke aus Sand- und Steinkonglomerat wie ein Pflaster aus, und an manchen Stellen sind sie so regelmäßig wie Kunststeine. Meerraben, Meerbrassen und ein paar kleine Zackenbarsche finden unter diesen Platten Zuflucht, außerdem eine große Zahl von Wirbellosen, die das Dämmerlicht bevorzugen.

Der Tauchgang führt nun wieder zur Küste zurück, an der man große Mengen von Bruchmaterial findet, das von der Wand herabgestürzt ist. Dort weiden Seeigel die dünne, filzartige Algenschicht ab, und auch Violette Seesterne kriechen darauf herum. Am Fuß der Wand stößt man auf die erste Höhle: Der mit feinem weißem Sand

C

D

A

B

A - Die lange Kalksteinfront des Golfs von Orosei ist durchlöchert von Tausenden von Aushöhlungen sowohl über als auch unter dem Meeresniveau.

B - Eines der vielen Anzeichen für erdgeschichtliche Ereignisse im Golf von Orosei ist die Reihe von Konglomeratgestein, die man an dieser Tauchstelle findet. Es handelt sich um Reste eines versteinerten Strandes.

C - Die großen Felsblöcke vor der Wand bilden zusammen mit dem Sandgrund Überhänge, Höhlen und Durchgänge.

D - In diese geringen Tiefen dringt bei dem klaren Wasser das Licht noch ungehindert ein und schafft interessante Gegenlichteffekte. Im Hintergrund sieht man die Wand mit dem kleinen Tunnel darin.

E - Die Konglomeratblöcke des fossilen Strands sind so regelmäßig geformt, daß man sie für Kunststeine hält.

F - Die Höhle von La Galleria ist leicht zu erkunden. Der Sandgrund trägt Rippelmarken, was von der Wasserbewegung zeugt.

bedeckte Eingang liegt sieben Meter tief. Der Blick vom Eingangsbereich ist beeindruckend: Das am Eingang türkisblaue Wasser wird zum Inneren hin immer blasser und zaubert wunderschöne Lichteffekte an die Decke. Die Höhle setzt sich mit einer Linkswendung fort, und man kann zu einer Wölbung mit einer Luftblase aufsteigen, wo man wunderschöne Versteinerungen findet. Dabei hat man den Eingang immer noch im Blick. Ein paar Meter weiter ist eine Stelle, an der das Meerwasser sich mit austretendem Süßwasser mischt, wobei seltsam flirrende Spiegelungseffekte entstehen. Zur Rechten sieht eine Felsformation aus wie ein großer Baum mit dicken Ästen. Diese Höhle ist nicht nur als Steingebilde sehr schön, sondern an ihren Wänden findet man auch Schwämme und Röhrenwürmer, während sich in den Spalten Fangschreckenkrebse und Garnelenschwärme verbergen. In den tieferen Gängen beleuchtet das Licht Krebstiere mit langen weißen Antennen, die Scherengarnelen.

Nach dem Verlassen der Höhle wendet man sich nach rechts und kommt an der Wand entlang über Kalksteinblöcke hinweg zu einem Tunnel: Diese kurze Passage öffnet sich auf der anderen Seite des Wandvorsprungs wieder ins Freie, und ihre Decke ist mit Gelben Krustenanemonen besetzt.

Zum Austauchen orientiert man sich an einem der kegelförmigen Steine, der bis zu fünf Meter unter die Oberfläche aufsteigt, und nach dem Sicherheitsstopp an seiner Spitze findet man das Boot nur wenige Meter entfernt liegen.

H

E

I

F

G

G - Die Gemeine Sepia **(Sepia officinalis)** *findet man recht häufig zwischen den Algen am Meeresgrund. Ihre Fähigkeit, schnell die Färbung zu wechseln, verleiht ihr eine ausgezeichnete Tarnung.*

H - Auch Gemeine Kraken **(Octopus vulgaris)** *befinden sich oft zwischen den Felsen, unter denen sie auf der Suche nach Beute umherkriechen.*

I - Der weiße Streifen-Schleimfisch **(Blennius rouxi)** *ist klein und lebt im allgemeinen in Löchern oder Röhren, die am Fels verankert sind. Dort schaut nur sein Kopf heraus. Gelegentlich verläßt er aber sein Refugium, um kleine Wirbellose zu jagen.*

DAS WRACK VON CALA LUNA

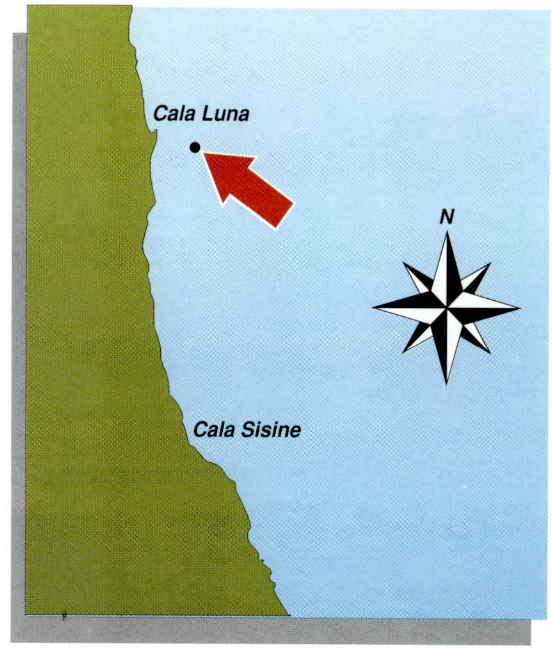
Cala Luna
N
Cala Sisine

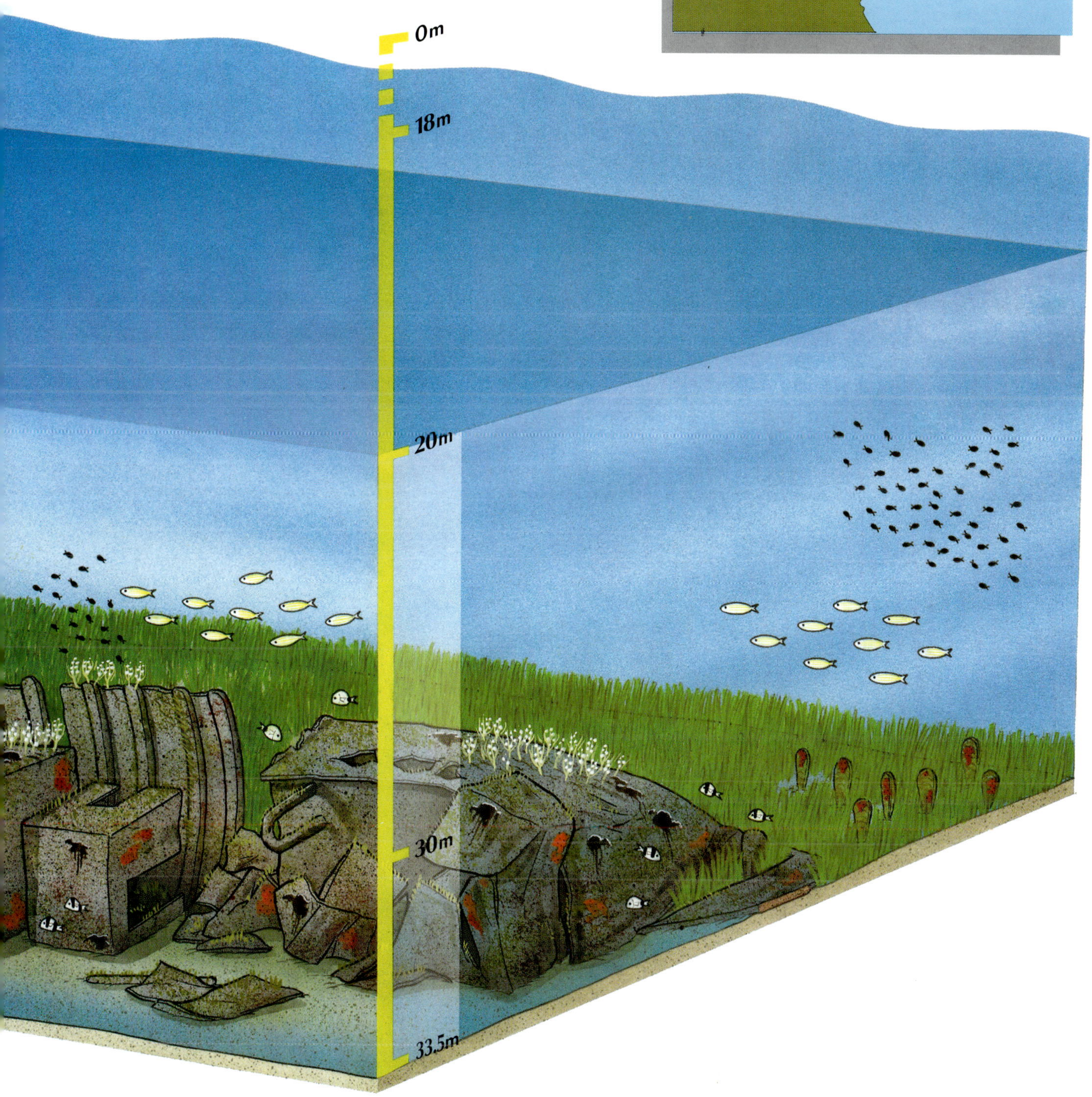
0m
18m
20m
30m
33.5m

A

B

C

D

Gegenüber von Cala Luna, etwa 800 Meter draußen im Freiwasser, liegt auf dem sandigen, teilweise mit Neptunsgras bestandenen Meeresgrund das Wrack der „Nasello". Dieses Hilfsschiff vom Typ F67 wurde 1921 in Hamburg erbaut und transportierte am 3. April 1943 Munition für die deutschen Truppen. Wie das „KT"-Wrack im Golf von Orosei wurde es vom alliierten U-Boot „Safari" beschossen, als es an der Cala Gonone vorbeifuhr. Am selben Tag versenkte dieses britische U-Boot nicht weit davon, bei der Cala Sisine, auch noch die „S. Francesco di Paola", einen 77-Tonnen-Motorsegler. Die „Nasello", deren Mitte von

E

den Granaten durchlöchert war, trieb in den Golf hinein, ehe sie explodierte und sank.

Das Schiff war ursprünglich 42 Meter lang und 7,5 Meter breit. Die Reste von Bug und Heck liegen nun auf der Backbordseite, während das stark zerstörte Mittschiff aufrecht steht. Wenn man am Heck anlangt, sieht man sogleich das große Ruderblatt am Grund liegen, und von der Schraube ragt nur ein Flügel aus dem Sand heraus. Dann schwimmt man über die Steuerbordseite Richtung Deck, das aber teilweise herausgerissen ist und als verbogenes Plattenmaterial herumliegt.

A - Cala Luna ist zu einem der klassischen Sommerziele Sardiniens geworden. Nur wenige wissen, daß an einem schicksalhaften Frühlingstag im Jahr 1943 vor diesem wunderschönen Strand zwei Schiffe von dem englischen U-Boot „Safari" versenkt worden sind.

B - Der Bug der „Nasello" liegt auf der Backbordseite. Das Schiff wurde durch Explosionen in drei Teile zerrissen. Dieser Kabelkanal an der Spitze des Bugs wurde wahrscheinlich benutzt, wenn das Schiff geschleppt wurde.

C - Zwischen den Deckstrukturen erkennt man deutlich eine große Winsch, bei der sogar die Stahltrosse noch aufgewickelt ist.

D - Die Munitionsladung der „Nasello" explodierte aufgrund des Beschusses durch das U-Boot. Dabei wurden viele Bauteile auseinandergerissen und verbogen und liegen nun aufgehäuft übereinander.

F

G - *Eine der beiden mittschiffs noch erhaltenen Kabinen. Sie liegen um 90 Grad gekippt auf der linken Seite. Diese größere Kabine hatte an Deck eine Reling. Das darum herumliegende Trümmermaterial ist nicht zu identifizieren.*

H - *Am mittleren Bereich des Schiffs sieht man häufig Brassenschwärme sowie ein Zackenbarsch-Pärchen. Einer der beiden Zackenbarsche ist außerordentlich groß.*

I - *Am Heck liegt das Ruderblatt auf dem Sand, und ein Flügel der Schraube ragt aus dem Sand heraus. Selbst in dieser Tiefe transportiert die Strömung noch Sand und hat einige Bauteile eingesandet.*

G

H

I

E - *Der recht gut erhaltene Bug ist beeindruckend. Die Anker vom Typ „Hall" stecken noch in den Klüsen. Sehr gut zu sehen ist der Anker auf der Steuerbordseite.*

F - *Der Steuerbordanker liegt strömungsexponiert und ist deshalb weitgehend frei von Bewuchs.*

Über diese Trümmerwüste hinweg schwimmt man Richtung Bug und gelangt mittschiffs zu zwei Räumen. Der erste ist kleiner, und seine Wände sind weitgehend verschwunden. Der zweite, größere muß einst den höchsten Teil des Schiffs dargestellt haben. Um sein Oberdeck herum verläuft eine Reling. Ansonsten stellt das Mittschiff einen Trümmerhaufen dar, in dem man schwer etwas identifizieren kann. Gut zu erkennen ist lediglich eine Winsch mit immer noch darum gewickeltem Stahlkabel. Zumindest ein Teil der Steuerbordseite scheint aufrecht zu stehen. In diesem Gewirr von Kabeln, Eisenträgern, Röhren und Platten lebt ein Zackenbarsch-Pärchen. Das Weibchen ist klein, aber das Männchen ist mächtig und wiegt mindestens 20 Kilogramm. Auf den erhabenen Eisenteilen wächst Sargassum. Es ist mit seinem aufrechten Wuchs und den kugeligen Zysten an der Basis der lanzenförmigen Blätter unverwechselbar.

Der Bug wurde bei der Explosion abgerissen. Er liegt auf der Backbordseite und scheint noch vollkommen intakt zu sein. Eine Reling verläuft am Decksrand, und auf dem kleinen Deck erkennt man mehrere Luken. Aus einer von ihnen schaut der Kopf eines prachtvollen Meeraals heraus. Vorne am Bug findet man eine Ankerwinsch, und die beiden Anker schauen aus ihren Klüsen heraus. Diese beiden Anker wiegen jeder mehr als 200 Kilogramm. Der Anker an der Steuerbordseite ist deutlich sichtbar, und da er etwas herausragt, wird er von der Strömung sauber gehalten; der an der Backbordseite liegt unter dem Bug, ist aber ebenfalls gut zu sehen.

Wenn man wieder zum oben liegenden Anker zurückschwimmt, kann man aus dieser Perspektive einen Blick über das ganze Wrack werfen. Wenn etwas Strömung herrscht, ist die Sicht gut und erlaubt einen Gesamteindruck. Man erkennt dann gut, wie die Explosion das Schiff in Stücke gerissen und versenkt hat.

DIE SÜDKÜSTE: VON ARBATAX BIS BOSA

Das Capo di Monte Santu schließt den Golf von Orosei nach Süden hin ab. Es ist nicht sehr hoch und mit dichter Vegetation bedeckt, die bis hinunter an die Küste wächst. Wenn man die Steilwände des Golfes hinter sich läßt und nach Süden fährt, passiert man die Felsnadel Pedra Longa, an der die vom Kalkstein geformte Landschaft endet. Von der kleinen Insel Ogliastra mitten im Golf von Tortoli bis zum Capo Sferracavallo tritt das zerrissene und zerklüftete Granitgestein zutage. Weiter südlich am Küstenstrich von Salto di Quirra bis Capo S. Lorenzo kehrt erneut der Kalkstein zurück. Das gesamte Gebiet verfügt über sehr interessante Tauchgründe mit fabelhaften Höhlen, unterliegt aber leider militärischen Einschränkungen.

A

B

A - Torre Seu auf der Halbinsel Sinis ist ein Schutzgebiet – eine kleine, vom WWF geführte Oase der Ruhe. Vor der Einrichtung des La-Maddalena-Nationalparks war dies das einzige geschützte Küstengebiet Sardiniens.

B - Der Küstenstreifen zwischen Nebida und Masua gehört zu den wildesten Landschaften Sardiniens. Im Hintergrund links sieht man die senkrechten Wände des Pan-di-Zucchero-Riffs. Die Felsen dieser Küste gehören zu den ältesten Gesteinen ganz Europas.

Nach Capo S. Lorenzo ist der Küstenstreifen zwischen der Einmündung des Flumendosa bis zum Capo Ferrato südlich von Muravera niedrig und von Sandbänken mit weiten Küstenmarschen gesäumt. Dazu gehört auch die Colostrai-Marsch. Gegenüber vom Capo Ferrato, das aus Vulkangestein besteht, liegt eine wunderschöne Untiefe, die Secca delle Cicale.

Etwas weiter südlich beginnt die Granitküste von Villasimius mit den vorgelagerten Inseln Serpentara und Cavoli. Leider ist der gesamte Seebereich von Serpentara bis Capo Boi für archäologische Grabungen reserviert, und das Tauchen ist verboten. Erst seit kurzem haben einige Tauchzentren die Erlaubnis erhalten, an bestimmten Plätzen zu tauchen. Dies ist eines der interessantesten Tauchgebiete Sardiniens, und es ist bedauerlich, daß der einseitige Wunsch, archäologische Schätze zu schützen, seine Nutzung verhindert. Zum Glück kann man außerhalb der Verbotszone tauchen: an weit draußen gelegenen Untiefen sowie am Wrack der „Egle“, einem 36 Meter tief liegenden, von einem U-Boot versenkten Frachter.

Wracks sind eines der charakteristischsten Merkmale des Golfs von Cagliari. Es gibt mindestens 15 davon, allerdings können nur zwei innerhalb der Tiefengrenze von 40 Meter betaucht werden. Gegenüber dem Vorgebirge Torre delle Stelle liegen in 40 bis 70 Meter Tiefe neben den Überresten der „Entella“ die Reste von zwei weiteren Konvoi-Schiffen, die zwischen dem 10. und 11. April 1943 versenkt wurden. Die „Loredan“ hatte 1350 Tonnen und liegt am tiefsten. Wenn man den Golf von Cagliari durchquert, stößt man kurz vor dem Capo Teulada auf ein weiteres Wrack: Im Hafen von Porto Zafferano liegt in 25 Meter Tiefe der Rumpf der „Dino“, eines Handelsschiffs, das 1973 während eines Sturms mit einer Ladung Ton versank. Leider liegt auch dieses Wrack in einer militärischen Verbotszone, denn in der Nähe des Capo Teulada liegt ein Übungs- und Schießgelände für die Flugzeugbasis Decimomannu. Theoretisch ist das Tauchen hier verboten, aber im Sommer und an Sonntagen läßt das Militär Ausnahmen zu, so daß man ein paar schnelle Tauchgänge zum Wrack unternehmen kann – eine typisch italienische Lösung!

Den alten Kalkklippen von Capo Teulada vorgelagert sind die Inselchen Toro, Vacca und Vitello sowie die größeren Inseln S. Antioco und S. Pietro Carloforte. Die äußeren Gebiete der beiden Inseln weisen wilde Landschaften auf, die von den Menschen noch kaum berührt wurden. Unter Wasser gibt es zahlreiche wundervolle Tauchplätze, deren interessantester Aspekt die Unterschiedlichkeit der Fauna und Flora ist: Im Vergleich zu den Nord- und Ostküsten fällt sofort der andersartige Algenbewuchs ins Auge, Gorgonien kommen praktisch nicht vor, und man findet beispielsweise viel mehr Meerpfauen als Meerjunker. Das Verhältnis ist also genau umgekehrt wie an der Ostküste.

Blickt man von den Felsen von Carloforte, einer dramatischen Anhäufung vulkanischen Gesteins, nach Osten, dann sieht man die Kalkküste der größeren Insel S. Antioco. Dies ist ein bei den Tauchern noch nicht so bekanntes Gebiet. Erdgeschichtlich handelt es sich um den ältesten Küstenstreifen ganz Europas. Das Kalkgestein zwischen Nebida und Masua, das an manchen Stellen steil zum Meer hin abfällt, ist über 500 Millionen Jahre alt. Gegenüber der großen Insel liegt Pan del Zucchero, ein zuckerhutförmiger Kalkfels, der nur in seinem oberen Bereich Vegetation aufweist. Der Meeresgrund entlang seiner Steilwände ist nicht sehr tief, aber in der Wand öffnen sich zahlreiche interessante Höhlen.

Die Küste verläuft bis zum tiefen Einschnitt der Cala Domestica weiterhin hoch. Dann, nach Buggerru, führt der weite Strand von Portixeddu nordwärts bis zum Capo Pecora. Dies ist der wildeste Küstenstreifen der Insel, von Land aus weitgehend unzugänglich und auch von Tauchern noch nicht erforscht. Hier läßt nämlich das nach Westen zur Hochsee hin offene Meer nicht mit sich spaßen. Man muß viel weiter nach Norden bis ins Gebiet von Oristano vorstoßen, um auf Tauchbasen zu treffen. Davor aber durchquert man außerordentlich schöne Küstenlandschaften wie das Dünengebiet von Foci del Rio Piscinas. Hier dringen, vom Westwind weitergetrieben, Wanderdünen aus goldfarbigem Sand drei Kilometer weit ins Land vor, während Strandkiefern und andere Pionierpflanzen vergebens versuchen, den vorwärtsdrängenden Sand festzuhalten. Weiter nördlich schließt die lange Halbinsel von Capo Frasca den Golf von Oristano ab. Hier schießen über dem militärischen Übungsgebiet die F104-Jäger vorbei, und gerüchteweise soll zumindest einer auf dem Grund des Golfs von Oristano liegen.

Capo San Marco mit den Ruinen des antiken Tharros ragt noch über die Sinis-Halbinsel hinaus. Diese bietet außerordentliche Landschaften: Im Innern der Halbinsel findet man eine Reihe niedriger Hügel mit weiten Marschen dazwischen, die insbesondere im Frühling unvergleichliche Bilder bieten. Die 8000 Flamingos von Sal'e Porcus sind alleine schon die gesamte Anreise wert. Die Küste ist eine Abfolge von Kalkklippen und Sandstränden – aber dies ist kein gewöhnlicher Sand, sondern eine einmalige Besonderheit: Billionen kleiner, gleichförmiger Quarzitgranulate verschönern die Strände von Mari Ermi und Is Arutas. Das Riff von Catalano und die Insel Mal di Ventre mit ihren interessanten, häufig vom Seewind gepeitschten Tauchgründen erheben sich hier über den aus Felsen, Detritusgründen und Posidonienwiesen zusammengesetzten Meeresgrund. Mal di Ventre ist wohl am besten wegen seines römischen Schiffs bekannt, das mit einer Ladung Bleibarren hier gesunken war. Zwei dieser Barren, die wegen der langen Wasserlagerung keine Radioaktivität aufweisen, wurden im Laboratorium von Gran Sasso zu Untersuchungen der Atomteile verwendet.

Hat man Capo Mannu passiert, gelangt man zu einem anderen Küstenstreifen, der in weiten Bereichen felsig ist, und an dem verschiedene berühmt gewordene Tauchgebiete liegen. Ein Beispiel ist das Riff Su Puntillone, ein steiler Zuckerhut, an dem man einen gewissermaßen exotisch wirkenden Gruß aus dem Atlantik findet: Laminarien, eine Form von Riesenalgen, die im Mittelmeer sehr selten sind.

C

D

C - Die Insel Ogliastro im Golf von Tortoli markiert den Übergang von den Kalksteinwänden des Golfs von Orosei zu den Granitklippen der südlichen Küsten.

D - Ein kleines weißes Leuchtfeuer thront auf der südlichen Wand der Insel Toro. Diese Insel stellt den südlichsten Punkt Sardiniens dar und ist nur bei günstigen Wetterbedingungen erreichbar.

DIE HÖHLEN VON ACITUAN

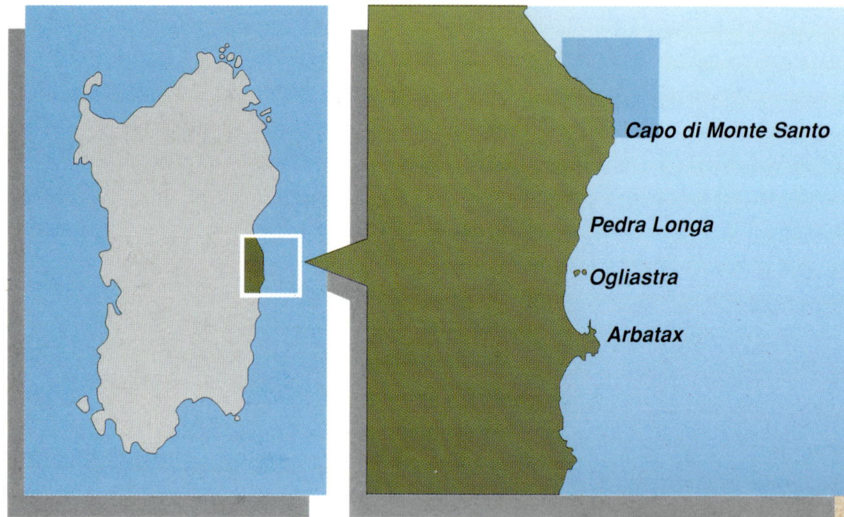

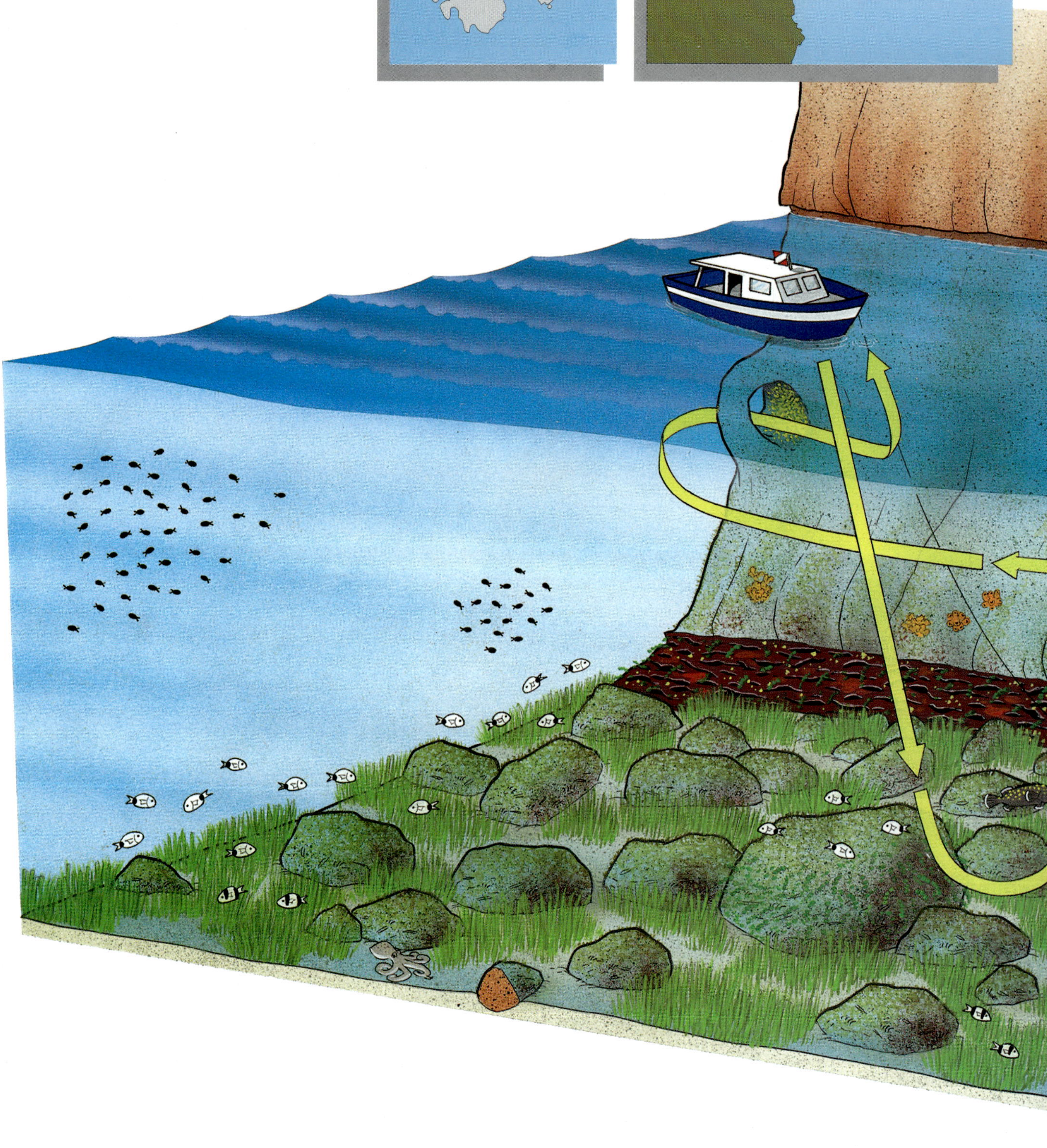

Capo di
Monte Santo
N
0m
10m
20m
22m

Nördlich von Capo di Monte Santu durchbricht eine Reihe von Einschnitten die Gleichförmigkeit der niederen Klippen: zuerst Portu Pedrosu, dann Portu Quau und schließlich Porto Iltiera. Unmittelbar danach werden die Steilwände rasch höher und erreichen bis zu 200 Meter, wobei sie senkrecht ins Meer abfallen. Hier über einem 22 Meter tiefen, aus Felsen und Sandgründen bestehenden Meeresgrund verankert man das Boot. Die Wand weist nach Nordosten, und die beste Zeit zum Tauchen ist der frühe Morgen, denn später verschwindet die Sonne, und das Tauchgebiet liegt im Schatten. Außerdem scheint die noch niedrig am Horizont stehende Sonne direkt in die Höhlen hinein und bildet wunderschöne Licht- und Schattenmuster.

A

B

C

Der Tauchgang beginnt an den tiefer gelegenen Felsmassen, wo man häufig große Meerbrassen beobachten kann. In Unterständen und Spalten stehen Gabeldorsche und kleine Zackenbarsche, und im Frühsommer stößt man auch auf große Oktopusse. In dieser Rotalgenzone steigt man bis zu 18 Meter auf und gelangt zu einer großen, länglichen Felsmasse, die auf der Wand aufliegt und an ihrem Fuß von kleineren Steinblöcken umgeben ist. Die Passage zwischen diesem Fels und der Wand ist mit leuchtend farbigen Schwämmen, Reteporiden und anderen Moostierchenkolonien bepflastert. Kommt man aus diesem kleinen Gang heraus, sucht man die Wand ab, wo zwischen vielen anderen Schwämmen auch Stachelschwämme mit ihren gezackten Spitzen zu finden sind. Im Sommer kann man manchmal auf den Schwämmen auch spezialisierte Räuber sehen: die im Mittelmeer seltenen, goldgelben Weißgepunkteten Warzenschnecken. Wenige Meter weiter liegen die Eingänge zu den Höhlen oder besser gesagt der Höhle, denn die vier Eingänge sind im Inneren miteinander verbunden. Der Haupteingang liegt etwa zehn Meter tief und ist durch einen Brückenbogen zweigeteilt. Der Ausblick von innen ist hübsch: Die Sonnenstrahlen dringen durch die obere Öffnung und spielen mit Licht und Schatten. Das Innere der Höhle ist mit typischen Lebewesen wie Korallen, Schwämmen, Moostierchen und Röhrenwürmern besetzt. Im späten Frühjahr und frühen Sommer versammeln sich Fangschreckenkrebse hier zur Fortpflanzung, bevor sie wieder in tieferes Wasser zurückkehren.
Wendet man sich nach links, gelangt man sogleich zu den beiden anderen Öffnungen. Die kleinste liegt dicht unter der Wasseroberfläche, während die andere, vollkommen kreisrunde sich in etwa acht Meter Tiefe befindet. Von hier kehrt man zum Boot zurück,

D

A - Nur in den Morgenstunden scheint die Sonne in die Höhleneingänge hinein. Die Wand ist deshalb mit lichtscheuen Lebewesen und Algen bedeckt.

B - Zum Ende des Golfs von Orosei hin werden die Klippen höher und stürzen steil zum Wasser hinunter. Sie sind von zahlreichen Hohlräumen durchlöchert.

C - Die Höhle hat vier im Inneren miteinander verbundene Eingänge, in denen die noch niedrig stehende Sonne hübsche Licht- und Schattenspiele erzeugt.

D - Die Wände der Höhle sind im vorderen Bereich vollständig von Schwämmen, Korallen, Moostierchen und Röhrenwürmern bedeckt.

E - Je weiter man in die Höhle vordringt, desto geringer wird der Bewuchs auf dem Gestein.

F - Am Fuß der Klippen läßt der Blitz die Rotalgen, die zahlreichen gelben Schwämme, die grünen Pfennigalgen und Gorgonien aufleuchten.

*G - Ein Brauner Zackenbarsch (*Epinephelus marginatus*) sucht in einer Spalte der Wand Zuflucht. Beim Dämmerlicht dient seine Zeichnung an dieser Stelle hervorragend der Tarnung.*

*H - Die häufigste Art um Sardinien herum sind die Purpur-Seesterne (*Echinaster sepositus*).*

wobei man die Wand zur rechten Seite behält. Trotz der geringen Tiefe weist sie hier alle klassischen Merkmale der präkoralligenen Zone auf, und ihr Aussehen wandelt sich mit den Jahreszeiten. Im Winter gehen die Braunalgen zurück, dafür dominieren die verschiedenen Arten von Rotalgen. Mit dem zunehmenden Sonnenlicht beginnen im Frühjahr die Braunalgen wieder zu wachsen, vor allem der Weichhäutige Tang. Im Spätsommer scheinen die oberflächennahen Bereiche der Wand zu leben, so wallen die Thalli der Braunalgen.

Der langsame Aufstieg entlang der Wand kann für eine außerordentlich unterhaltsame Erkundung genutzt

E

werden. Spalten, Löcher und Risse wechseln sich in der Wand ab, und in ihnen kann man unendlich viele Lebewesen beobachten. Von fünf Meter Tiefe bis zur Oberfläche dominieren die Gelben Krustenanemonen, die sich vom Purpur der Rotalgen abheben. Ziemlich nahe der Oberfläche ist ein Felsblock überzogen mit Krustenanemonen und Moostierchen, und hier scheint ein kleiner Zackenbarsch gerne Verstecken zu spielen.

Wenn man an der Wand auftaucht, darf man nicht vergessen, nach oben zu schauen: Diese Klippen sind eines der wenigen Brutgebiete der Eleonorenfalken, einer seltenen und äußerst eleganten Art.

F

G

H

SECCA DELL'ISOLOTTO

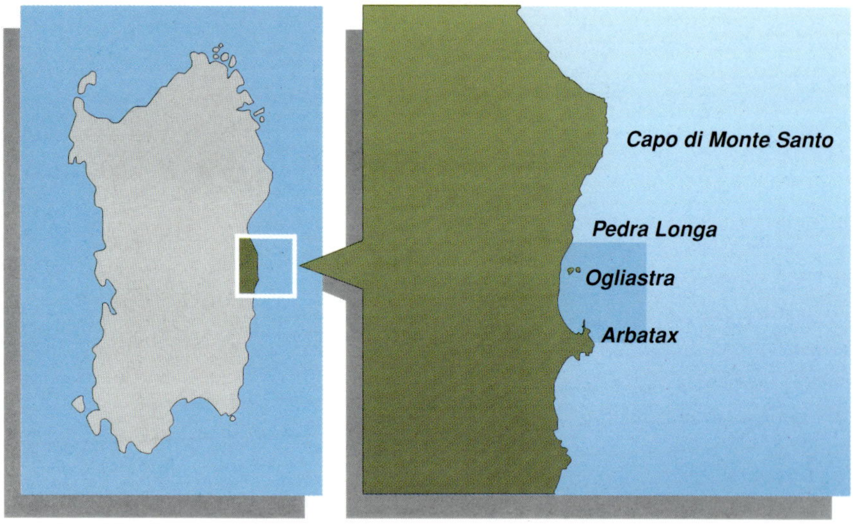

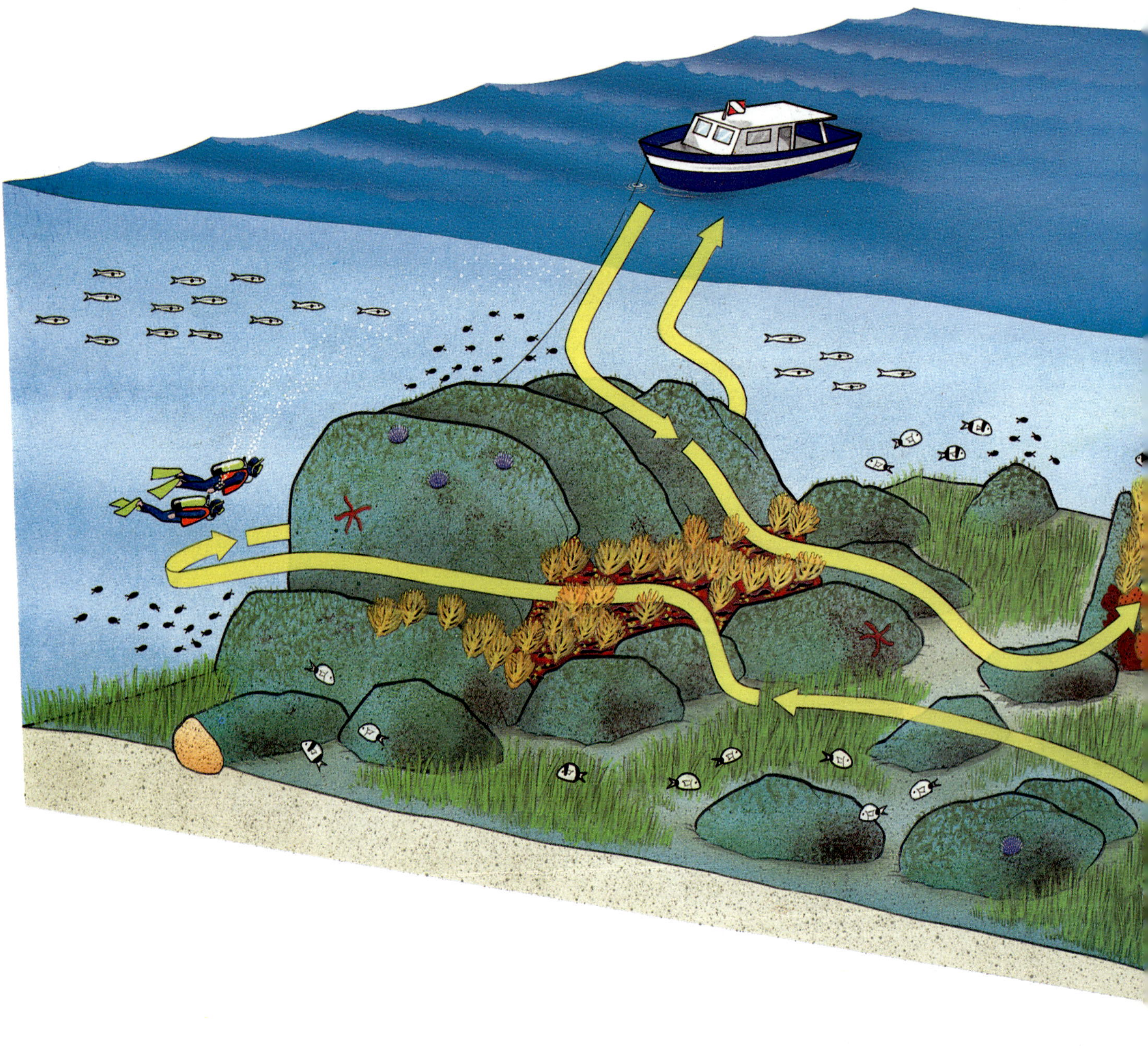

S. Maria Navarrese
Ogliastra
Arbatax
Tortoli' Marsh
N

0m
10m
20m
24m

Mitten im Golf von Arbatex bilden eine Reihe von Felsriffen das Inselchen Ogliastra. Nur das größte Riff ist mit niedriger Vegetation bedeckt, während die anderen lediglich von Wind und Wellen angenagte Granitgebilde darstellen – Ruhepunkte für Seemöwen und die auf ihnen nistenden Kormorane. Nördlich des letzten Felsens, beginnend in 13 Meter Tiefe, liegt der Tauchplatz Secca dell'Isolotto. Zahlreiche aus dem Wasser ragende Felsblöcke steigen hier vom etwa 24 Meter tief liegenden Grund empor.

Man legt das Boot an den höchsten Felsen fest und taucht von hier in östlicher Richtung. Das Wasser ist fast

A

immer klar, und der allgemeine Anblick ist beeindruckend. Die Felsen sind in eine weiche Algenschicht gehüllt, aus der zahlreiche bäumchenförmige Hydrozoen herausstechen. Auf diesen Nesseltierkolonien weiden und vermehren sich verschiedene Arten von Nacktschnecken, darunter Wander-Fadenschnecken und Violette Fadenschnecken. In den Spalten der Felsformationen haben Zackenbarsche, Meerraben und ein paar Meerbrassen ihre Wohnhöhlen.

Schwimmt man weiter östlich, kommt man zu weiteren Felsmassen. Unter ihnen erkennt man leicht denjenigen, dem diese Untiefe ihren Namen verdankt – eine zugespitzte Säule,

B

C

D

E

die sich etwas von den anderen Felsen entfernt vom Meeresboden erhebt. Die eine Seite ist mit Gelben Gorgonien bedeckt. Direkt vor dem größten Stein befindet sich ein farbenprächtig bewachsener Rundbogen.

Weiterhin in östlicher Richtung überquert man eine Posidonienwiese und gelangt zu einer Gruppe niedrigerer Felsen, auf denen ein großer Anker liegt. Das Fehlen von Schaufeln an den Armen sowie der Zustand der Inkrustationen deuten auf ein hohes Alter hin. In den Spalten zwischen den Felsen stehen Weiße Gorgonien. Sie wachsen aufrechter und nicht so verzweigt wie die Gelben Gorgonien und unterscheiden sich auch durch ihre weißlichere Färbung von diesen.

*A - Eine Wand am Tauchplatz Secca dell'Isolotto ist besetzt mit Gelben Gorgonien (*Eunicella cavolinii*).*

B - Schroff ragen die Felsen dieser Klippen aus dem Wasser, die das Inselchen Ogliastra bilden.

C - Im zentralen Bereich dieser Untiefe stößt man auf einen großen Anker, der möglicherweise aus der römischen Kaiserzeit stammt.

D - In den Kanälen zwischen den zahlreichen aufragenden Felsblöcken gedeihen üppig die Posidonien.

E - Die höchsten Felsformationen auf der Untiefe sind dem Licht ausgesetzt und deshalb mit einem Algenüberzug versehen.

*F - In den Spalten zwischen den Felsblöcken findet man recht häufig Weiße Gorgonien (*Eunicella singularis*).*

G - Diese große Kolonie Weißer Gorgonien erhebt sich frei an der Flanke einer Felsformation.

*H - Ein Meerbarbenkönig (*Apogon imberbis*) schwebt in seiner Höhle. Es ist ein Männchen: Die Schwellung unterhalb des Kiefers zeigt an, daß das Tier im Maul die Eier ausbrütet.*

*I, J - Die Wunder-Anemone (*Alicia mirabilis*) ist die am stärksten nesselnde Seeanemone des Mittelmeers. Bei Tag ruht sie. Nur nachts richtet sie sich auf und wirft auf Nahrungssuche ihre Tentakel aus.*

Von der Ankerstelle aus beginnt der Rückweg Richtung Boot, wobei man über andere Felsformationen zurückschwimmt. In den nach Norden ausgerichteten Bereichen am Fuß der Felsmassen findet man Kalkablagerungen von Kalkrotalgen voller Aushöhlungen und Farben. Große Violette Seesterne kriechen dazwischen umher, während die mit weißen Stachelspitzen versehenen Violetten Seeigel friedlich grasen. Der Algenbelag ist häufig von Einschnitten und Aushöhlungen in den Felsen durchbrochen, die von farbenprächtigen Lebewesen besiedelt sind, darunter vor allem Schwämme und Moostierchenkolonien.

F

Von Süden her kommt man zur ersten Felsgruppe zurück. Auf dieser Seite fallen die Granitflanken senkrecht zum Meeresgrund ab. Man umtaucht sie als letzte Runde und kehrt dann zum Ankerseil zurück, an dem man aufsteigen kann, umschwirrt von einem Schwarm von Mönchsfischen.

An der Secca dell'Isolotto sollte man unbedingt auch nachts tauchen, um eine der größten Attraktionen dieses Platzes zu sehen: eine prächtige Wunder-Anemone, die tagsüber praktisch nicht zu erkennen ist. Nur nachts richtet sie sich auf und streckt ihre weichen Tentakel aus. Die Wunder-Anemone ist die schönste, aber auch nesselndste Seeanemone im Mittelmeer, und allein ihr Anblick lohnt den Tauchgang.

G

H

I

J

SECCA DI MEZZO

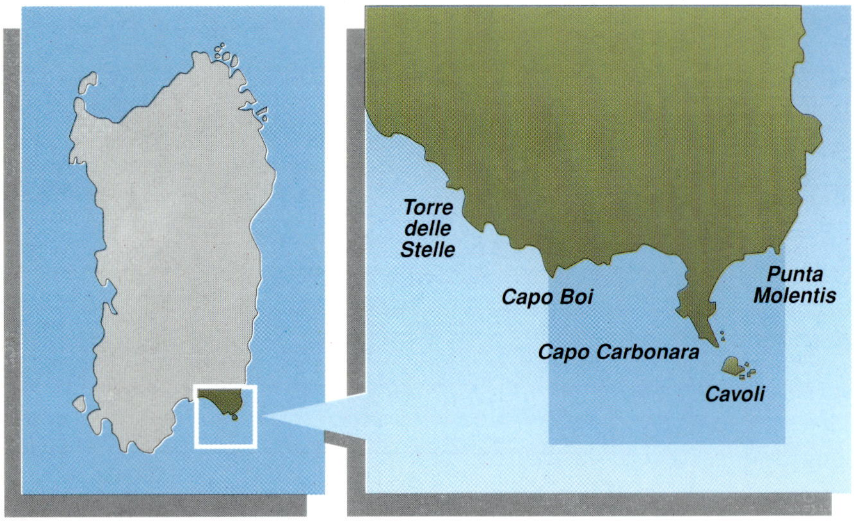

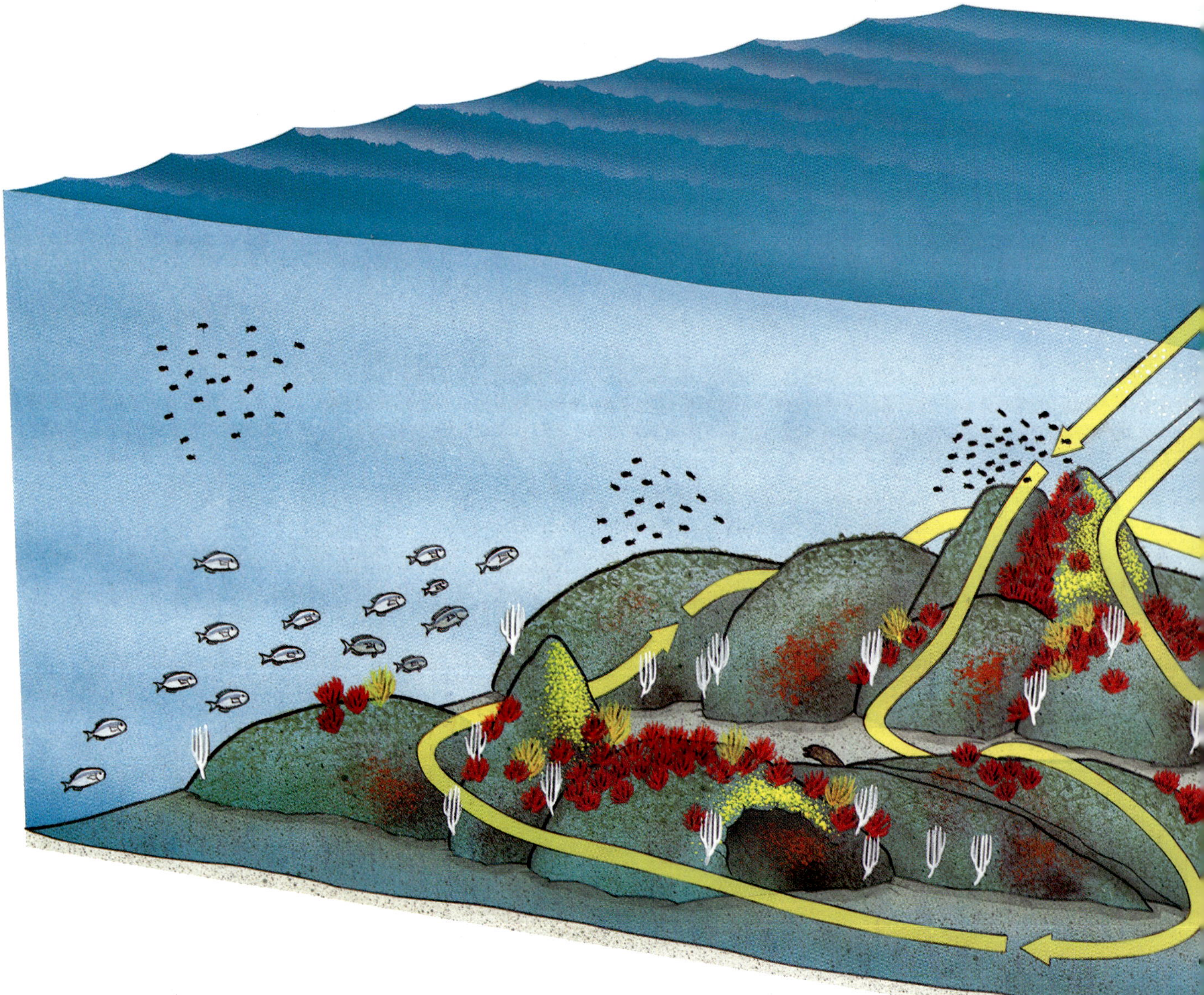

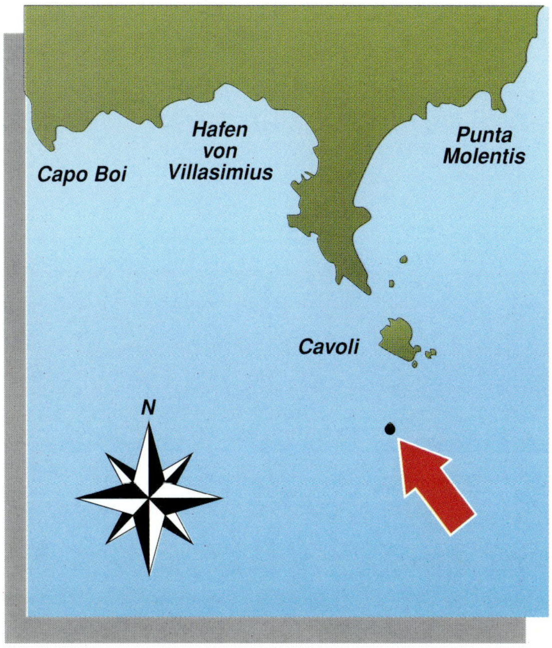
Hafen
von
Villasimius
Capo Boi
Punta
Molentis
Cavoli
N

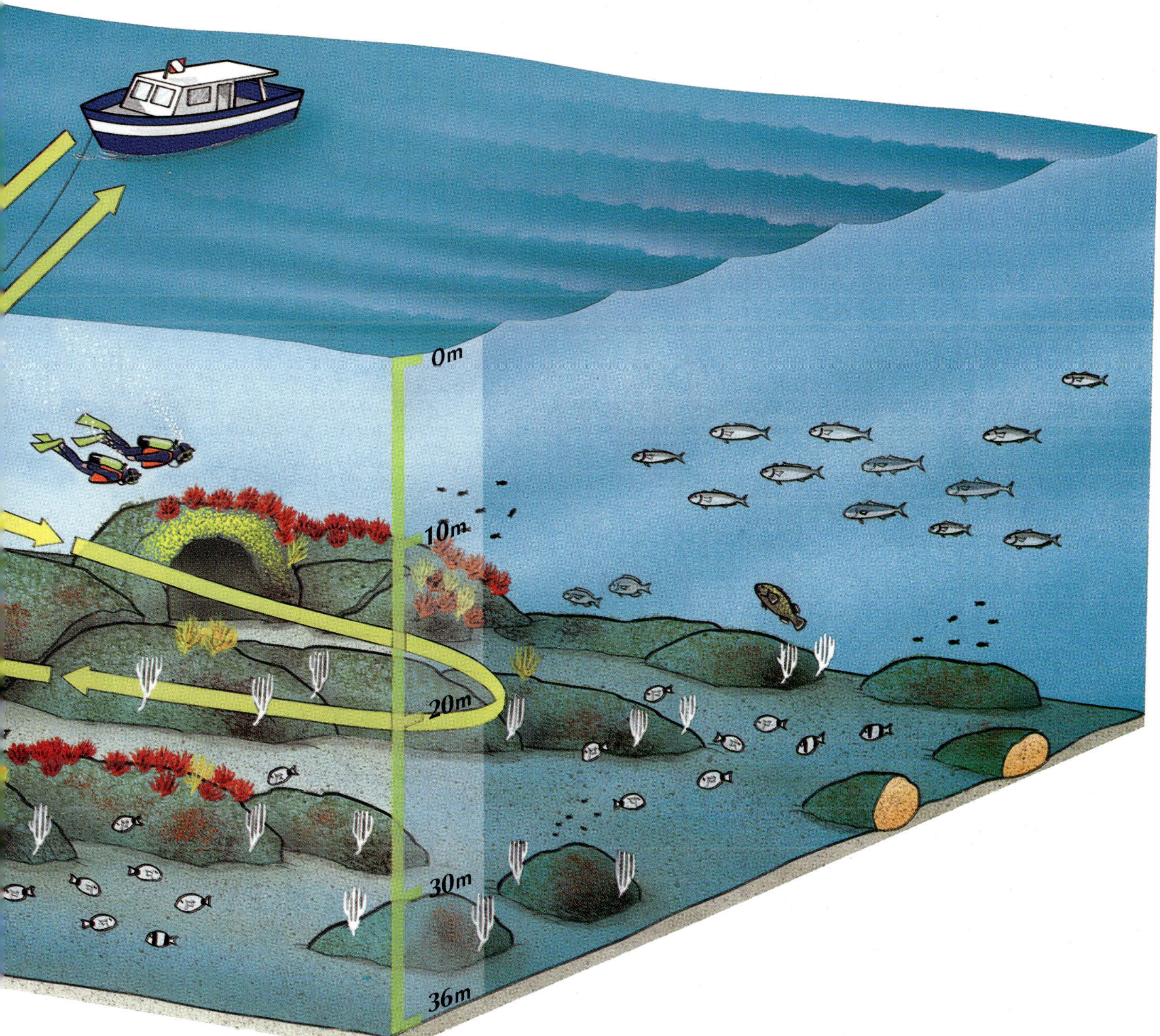
0m
10m
20m
30m
36m

A - Das dem Capo Carbonara vorgelagerte Cavoli liegt in einem ausgedehnten Gebiet, in dem das Tauchen zum Schutz archäologischer Fundstellen verboten ist. Der Tauchplatz Secca di Mezzo liegt aber südlich außerhalb dieser Verbotszone.

Die Insel Cavoli liegt vor der südöstlichen Spitze Sardiniens gegenüber dem Capo Carbonara. Sowohl das Kap als auch die Insel weisen runde Granitformationen voller Aushöhlungen auf. Nach Süden hin verzweigen sich Felsrücken unter der Wasserfläche und bilden Untiefen. Etwa eineinhalb Kilometer von der Insel entfernt erstreckt sich die Secca di Libeccio, deren höchster Punkt etwa 15 Meter tief liegt. Ein anderes ausgezeichnetes Riff liegt in 24 Meter Tiefe und wird Secca di Mezzo genannt. Es liegt glücklicherweise außerhalb der archäologischen Sperrzone, die vom Capo Boi bis zur Cala Pira an der Ostküste verläuft.

Dies ist ein wundervoller Tauchplatz für erfahrene Taucher, mitten im offenen Meer gelegen und durchschnittlich 30 Meter tief. Man geht über der höchsten Stelle der Untiefe vor Anker, wo zwei hochaufragende Felsmassen durch einen breiten Spalt getrennt werden. Einige Felsrücken verlaufen hier senkrecht zur Küste, getrennt voneinander durch Sandzungen und umgeben von verstreut liegenden Felsmassen. Diese

*B - Die Kuppen sowie die Spalten zwischen den über den Grund verstreuten Granitmassen sind mit großen Violetten Gorgonien (***Paramuricea chamaeleon***) bestanden, deren Farbe sich harmonisch vom Gelb der Krustenanemonen abhebt.*

A

C

B

D

Rücken werden von Bruchzonen durchquert, durch die Strömungen streichen. Als erstes fällt auf, daß die nach Norden gerichteten Felszonen und die Spalten mit Roten Gorgonien und Gelben Krustenanemonen bestanden sind. Nach diesem ersten Augenschmaus wendet man sich ostwärts und überquert eine Sandfläche, um zu einer weiteren Felsanhäufung zu gelangen, wo in 36 Meter Tiefe unter einer großen, runden Felsmasse der Ankerstock eines römischen Bleiankers liegt. Dieser mit roten Schwämmen überzogene Ankerstock ist

*C - Viele nach Norden ausgerichtete Felswände sind von ausgedehnten Kolonien der Gelben Krustenanemonen (***Parazoanthus axinellae***) überzogen.*

D - Die Felsen sind buchstäblich mit einem Überzug aus zahlreichen Arten von Krustenschwämmen und Gorgonien versehen.

E

leicht gekrümmt, und ringsherum stehen Rote und Weiße Gorgonien. Wenn man in westlicher Richtung zurückkehrt, kommt man über eine sandige Freifläche mit einem weiteren römischen Anker, der gegen eine Granitwand lehnt. Möglicherweise handelt es sich dabei um die versteinerten Formen eines Eisenankers aus der römischen Kaiserzeit. Sowohl der Schaft als auch die Fluken sind zerbrochen, und man kann deutlich den quadratischen Querschnitt der alten Form erkennen. Auch hier gilt: Look, but don't touch!

E - Am Fuß der Felsen liegt ein mit Krustenschwämmen überzogener römischer Ankerstock auf dem Grund. In der Mitte dieses Bleiankers erkennt man noch deutlich die quadratische Öffnung, die einst den Schaft aufnahm.

H

F

G

Kehrt man Richtung Ausgangspunkt zurück, kommt man an einer wunderschönen Wand voller Roter Gorgonien vorbei. Insbesondere die Kolonien in Bodennähe sind recht groß. Zusätzlich zu den Roten gibt es viele Gelbe und Weiße Gorgonien, und die Wände der Felsen sind auch mit ausgedehnten Gelben Krustenanemonen, erstaunlich großen Moostierchenkolonien und dichten Ansammlungen der Gehäuse von Filigranwürmern bedeckt. Diese Würmer leben in feinsten weißen Röhren. In den Spalten stehen Zackenbarsche, und in den durchlichteten Zonen schweifen Augenlippfische herum. Am Grund der Untiefe kann man Schwärme großer Geißbrassen schwimmen sehen.

Das klare Waser und die große Zahl von Lebewesen an diesem Riff sind ein Zeichen dafür, daß das Gebiet reich an Strömungen ist. Häufig verläuft die Strömung an der Oberfläche in anderer Richtung als am Grund, und diesen Umstand sollte man unbedingt in Betracht ziehen, wenn man seinen Tauchgang plant.

*F - Eine Mittelmeer-Muräne (*Muraena helena*) späht aus ihrem Loch heraus, dessen Eingang mit Gelben Krustenanemonen sowie roten und ziegelfarbigen Algen geschmückt ist.*

*G - Der Kleine Bärenkrebs (*Scyllarides arctus*) ähnelt dem Großen, kann aber anhand der Größe sowie des auffälliger gefärbten Panzers leicht von ihm unterschieden werden.*

*H - Diese kleine Anemonen-Gespenstkrabbe (*Inachus phalangium*) findet an der Basis der Tentakel einer Wachsrose (*Anemonia sulcata*) Schutz. Die Krabbe ist immun gegen das Nesselgift der Anemone.*

DAS WRACK DER „ENTELLA“

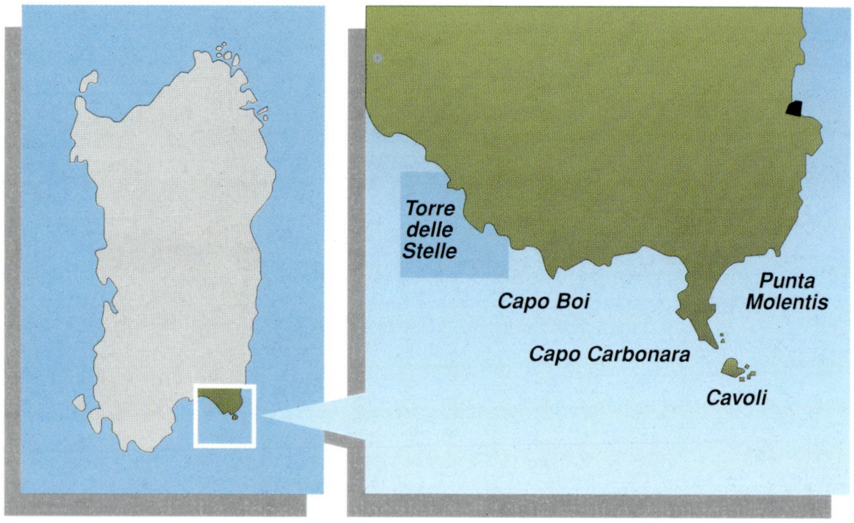

Torre delle Stelle
Capo Boi
N

0m
8m
16m

Nur ein paar Dutzend Meter vom Kap Torre delle Stelle liegen auf dem bis zu 16 Meter tiefen, geneigten Meeresgrund die Überreste der „Entella“, eines von drei Konvoischiffen, die 1943 von britischen U-Booten versenkt wurden. Die beiden anderen liegen viel tiefer: das Wrack der „Isonzo“ in 42 Meter, das der „Loredan“ in 50 Meter Tiefe.

Der Kapitän der „Entella“ sah – im Gegensatz zu denen der beiden größeren Schiffe – die Torpedos herankommen und setzte den Bug des Schiffs auf das Riff am Kap, um dem tödlichen Treffer auszuweichen. Auf diese Weise vermied er nicht nur die Explosion, sondern auch das plötzliche Sinken des Schiffs – das Schicksal also, das die „Loredan“ und die „Isonzo“ ereilte. Die aufgelaufene „Entella“ wurde dann bombardiert und sank direkt unterhalb der Felsen des Kaps. Später wurde sie durch Sprengungen weiter zerstört, weil sie ein Schifffahrtshindernis darstellte.

Die Überreste des unteren Rumpfbereichs liegen auf Sandgrund zusammen mit den zerstreuten Teilen der Kohleladung. In den geschützteren Bereichen der Trümmer ist ebenfalls noch Kohle zu finden, und man behauptet, diese würde immer noch brennen, wenn man sie bergen würde. Nahezu der halbe Rumpf ist mit üppigen Büscheln von Neptunsgras bedeckt, was zwar die Übersicht erschwert, andererseits aber zur Integration der Artefakte in die marine Umwelt beiträgt. Zwischen den langen grünen Halmen schauen nur ein paar Fragmente der Struktur heraus. Die Grundform des Bugs, die diese kleine Seegraswiese einzurahmen scheint, erkennt man nur, wenn man sich der Wrackstelle seitlich nähert. Der Heckbereich ist nicht bewachsen, jedoch ist nur sehr wenig von ihm erhalten. In der Mitte der gebogenen Bodenplatte erkennt man die Träger der Antriebswelle, und parallel dazu verlaufen Röhren und verschiedene Leitungen. Viele Einzelheiten kann man nicht erkennen: Ein paar nach oben gerichtete, röhrenartige Spanten

C

D

A

B

A - Nur Fragmente der unteren Bereiche des Rumpfs der „Entella“ sind noch erhalten. Im Heckbereich sieht man die Träger der Antriebsschraube.

B - Die Überreste sind von zahllosen Lebewesen besiedelt worden, so daß die Teile durch dichten Bewuchs wie aufgeschwollen erscheinen.

C - Posidonienbüschel, die dicht neben dem Rumpf wachsen, scheinen diesen erobern zu wollen.

D - Der Rumpf der „Entella“ wurde in mehreren Schritten zerstört. Nachdem er auf die Klippen gesetzt worden war, wurde er beschossen und nach dem Sinken ein weiteres Mal gesprengt.

E - Am Bug hat das Neptunsgras vom Rumpf Besitz ergriffen.

F - Die Außenseite des Rumpfs ist von farbenprächtigen Wirbellosen besiedelt, und unter dem Wrack haben viele Fischarten ihre Schlupfwinkel gefunden.

G - Trotz der geringen Tiefe der Wrackstelle sind Lampe und Blitz empfehlenswert, damit man die Lebewesen erkennen kann, die unter dem Wrack leben.

sind eigentlich alles. Die höchste reicht bis in neun Meter Tiefe hinauf. Alle Artefakte sind mit üppigen Hydrozoenkolonien überzogen, auf denen farbenprächtige Nacktschnecken weiden.

Die meisten der Nacktschnecken, die sich von Hydroidenpolypen ernähren, stammen aus den Gattungen Cratena, Flabellina und Coryphelia. Kolonien von Nesseltieren findet man ebenfalls an anderen Stellen dieses Wracks, das wegen seiner erhöhten Lage auf dem Meeresgrund häufig von Strömungen heimgesucht wird. Ganz allgemein ist das Wrack zum Zufluchtsort für eine große Zahl von verschiedenartigsten Lebewesen geworden, darunter auch recht seltener Tiere wie dem Diadem-Seeigel, der unter der rechten Seite des Schiffsbodens versteckt lebt. Man kann auch ein paar Haarsterne sehen, und wenn man sorgfältig zwischen deren Federarmen nachsieht, entdeckt man vielleicht die winzigen symbiontischen Garnelen, die dort perfekt getarnt sind. Oktopusse und kleine Zackenbarsche verstecken sich zwischen den Trümmern, Lippfische erbauen dort ihre Nistplätze, und zahlreiche orange und blaue Schwämme haben einen Ansiedlungsplatz gefunden. Diese bemerkenswerte Fülle und Vielfalt an Lebewesen und die kleine, aber üppige Posidonienwiese über einem Teil des Wracks machen den Tauchplatz interessant – eine Art Revanche für die tragischen Ereignisse, die zum Sinken des Schiffs und den Explosionen führten, die das Schiff nahezu vollständig zerstörten.

H

E

I

F

G

H - Der Rumpf der „Entella" bietet zahlreiche Schlupfwinkel für die verschiedenen Lebewesen. Zahlreiche Oktopusse haben ihre Wohnhöhlen zwischen den Wrackteilen und jagen dort nachts.

*I - Haarsterne (***Antedon mediterranea***) kann man sowohl an den Wrackteilen als auch im Neptunsgras finden. Diese Tiere klammern sich im allgemeinen mit ihren füßchenartigen Cirri an eine Unterlage. Sie sind aber auch in der Lage, mit eleganten Bewegungen ihrer langen Arme frei zu schwimmen.*

DAS WRACK DER „ROMAGNA“

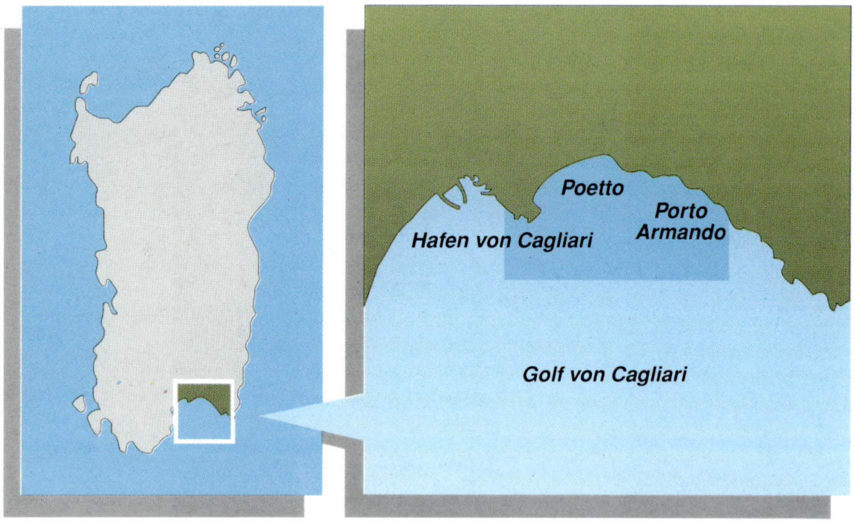

Molentargius
Quartu Salt Marshes
Strand von Poettc
Porto
Armando
Capo S. Elia
N

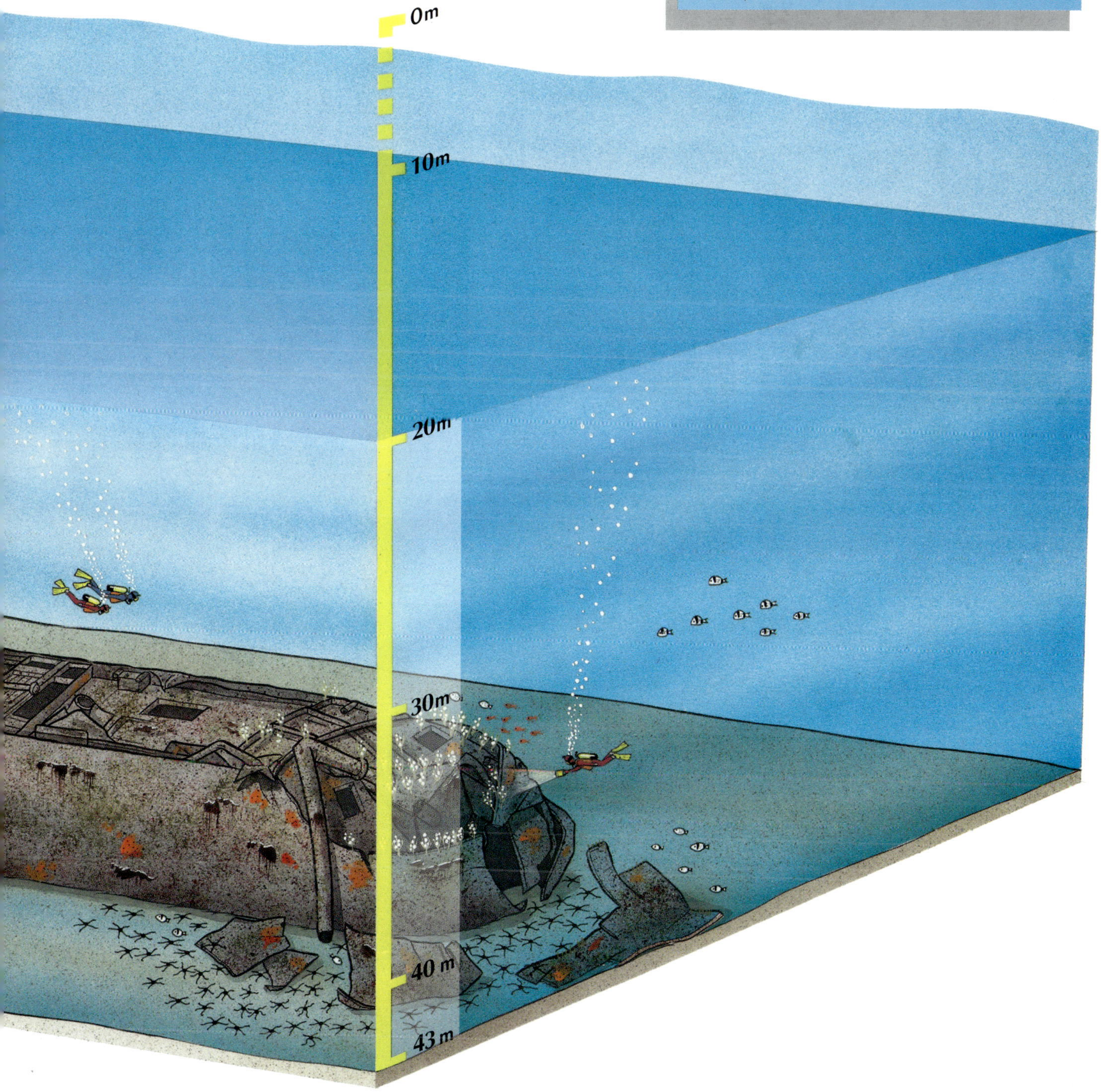
0m
10m
20m
30m
40 m
43 m

A

B

Die „Romagna" war ein Tanker aus dem Jahre 1899. Am 2. August 1943 transportierte sie eine kostbare Ladung Benzin nach Cagliari, wo es vor allem für die Luftstreitkräfte von großer strategischer Bedeutung war. Die „Romagna" wurde dabei von sechs kleinen U-Boot-Abwehrschiffen und je zwei Paar Macchi 202- und Macchi 205-Jagdfliegern eskortiert. Um acht Uhr morgens, nur ein paar Seemeilen vom Hafen von Cagliari entfernt, lief das Schiff auf eine Mine auf. Diese gehörte zu einem jüngst gelegten Minenfeld, auf das wahrscheinlich noch keine Landmarken aufmerksam machten. Die Explosion des Sprengkörpers riß den Rumpf entzwei und entzündete den Treibstoff. Der Antrieb stoppte, und das Schiff geriet außer Kontrolle. Schließlich sank die „Romagna", vollkommen zerstört vom Feuer und den Explosionen der Ladung, etwa einen Kilometer von der Stelle entfernt, an der sie auf die Mine aufgelaufen war.

Heute steht sie aufrecht auf dem Sandgrund, ist etwa hundert Meter lang und sieht beinahe so aus, als könne sie sich sofort wieder auf den Weg machen – obwohl die Mine damals den vorderen Bugbereich weggesprengt hat. Man taucht 20 Meter an der Ankerleine im Freiwasser in die Tiefe, ehe die riesige Silhouette der „Romagna" 15 Meter weiter unten in Sicht kommt. Die obersten Bereiche liegen 32 Meter tief. An Deck ist nahezu alles in sich zusammengefallen, auch die großen Lüftungsschlote und Schornsteine. Nur die unteren Bereiche der Kabinen sind erhalten. Im Heckbereich scheint das Wrack durch ein Gewirr von Netzen und Tauen zusammengehalten zu werden: Hier muß man vorsichtig sein, um sich nicht in ihnen zu verfangen.

Wenn man sich etwas vom Schiff entfernt, scheint es an Größe noch zuzunehmen. Am Heck muß man über zehn Meter hinabtauchen, um zur riesigen Schraube und zum Ruder zu gelangen. Die Schraubenblätter sind größer als ein Mensch, und das Ruder ist fünf oder sechs Meter hoch. Der Blick von hier unten ist wirklich spektakulär. Das Wrack ist in eine Wolke von Mönchsfischen eingehüllt, und auf dem Sandgrund liegt ein Teppich aus schwarzen Schlangensternen. Zurück an Deck tut man sich nicht leicht damit, die verbogenen Wrackteile zu identifizieren und ihre einstige Bedeutung zu bestimmen. Hohes, bis zu 50 Zentimeter aufragendes Sargassum wächst auf den Wrackteilen. Häufig schwimmen Brassenschwärme vorbei, und mehrere großformatige Drachenköpfe liegen reglos auf der Lauer. In den Röhren und Schapps verstecken sich große Conger und Muränen. In einem Verschlag auf dem Deck liegt ein Reserveanker, und etwas weiter vorn steht eine Bade-

C

D

*A - Die „Romagna" liegt auf Sandgrund, der an vielen Stellen mit Myriaden schwarzer Schlangensterne (*Ophiotrix sp.*) übersät ist.*

B - Zu den beeindruckendsten Anblicken an diesem Wrack gehört das gewaltige Heck. Im Vergleich zur Größe des Tauchers werden die enormen Dimensionen klar.

C - Ruder und Schraube sind wohlerhalten an ihrem Platz. Auch hier verdeutlicht der Vergleich mit dem Taucher wieder die Größenverhältnisse. Das weit überhängende Achterdeck ist gut zu erkennen.

D - Die „Romagna" ist nicht nur bei den Tauchern, sondern auch bei den Fischern sehr beliebt. Das Ergebnis ist leider ein Gewirr von Netzen und Tauen, die am Heck hängengeblieben sind und für den Taucher eine Gefahr darstellen können.

E - Die „Romagna" hatte als Tankschiff wenige Aufbauten auf dem Deck. Die meisten von ihnen sind zerstört.

F - Der Bug der „Romagna" liegt etwa 800 Meter vom Hauptteil des Schiffs entfernt. Ein großer Anker schaut aus der Ankerklüse an Steuerbord heraus.

*G - Das gesamte Wrack ist eingehüllt in Wolken von Fahnenbarschen (*Anthias anthias*).*

H - Der Bugbereich weist die meisten Zerstörungen auf. Hier traf das Schiff auf die Mine, wobei die Explosion die vordere Spitze des Rumpfs vollständig abtrennte.

I - Auch Teile des Inneren kann man betauchen: am Bug, bei den Laderäumen sowie die kleine Kabine an Deck. Natürlich sind hierfür besondere Sicherheitsmaßnahmen erforderlich!

F

E

G

wanne. Was sie hier zu suchen hat, ist nicht klar – vielleicht befand sich hier ein Badezimmer, das durch die Explosionen weggeblasen wurde?

Die Steuerbordseite wirkt wie aufgeschwollen: Wahrscheinlich haben die Explosionen und die große Hitze des Feuers die dicken Eisenplatten verbogen. Die langen Relings liegen auf dem Deck, und die Reling am Bug hängt in das riesige Loch hinab, das von der Mine gerissen wurde. An der Treffstelle auf der linken Seite des Bugs zeugen riesige verbogene Eisenmassen von der Heftigkeit der Explosion. Die rechte Seite scheint vollständig weggerissen worden zu sein.

Auf dem Sandgrund vor dem Bug liegen vereinzelte Anhäufungen von Teilen. Sie sind teilweise im Sand vergraben und schwer zu identifizieren. Auch hier findet man eine erstaunliche Ansammlung von schwarzen Schlangensternen auf dem Boden.

Der abgetrennte Teil des Bugs liegt zu weit vom Schiff entfernt, als daß man ihn beim ersten Orientierungstauchgang erreichen könnte. Man kann aber gut die Richtung erkennen, denn ein langer Streifen von Wrackteilen und Bruchstücken scheint die beiden Schiffsteile miteinander zu verbinden. Ein weiterer Tauchgang ist also erforderlich, um diesen Teil des Schiffs zu erkunden, und das erscheint wie das Tauchen an einem anderen Wrack. Das abgesprengte Stück liegt 43 Meter tief und ist in eine Wolke von roten Fahnenbarschen eingehüllt. Auch hier ist die linke Seite weggerissen, und an den verbogenen Platten erkennt man die Kollisionsstelle mit der Mine. Die rechte Seite sieht aus, als sei sie mit dem Schneidbrenner abgetrennt worden, und aus der Ankerklüse hängt eine lange Kette heraus. Der immer noch daran befestigte Anker liegt auf dem Sandgrund. Einige Meter davon entfernt streckt eine große Muräne ihren Kopf aus den Wrackteilen. Der kleine erhalten gebliebene Decksbereich ist mit Holz belegt. Innerhalb der Wrackstelle hat ein großer Brassenschwarm Zuflucht gefunden.

H

I

SCOGLIO DEL TORO

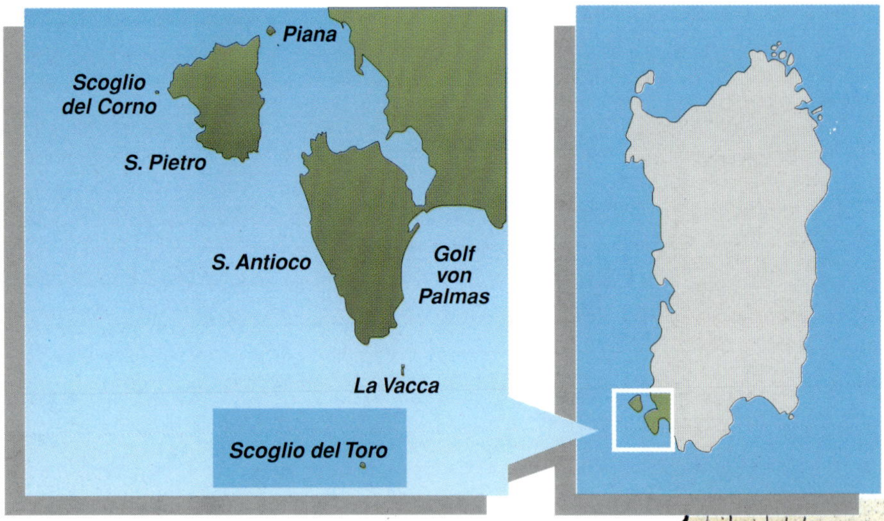

Capo Sperone
Banco Pomata
La Vacca
N
Scoglio
del Toro

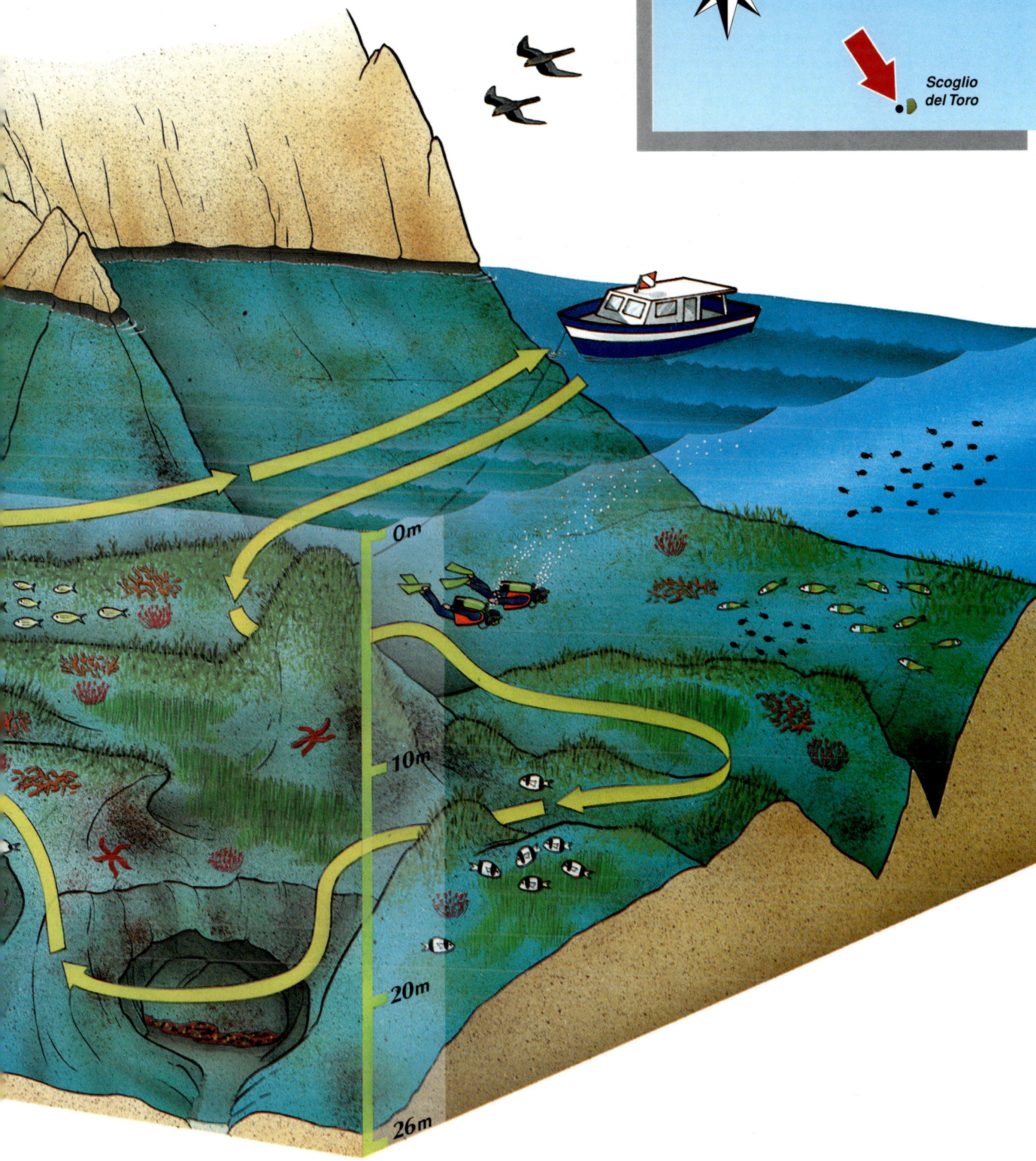
0m
10m
20m
26m

Etwa zehn Kilometer südlich von S. Antioco liegt der letzte Ausläufer Sardiniens: Scoglio del Toro. Es handelt sich um einen großen Vulkanfelsen, kegelförmig und nahezu völlig kahl. Nur auf seiner höchsten Erhebung gibt es einige schüchterne Anzeichen von Vegetation. Auf den Felsen leben Seemöwen und ein paar Kormorane, aber vor allem ist die Insel eine Festung der Eleonorenfalken. Beeindruckend sind die Schreie der Hunderte von Falken, die die Nischen in den Felsen besetzen und auf der Suche nach Nahrung umherfliegen.

Die Insel erhebt sich auf einer Basis, die steil abfällt und in 200 Meter Abstand von den Uferfelsen bereits 50 Meter Tiefe erreicht. Man kann rings um die Insel überall abtauchen und findet Schutz vor den Strömungen zwischen den Felsrücken, die von der Insel aus ins Wasser abfallen. Einer dieser Felsrücken verläuft vom südöstlichsten Punkt aus, an dem der Abfall nicht ganz so steil ist. Unter Wasser stellt man fest, daß die Strömung hier die dominierende Kraft ist und die Zusammensetzung der Lebewesen auf den Felsen bestimmt. Braunalgen insbesondere, aber auch Grün- und Rotalgen wachsen auf den Felsrücken und werden ständig von der Strömung in Bewegung gehalten. Den Braunalgen, dem Sargassum und dem Tang sind robuste und verzweigte Thalli gemeinsam, die der Kraft der Strömung standhalten können. Die Braunalge Cystoseira ist normalerweise auf sehr geringe Tiefen beschränkt, aber hier kommt sie bis in 20 Meter Tiefe vor. Die Gorgonienalge, eine starkverzweigte, leuchtend rot gefärbte Rotalge, kommt ebenfalls recht häufig vor. In den geschützteren Bereichen findet man spärliche Flecken von Neptunsgras, das so kurze Blätter hat, als sei es mit dem Rasenmäher gestutzt worden. Auch dies ist ein Anzeichen für die außerordentlich starken Wasserbewegungen an diesem Platz.

Eine weitere von den Strömungen verursachte Erscheinung ist, daß viele Lebewesen, die normalerweise auf dunkle Lebensräume beschränkt sind, wie beispielsweise die Moostierchen, hier zwischen den Algen und häufig in direktem Sonnenlicht wachsen. Ungewöhnlich große Mengen von Trugkorallen und Elchgeweih-Moostierchen siedeln hier auch auf waagrecht liegenden Flächen. In bestimmten Gebieten sind die Felsen kahl, weil sie von Seeigeln abgeweidet werden, und in einigen weniger durchströmten Bereichen kann man in Oberflächennähe kleine Orangerote Gorgonien finden.

Wenn man am Hang hinab tiefer taucht, wechseln sich Felsrücken, Felsformationen und Einschnitte ab. Dort stehen in den schattigen Bereichen

A

B

C

D

A - Die stark dem Licht ausgesetzten Bereiche der Felsen sind mit einem dicken Teppich aus Braunalgen bedeckt.

B - Die Tauchgründe von Scoglio del Toro werden häufig von starken Strömungen heimgesucht; deshalb kann man hier nur bei günstigen Wetterbedingungen tauchen.

*C - Ungewöhnlich ist diese Ansammlung von Trugkorallen (*Myriapora truncata*): Sie wachsen im vollen Licht oben auf der Kuppe eines Felsens.*

D - Große Krustenschwämme bilden zwischen den Braunalgen auf den Felsen farbenprächtige Flecken.

E - Zwischen den Braunalgen leuchtet als roter Fleck eine Krustenrotalge.

*F - Im flacheren Bereich sind viele Flächen mit den Braunalgen der Art Heide-Braunalge (*Cystoseira stricta*) besetzt.*

*G - Diese Nahaufnahme von Sargassum (*Sargassum vulgare*) zeigt deutlich die Aerocysten, gasgefüllte Schwimmblasen, die die Pflanze aufrechterhalten.*

*H - Ein klassisches Beispiel von Symbiose: der Rote Einsiedlerkrebs (*Dardanus arrosor*) mit seiner Last von Schmarotzerrosen (*Calliactis parasitica*).*

*I - Dieser Meerpfau (*Thalassoma pavo*) jagt kleine Wirbellose zwischen den Algen. Entlang der Westküste Sardiniens kommen diese kleinen Raubfische häufig vor.*

mächtige orangefarbige Schwämme. Große Eisseesterne jagen hier, und die Tentakel großer Seeanemonen ragen aus den Spalten zwischen den Blöcken heraus. Überall sind kleine Schulen von Meerpfauen geschäftig unterwegs, während Schwärme von Brandbrassen und Goldstriemen verschiedene Wassertiefen für sich beanspruchen. Um die Spitzen herum bewegen sich die Schwärme der Mönchsfische ruckartig. Diese winzige Insel ist auch eine wichtige Transitstation für große pelagische Arten. Im Juni kann man mit etwas Glück die Schwärme der Seriolas und Bonitos vorbeiziehen sehen.

Der Tauchgang verläuft entlang des Hangs, bis man einen Bereich zwi-

E

schen 21 und 26 Meter Tiefe erreicht, wo die Neigung des Hangs flacher wird und sich kleine, halbrunde Arenen öffnen. Noch die kleinsten Steinmassen auf dem Grund sind mit Rotalgen überzogen, und unter den Felsen leben zahlreiche Zackenbarsche. Wenn man sich bis an den Rand ihrer Wohnhöhlen herantastet, drehen sich diese großen Serraniden würdevoll und elegant um und verschwinden im Inneren.

Sobald man die nächsten Rücken und Vertiefungen am Hang erreicht, steigt man langsam wieder auf und taucht zurück. Und am Anker findet man sich wieder umringt von einem dichten Schwarm von Mönchsfischen.

F

G

H

I

BANCO POMATA

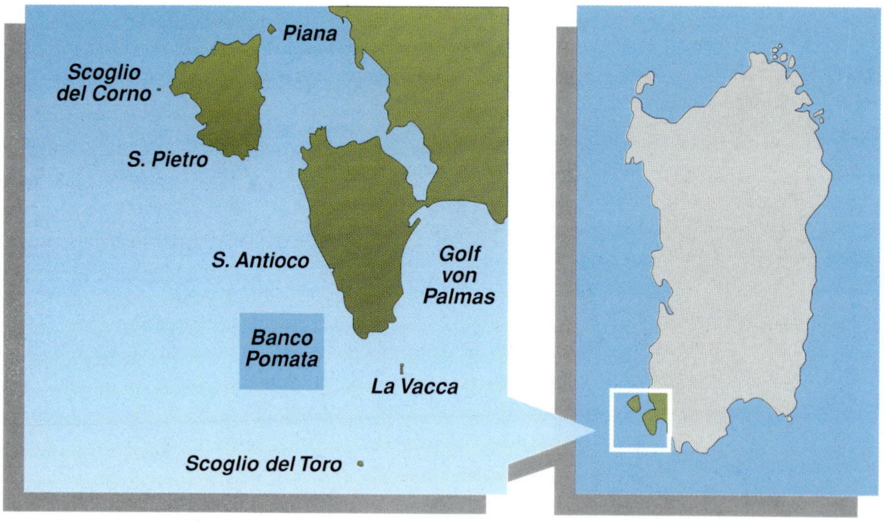

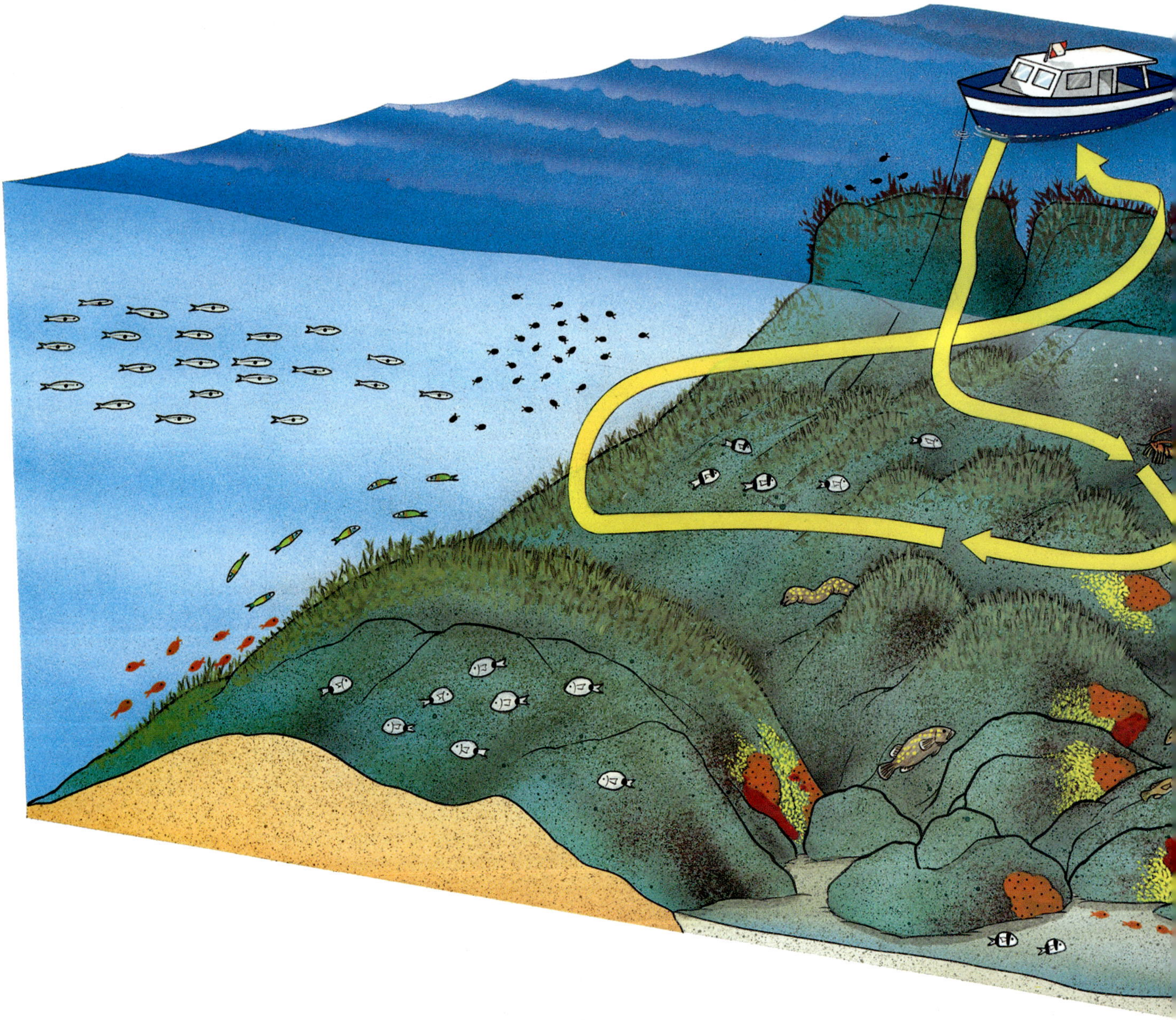

Capo Sperone
Banco Pomata
La Vacca
N
Scoglio del Toro

0m
10m
20m
30m
40m
45m

Die Insel S. Antioco liegt beim Capo Sperone der Küste vorgelagert. An ihrer Westseite erstreckt sich ein Felsenriff über eine gewisse Strecke ins Meer hinaus. Wenn man sich mit dem Boot nähert, wird das Gefühl, auf der Hochsee zu sein, noch durch die Anwesenheit von Sturmvögeln gesteigert. Der höchste Punkt des Riffs liegt 13 Meter unter der Wasseroberfläche und ist von weiteren, etwas tiefer liegenden Riffspitzen umgeben. Man beginnt den Tauchgang über diesem Punkt, den man bei ruhiger See gut von der Oberfläche aus erkennen kann. An dieser Untiefe trifft man fast immer Strömungen an, manchmal so stark, daß das Tauchen nicht möglich ist. Da exakte Landmarken fehlen und die Riffspitzen tief und weit voneinander entfernt liegen, ist es ratsam, hier einen Drifttauchgang zu machen und das Boot folgen zu lassen.

Wenn also das Wetter geeignet ist, taucht man frei zu den höchstgelegenen Felsen hinunter, die immer von einer Wolke von Mönchsfischen umschwärmt werden. Beim Abstieg sollte man aufmerksam um sich spähen, um die Schwärme von Seriolas, Brassen und Seekarauschen auszumachen. Der zerklüftete Hang des Riffs fällt recht tief ab, und das klare Wasser täuscht über die wirkliche Tiefe. Deshalb sollte man häufig den Tiefenmesser konsultieren.

Verschiedene Algenarten bedecken die Felsen, hier und da unterbrochen von kahlen Flächen, die die Seeigel abgegrast haben. Insbesondere fallen Braunalgen wie Trichteralgen und Weichhäutiger Tang ins Auge. Bei genauem Nachsehen kann man auch die Blätter kleiner Laminarien entdecken, die von der Strömung abgebogen werden. Dies ist eine kleine Rarität, denn Laminarien sind um Sardinien herum selten und generell im Mittelmeer nur auf extrem wenige Standpunkte begrenzt. In weniger der Strömung ausgesetzten Gebieten findet man große orange Flecken. Hier kämpfen Krustenschwämme um Platz gegen die Kolonien der Gelben Krustenanemonen.

A

B

C

D

A - Das Riff von Secca di Banco Pomata ist mit einer dicken Schicht von Braunalgen bedeckt, über denen Schulen von Meerpfauen patrouillieren.

B - Meistens hat man hier mit Strömungen zu rechnen – manchmal so heftig, daß Tauchen nicht möglich ist.

C - Wolkenartige Schwärme von Mönchsfischen schweben über dem Riff, und in den schattigen Bereichen findet man Gelbe Krustenanemonen und Schwämme.

D - In den Spalten und Höhlen am Riff leben sehr viele Langusten. Sie sind tagsüber scheu und zurückgezogen und verlassen erst nachts ihre Zufluchtsorte.

*E - Dieser Eisseestern (*Marthasterias glacialis*) kriecht zwischen Büscheln von Rot- und Braunalgen sowie Moostierchenkolonien herum.*

*F - Der Kleine Rote Drachenkopf (*Scorpaena notata*) hat es sich auf den weißen Fächern einer Trichteralge (*Padina pavonia*) bequem gemacht.*

*G - Im tieferen Bereich des Riffs leben viele Harems der Fahnenbarsche (*Anthias anthias*).*

*H - Zwischen den Rotalgen hat eine Leopardschnecke (*Peltodoris atromaculata*) ihren bevorzugten Schwamm gefunden, den Feigenschwamm (*Petrosia ficiformis*).*

*I - Über den Sandflächen schwimmen viele Gestreifte Meerbarben (*Mullus surmuletus*).*

Die Route führt südöstlich bis zum Fuß des Riffs in 34 Meter Tiefe. Dieser ist allseits von herabgefallenen Felsen und Geröll umgeben und geht dann in Sandgrund über, dessen tiefste Stelle 45 Meter erreicht. Am Fuß zwischen den Felsblöcken begegnet man verschiedenen Zackenbarschen, und auch wunderschöne Meerraben sind hier zu sehen. Häufig jagen Seriolaschwärme vorbei.
Dann schwimmt man zum Haupthang zurück und passiert dabei eine Riffspitze, die etwa 20 Meter unter der Oberfläche endet. In den Spalten und Höhlen leben viele große Mittelmeermuränen, Meeraale, Hummer und Langusten. Beim Aufstieg sollte

E

man sich die Zeit nehmen, auch die kleinsten Lebensformen zu suchen, wozu die verschiedenen Arten von Seesternen ebenso gehören wie die auf ihren bevorzugten Schwämmen weidenden Nacktschnecken oder die zahlreichen Schulen von Meerpfauen. Wegen der Entfernung zur Küste und der Struktur des Riffs hat man an diesem Tauchplatz das Gefühl, daß man hier auf ganz besondere Begegnungen gefaßt sein muß, und deshalb ist es nur natürlich, daß man aufmerksam um sich schaut. Man sollte aber genauso aufmerksam gegenüber den zahllosen Angelleinen, Tauen und Fischfallen sein, die den Fischern zwischen den Felsen verlorengingen!

F

G

H

I

SCOGLIO DEL CORNO

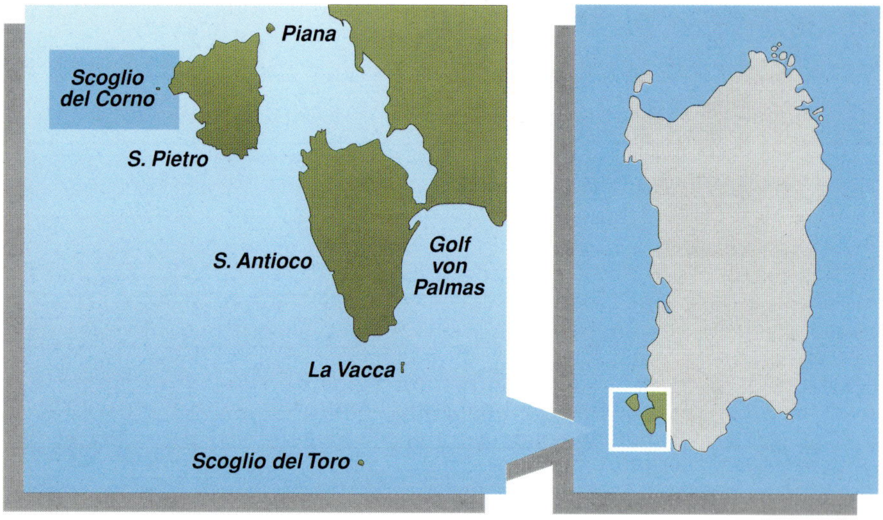

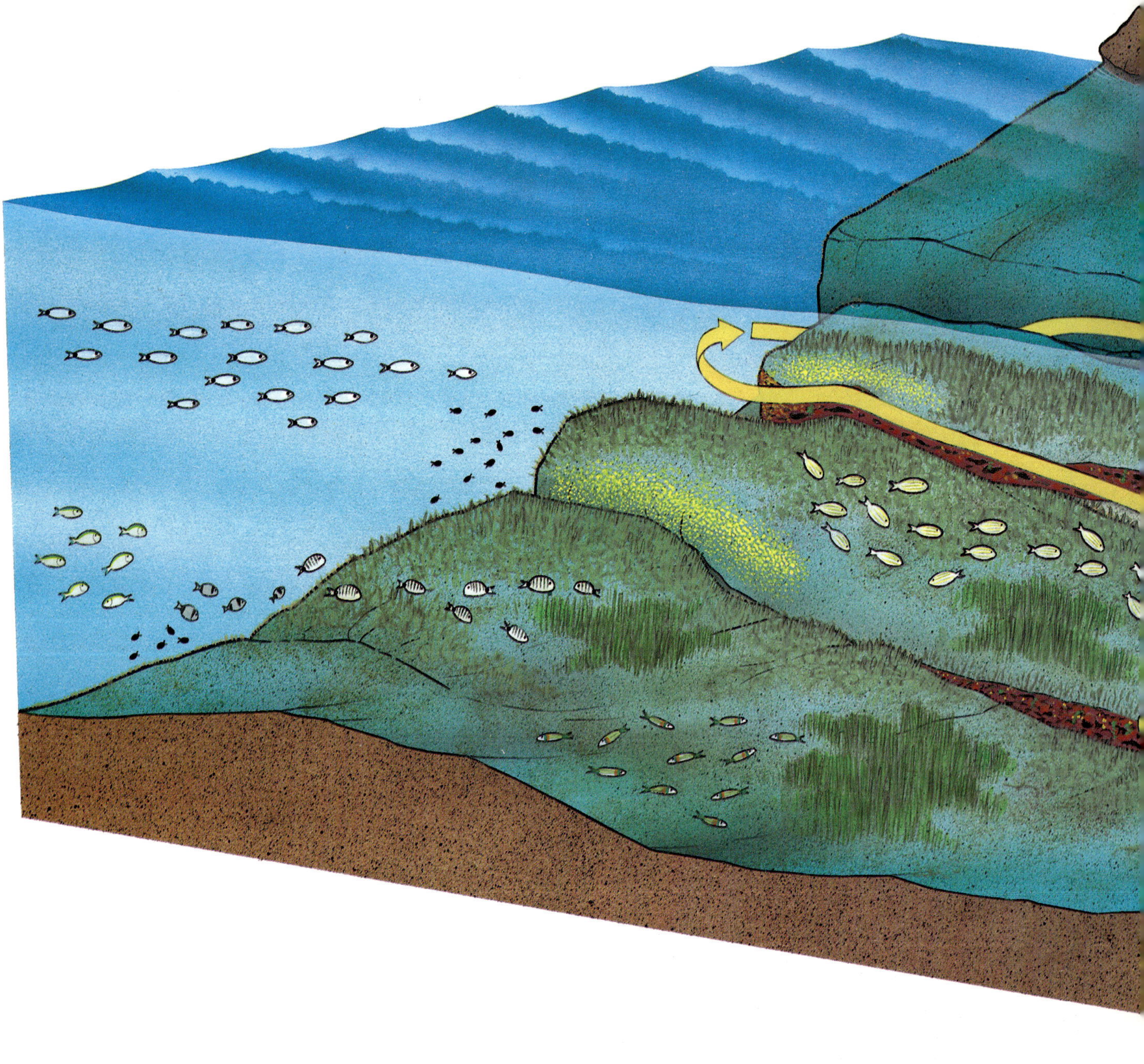

N
Stea
Cala
Vinagra
Scoglio
del
Corno
Capo
Sandalo

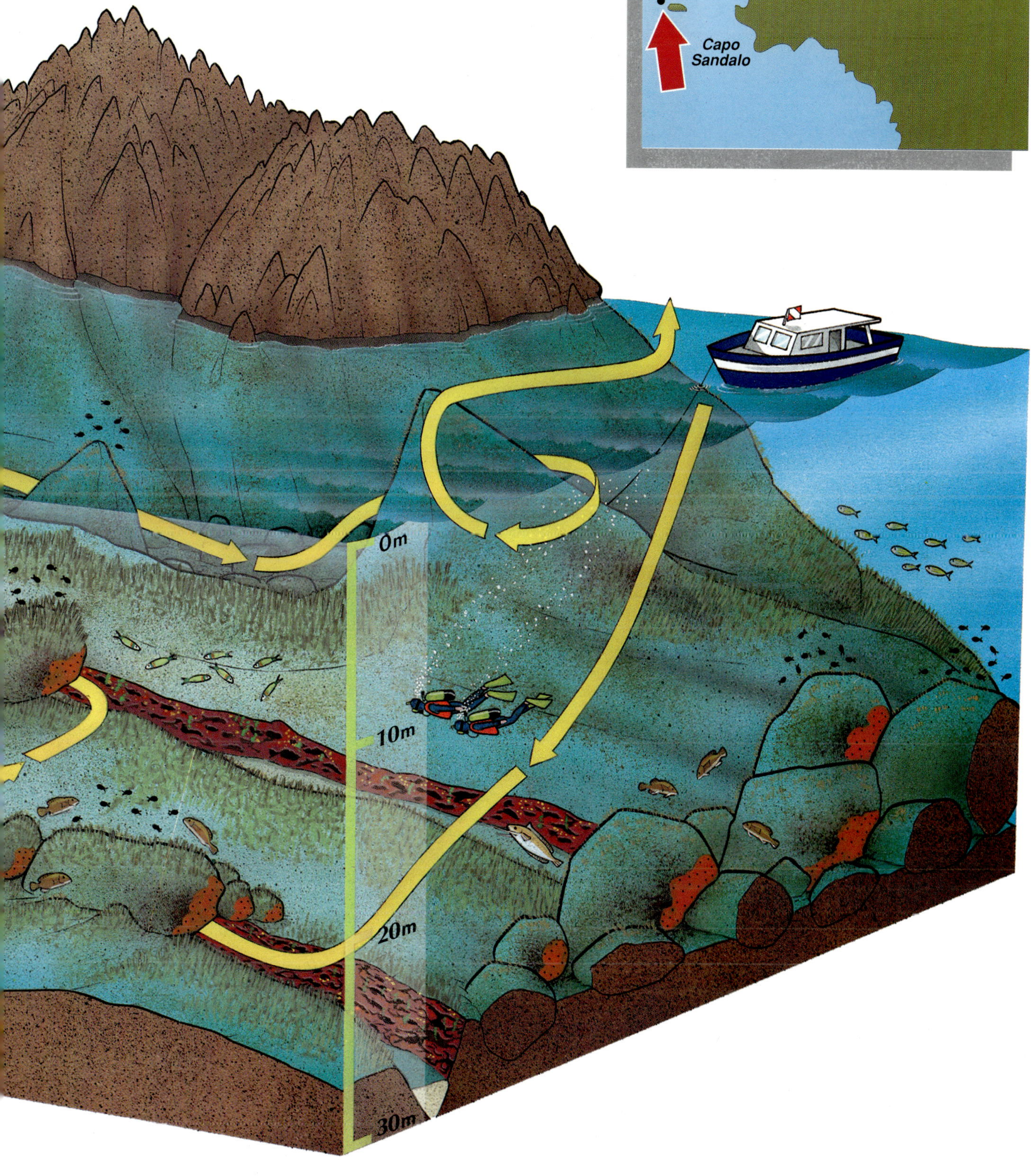
0m
10m
20m
30m

Westlich von Capo Sandalo, kaum einen Kilometer seewärts, liegt Secca dell'Isolotto, ein Riff aus dunklem, vulkanischem Gestein. Es erhebt sich über einem rasch abfallenden Meeresgrund, der von tiefen, in Ostwestrichtung verlaufenden Gräben durchzogen ist. Die Südseite fällt anfangs besonders steil ab und geht in einen weiten Hang über, während die Nordseite eher stufenweise abfällt, durchzogen von Kanälen, an deren Wänden kleine Kolonien von Edelkorallen zu finden sind.

Man geht an einer günstig zum Wind gelegenen Stelle vor Anker: Wenn der Scirocco bläst, sollte man nahe der äußersten Spitze ankern, wo die Strömungen sich treffen und das Inselchen auch unter Wasser einen gewissen Schutz bildet. Dann taucht man bis zum dritten Kanal ab. Er hat einen Sandgrund und liegt bis zu 30 Meter tief. Die Felsen sind mit Algenmengen bedeckt. Es sind vor allem Braunalgen. An den Stellen, wo der Hang steiler ist, kommen auch große Mengen Rotalgen vor. Von hier ist die Route einfach und bietet Abwechslung und immer neue Überraschungen. Im engen, sandigen Kanal gibt es kurze Strecken mit senkrechten Wänden. Nach Osten zu steigt er etwas in die Höhe, und es gibt enge Passagen zwischen großen Felsformationen, die sich oben zu einem Dach zusammenschließen. In diesen Schattenzonen sind die Wände mit farbenprächtigen Flecken aus Krustenschwämmen bedeckt, und Gabeldorsche sowie Meerraben schwimmen von einem Schlupfwinkel zum anderen.

Dann taucht man höher und gelangt zum zweiten Kanal, wo man direkt auf eine weitere Passage unter einem riesigen Fels hindurch trifft. Der Kanal zieht sich als tiefer Einschnitt weiter an der Ostseite entlang und ist mit Gelben Krustenanemonen, Moostierchenkolonien und Schwämmen tapeziert. Er läuft nicht weit vom Ende des Riffs aus, und dort sind mit hoher Wahrscheinlichkeit Strömungen zu erwarten. An den Hängen wachsen vereinzelte Posidoniengruppen. Unmittelbar unter dem Neptunsgras, wo die Lichtverhältnisse sich verändern, erscheinen auch wieder Krustenanemonen in dichten Kolonien.

Hier wendet man sich nach rechts, folgt den Felsen und gelangt in den ersten Kanal. Die Wand linker Hand ist steil und führt direkt bis zur Oberfläche hinauf. Die Szene gewinnt noch dadurch an Faszination, daß man über sich die Wellen am Fels anbranden hört. Man schwimmt in etwa 15 Meter Tiefe zwischen den eng beisammen stehenden Wänden hindurch. Der Kanal ist an manchen Stellen mit Gesteinsmassen und Felsbrocken überdeckt, die Bögen und Passagen bilden und herrliche Licht- und Schatteneffekte aufweisen. Dies

C

A

D

B

A - Direkt gegenüber dem Leuchtturm von Capo Sandalo auf der Insel S. Pietro liegen die dunklen Felsen des Inselchens Corno, die sich nur wenige Meter aus dem Wasser erheben.

B - Die Felsen fallen rund um das Inselchen stufenweise ab, und an der Nordwestseite steigt ein pyramidenförmiger Sporn beinahe bis zur Oberfläche empor, wo sich die Wellen brechen.

C - Im Westen sind die Felsen der Insel der offenen See zugewendet. Strömungen und Wellengang sind hier häufig recht stark.

D - Die Kanäle sind an vielen Stellen überlagert von Felsmassen, so daß sich Passagen und Tunnel herausgebildet haben. Die schattigeren Bereiche sind mit leuchtend farbigen Krustenschwämmen und üppigen Teppichen von Gelben Krustenanemonen überzogen.

ist das Reich der Krustenschwämme in allen Farben, der Gelben Krustenanemonen und – zur richtigen Jahreszeit – der Fangschreckenkrebse. An den Wänden kann man die verschiedensten Arten von Nacktschnecken finden, beispielsweise zahlreiche Leopardschnecken und große Rotbraune Ledernacktschnecken.
Die letzte Strecke des Kanals führt über ein Geröllfeld und durch eine weitere Passage hinter einem pyramidenförmigen Felszahn hindurch. In diesem Bereich kann man seinen Sicherheitsstopp abhalten und dabei beobachten, wie die Brecher an die Wand schlagen.

F

E

G

H

*E - Immer wenn in einer bestimmten Tiefe schattige Wände zur Verfügung stehen, breiten sich die Gelben Krustenanemonen (*Parazoanthus axinellae*) aus.*

F - Die Spalten und Kanäle, die stufenweise den Hang traversieren, bilden Passagen, Überhänge und Tunnel, die mit farbenprächtigen Krustenschwämmen und -anemonen dekoriert sind.

G - Unter dem oberen Bewuchs aus Braunalgen gedeihen üppig die Rotalgen. Der deutsche Namen ist insofern irreführend, als die Farbe purpur bis violett ist.

*H - Unter der großen Vielfalt der Algen finden sich auch Arten wie diese Grünalge (*Codium tomentosum*), deren Thalli von einer dichten, filzartigen Schicht umhüllt sind, was sie samtartig aussehen läßt.*

LE TACCHE BIANCHE

N
Piana
Punta
delle
Oche
Cala
Vinagra
Carloforte

0m
10m
20m
24m

Fährt man von Osten kommend an der Küste von Carloforte entlang, fallen an der Steilküste im Nordwesten Schichten hellen Sedimentgesteins ins Auge, die sich vom darüber lagernden dunklen Vulkangestein abheben. Dies sind die Tacche Bianche. Das Gebiet war einst berühmt für den Thunfischfang. Heutzutage werden im Frühjahr die Netze wieder gesetzt, allerdings einige hundert Meter weiter östlich.
Das Boot wird etwa 200 Meter vom Ufer entfernt vor Anker gelegt. In 18 Meter Tiefe ist der flache Grund mit einer dichten Posidonienwiese bedeckt, die hier und da durch verstreut liegende runde Felsmassen und seltsame, pilzförmige Steinformationen unterbrochen wird. Zum offenen Meer hin endet dieses Plateau unvermutet, und eine Bruchzone mit hellen Gesteinsblöcken bildet eine endlose Reihe von Überhängen und Kavernen. Man taucht an der Ankerleine ab und gelangt plötzlich zu einer großen, runden Grube mit glatten Wänden, die sich in der Seegraswiese öffnet. Schwimmt man hinein, sieht man sich unerwartet im Eingangsbereich eines großen, weiten Tunnels, der unter der Wiese entlangläuft. An einigen Stellen ist diese Aushöhlung eingebrochen, wodurch Licht in den Tunnel eindringen kann. Der Boden des Tunnels erreicht eine maximale Tiefe von 24 Meter und ist mit abgerundeten Steinblöcken bedeckt, zwischen denen Sandflächen liegen. Die Wände und Deckengewölbe sind in den weniger belichteten Bereichen fast kahl, aber in der Nähe der Lichtöffnungen gibt es farbenprächtige Krustenschwämme. Diese Gewölbe sind ein Lebensraum der Fangschreckenkrebse, die man vor allem im späten Frühjahr hier recht häufig antrifft. Der Tunnel verläuft Dutzende von Meter weit, weist Säulen und andere Bruchstellen auf, ehe er schließlich durch eine Geröllhalde unpassierbar wird und man durch eine Öffnung wieder hinaus zur Seegraswiese gelangt.
Auf dem Plateau öffnen sich noch weitere Tunnel, die alle leicht zugäng-

A

B

D

C

A - Kanäle und Tunnel, die durch das Karst-Phänomen geschaffen wurden, verlaufen unter der mit Neptunsgras bestandenen Oberfläche des Plateaus. Große Öffnungen verbinden diese beiden Ebenen und schaffen faszinierende Lichteinfälle.

B - An der Nordseite der Insel S. Pietro liegt die als Tacche Bianche bekannte Stelle.

C - Die Posidonienwiese am Meeresgrund wird von Verwerfungen und Aushöhlungen durchzogen. Am Fuß der Felsmassen kann man eine Explosion der Farben erleben.

D - Die Posidonienwiese wird von Myriaden von Fischen und Wirbellosen bewohnt.

*E - Was wie ein Fächer aussieht, sind kleine, für schlecht belichtete Gebiete typische Grunalgen: Schwammtang (*Udotea petiolata*).*

F - Jeder Bereich, sozusagen jede Etage, im Posidonienwald ist von Lebewesen besetzt: hier ein Einsiedlerkrebs.

*G - Die Spitzbrasse (*Diplodus puntazzo*) unterscheidet sich von den anderen Arten durch ihre deutlichen Senkrechtstreifen und die vorstehende Schnauze.*

*H - Der Gemeine Laxierfisch (*Maena maena*) bevorzugt zur Fortpflanzung die Posidonienwiesen.*

I - In den Flachbereichen trifft man hier auch häufig auf Sepien.

lich sind. Man sollte aber häufig seinen Tauchcomputer kontrollieren, denn man taucht hier zwar nicht allzu tief, aber in einem konstanten Tiefenbereich, in dem die Nullzeit rasch abgelaufen ist.
Am Ende des Plateaus liegt ein kleiner Steilabfall mit glatter Wand, von dem zahlreiche Spalten und Tunnel unterschiedlicher Größe abgehen. Hier am Fuß der Wand, zwischen den Geröllfeldern und Höhlen, stehen Zackenbarsche und große Meerraben. Auch Brassen haben in den tiefer liegenden Bereichen ihre Zufluchtsorte. Aber nicht nur diese sind interessant, sondern auch die Seegraswiese darüber. Sie ist mit seltsam geformten,

E

erodierten und von Spalten durchsetzten Gesteinsmassen durchsetzt. Einer dieser Blöcke ähnelt einem Flugzeug mit Flügeln und Cockpit. Graue Lippfische und Meerjunker, Seekarauschen und Zweibindenbrassen schwimmen zwischen dem Neptunsgras, und wenn man nach Kleintieren Ausschau hält, entdeckt man Krebse und Garnelen, Zylinderseerosen, Seeanemonen, Röhrenwürmer, Seescheiden und Moostierchenkolonien.
Wieder einmal zeigt sich hier, daß ein auf den ersten Blick monotoner, uninteressanter Lebensraum eine reiche Vielfalt von Lebensformen und von unerwarteten Unterwasserlandschaften enthüllen kann.

F

G

H

I

S' ARCHITTU

Capo Marargiu
Bosa
Torre Columbargia
Corona Niedda Roch
Punta Foghe
Capo Nieddu
S. Caterina di Pittinuri
S'Archittu
Capo Mannu

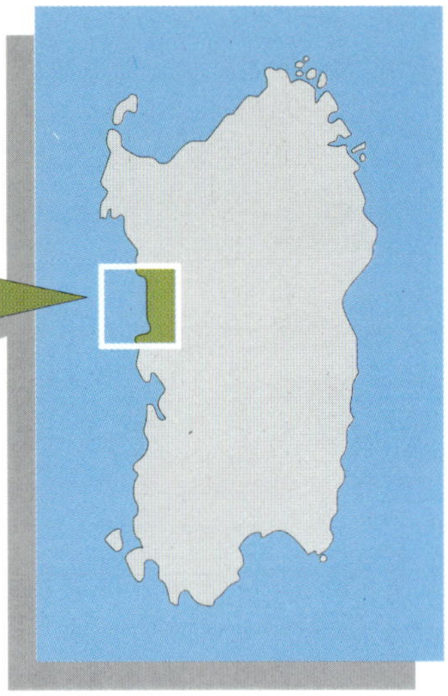

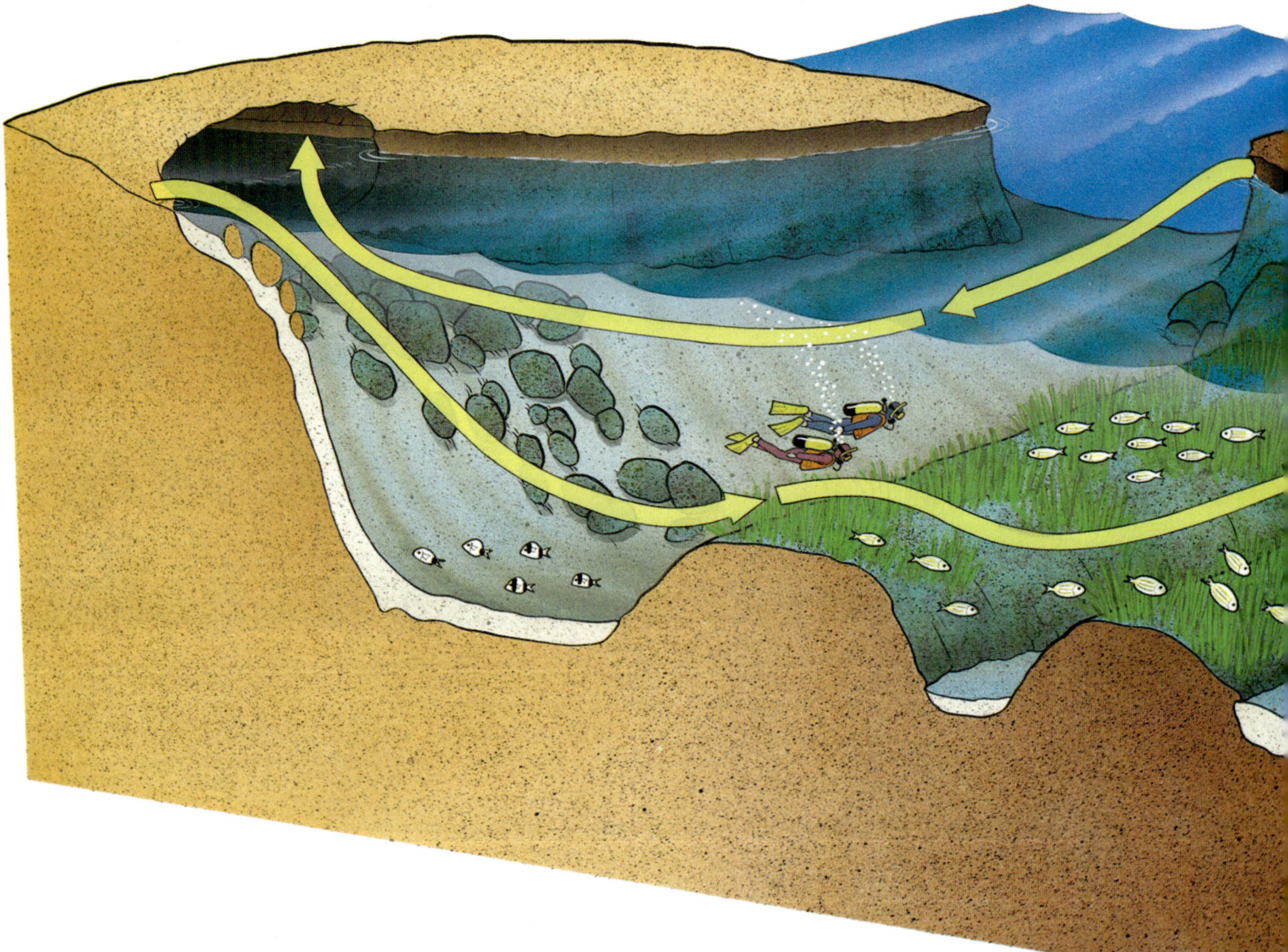

N
S. Caterina di Pittinuri
Torre del Pozzo
Arenas

0m
10m
17m

A - Das Vorgebirge S'Archittu ragt im Norden der Sinis-Halbinsel ins Meer hinaus. Es besteht aus Sandstein, der durch die Kraft von Wind und Wellen stark erodiert worden ist. Der Tauchgang beginnt direkt an dem natürlich geformten Brückenbogen.

B - Die Verkarstungsphänomene sind auch am Gestein unterhalb der Wasseroberfläche deutlich sichtbar. Überhänge, Steinbögen, Tunnel und Kanäle wechseln sich ab und gestalten diesen Tauchplatz recht abwechslungsreich.

C - Neptunsgras hat viele Kanäle zwischen den Felswänden besiedelt und wächst manchmal sogar üppig auf den Oberseiten der Sandsteinblöcke. Beeindruckend ist an dieser Stelle der abrupte Wechsel vom Neptunsgras zu den präkoralligenen Rotalgen.

*D - Eine Schmalrüsselige Seenadel (*Syngnathus typhle*) demonstriert ihre verblüffenden Tarnfähigkeiten. Sie steht nicht nur aufrecht wie die Halme des Neptunsgrases, sondern ahmt auch deren Färbung nach.*

*E - Auch dem Haarstern (*Antedon mediterranea*) kann man gute Tarnkünste nicht absprechen. Er paßt sich einer Ansammlung abgestorbener Blätter des Neptunsgrases an.*

A

B

C

Fährt man entlang der Küste nach Norden, treten hinter der Sinis-Halbinsel und der großen sandigen Bucht von Is Arenas Sandsteinwände ans Meer heran. Das Gestein ist von Wind und Wasser geformt, und das Symbol der Küstenlandschaft ist S'Archettu, ein großer Bogen, der vollkommen vom Wasser unterspült wird. Genau hier, an der landwärtigen Seite des Tunnels, beginnt der Tauchgang. Man taucht einige Meter ab und gelangt vom hell erleuchteten Flachwasser in das Dämmerlicht des Tunnels, in dem Rotalgen dick die Wände und den Boden bedecken. Die Rotalgen sind vorwiegend vom koralligenen Typ, darunter viele inkrustierende Arten. Der Ausgang führt auf ein flaches Sandgebiet, das von dichten Matten des Neptunsgrases umrahmt wird.

Hier beginnt die ausgedehnte Route um die beiden knapp aus dem Wasser ragenden Riffe herum, die durch Kanäle und Passagen sowie unter Felsbögen hindurch führt. Der Meeresgrund ist wie auch das trocken liegende Land durch Erosionsprozesse gekennzeichnet: Überreste von Karstflüssen bilden wundervolle, in die verwitterten Felsen eingegrabene Passagen. Die oberen Bereiche sind mit Neptunsgras besetzt, das auch viele der sandigen Kanäle kolonisiert hat. Herzigel, insbesondere Arten aus der Gattung Echinocardium, leben im Sediment vergraben. Über der Posidonienwiese weiden in dichtem Schwarm die Goldstriemen.

Wenn man sich etwas links hält, kommt man zu einem zwölf Meter tiefen Kanal. Dann wendet man sich dem größeren Riff zu und schwimmt an ihm entlang in Richtung auf das Ufer. Seitlich führt ein Überhang in eine 14 Meter tiefe Auswaschung mit senkrechten Wänden hinein, zu deren Füßen große, abgerundete Gesteinsmassen lagern. Man verläßt sie durch einen Gesteinsbogen, dessen Innenseite mit Gelben Krustenanemonen bedeckt ist. Hier sollte man sich umsichtig bewegen, denn nicht selten kann man auf Seriolas, Bläuel oder auch Zackenbarsche treffen. Gleich nach dem Ausgang schwimmt man

D

um eine Gesteinsanhäufung an der Basis des Riffs herum und gelangt dann in einen weiteren Kanal mit sandigem Grund. Die Wände sind mit Trugkorallen bedeckt, und an den Rändern wachsen zahlreiche Hydroidenkolonien.

Etwas weiter grenzt dann wieder eine Posidonienwiese an diese wenig beleuchteten Zonen. Der Kanal wird von einem Gesteinsbogen unterbrochen. Nachdem man ihn durchtaucht hat, gelangt man zu verstreut liegen-

*F - Eine leuchtend gefärbte Gelbe Tylodina (*Tylodina perversa*) weidet auf ihrem Lieblingsschwamm, dem Goldschwamm (*Verongia = Aplysina aerophoba*). Das Gehäuse dieser Schnecke ist unverwechselbar pagodenförmig.*

E

H

den Gesteinsmassen, an denen Große Geißbrassen und Zweibinden-Brassen anzutreffen sind. Dann hält man sich links und gelangt nach Durchqueren eines weiteren Bogens zu einer erhöhten, mit Neptunsgras bestandenen Fläche. Diese überquert man und schwimmt dann zum zweiten aus dem Wasser ragenden Riff hinüber. Von dort schwimmt man zur Uferwand und folgt ihrem Verlauf, bis man zum S'Archittu gelangt.

Die reizvollsten Aspekte dieses Tauchplatzes sind der ständige Wechsel der Unterwasserlandschaften sowie die Passagen zwischen den Felsformationen. Darüber hinaus ist er leicht zu betauchen. Es gibt hier viel zu sehen. Wer sich für Nacktschnecken interessiert, findet ungewöhnliche Arten wie Berghia caerulescens oder Calmella cavolinii, zwei kleine Arten aus der Familie der Fadenschnecken. An den Wänden der Kanäle kann man auch Langusten finden. Die Krönung der Entdeckungen aber könnte mit etwas Glück die Begegnung mit einem Pfeilhechtschwarm sein.

*G - Die Sandtaucher (*Xyrichthys novacula*) leben auf und im Sandgrund: Wenn sie vor Verfolgern Zuflucht suchen, tauchen sie einfach mit dem Kopf voran in den Sand ein. Ihre Färbung ist perfekt dem Lebensraum angepaßt.*

*H - Wachsrosen (*Anemonia sulcata*) findet man hier häufig in den Posidonienwiesen zwischen den Felsen. Die Wachsrosen können recht groß werden. Sichtbar ist von ihnen häufig nur die Tentakelkrone, während der zylindrische Körpersack verborgen ist.*

F

G

SU PUNTILLONE

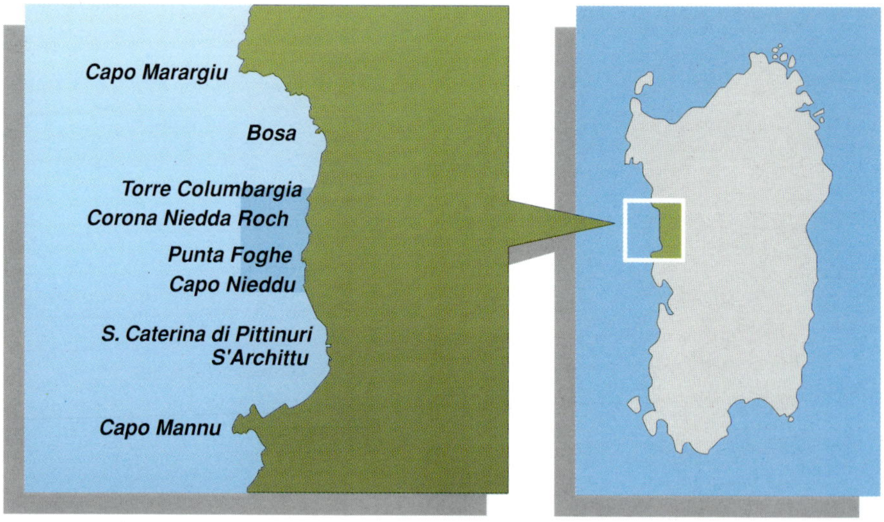

Torre Columbargia
Corona Niedda Roch
Punta Foghe
N
Capo Nieddu

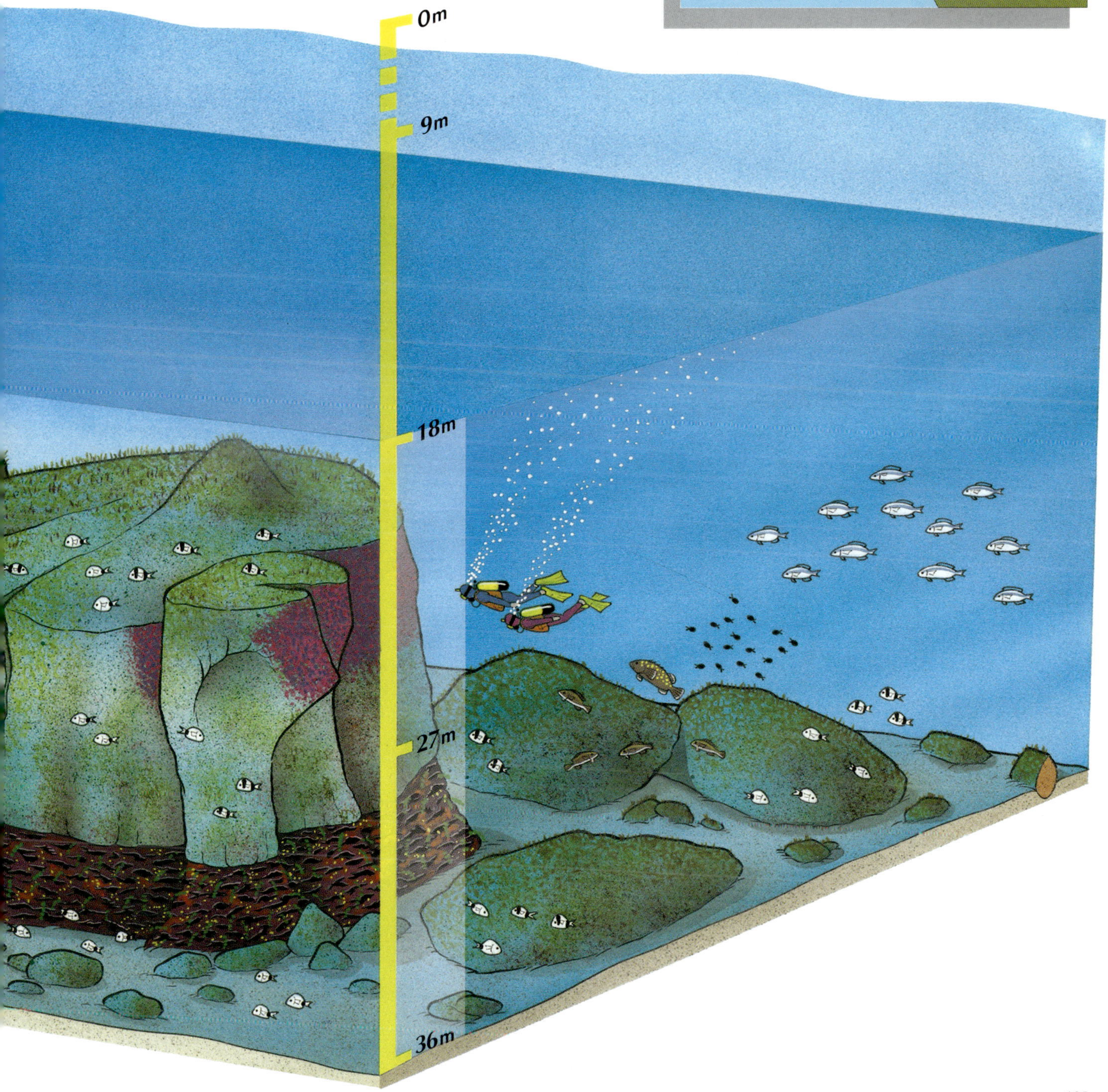
0m
9m
18m
27m
36m

A - Secca di Su Puntillone ist eine felsige Untiefe mit einer Seite, die als flacher Hang landwärts verläuft und zwei Steilwänden zum offenen Wasser hin.

*B - Das besondere Wunder der Steilwände sind die lilafarbigen Juwelenanemonen (*Corynactis viridis*).*

Nördlich von Punto Foghe steigt etwa vier Kilometer vor der Küste vom 40 Meter tiefen Meeresgrund ein Felsgebiet bis zu 19 Meter unter die Oberfläche auf. Dieses Riff wird Su Puntillone genannt, weil es eine ausgeprägte, kegelförmige Spitze hat, die auf dem Echolot deutlich in Erscheinung tritt. Hier im Bereich der höchsten Erhebungen geht man vor Anker. Wegen des klaren Wassers kann man diese Felsen meist schon von oben erkennen.

C

A

D

B

Die Nord- und Westseiten der Untiefe fallen nahezu senkrecht bis zum Sandgrund in 36 Meter Tiefe ab, während die beiden anderen Seiten sich sanft senken und von tiefen Spalten durchzogen sind. Der Sandgrund ringsherum ist mit großen und kleinen Felsmassen übersät, die mit koralligenen Formationen überzogen sind. Die sanft geneigten Hänge weisen einen dichten Bewuchs aufrecht stehender Algen auf. Das erweckt den Eindruck einer braunen Wiese, die von den Strömungen hin- und herbewegt wird. Zwischen den Algen ragen große Röhrenwürmer mit ihren hellen, nahezu weißen Tentakelkronen heraus. Im Schatten der Braunalgen sind auch die Rotalgen vertreten, insbesondere die zierlichen Thalli des Feinen Korallenmooses, aber auch Krustenalgen und Trugkorallen. Insgesamt ist unverkennbar, daß das Riff häufig von kraftvollen Strömungen heimgesucht wird. Die Bedingungen sind günstig für die Wahrscheinlichkeit, daß große pelagische Arten wie Seriolas und Zahn-

*C - Der flache Hang der Untiefe ist bewachsen mit aufrecht stehenden Algen, dem Sargassum (*Sargassum vulgare*). Entlang der blattgleichen Thalli dieser Art sitzen zahlreiche runde Blasen, in denen Gas gespeichert ist und die als Schwimmer dienen.*

*D - Zahlreiche Schraubensabellen (*Spirographis spallanzani*) mit nahezu weißen Tentakelkronen stehen inmitten der Sargassumwiese und werden von Meerjunkern (*Coris julis*) und Mönchsfischen (*Chromis chromis*) umkreist.*

E - Die mit Juwelenanemonen bewachsenen Steilwände sind den vorherrschenden Strömungen ausgesetzt.

brassen hier vorbeiziehen, und das kann zu spektakulären Sichtungen führen, wenn man zur rechten Zeit am Platz ist.

Die Steilwände bieten dagegen einen ganz anderen Anblick. Gleich unter dem Abbruch beginnt eine Rotalgengemeinschaft, in der Juwelenanemonen dominieren. Zahlreiche Indikatoren für kräftige Wasserbewegungen sind daneben zu finden, von winzigen glasklaren Büschel-Seescheiden bis zu den großen Roten Seescheiden. Sie teilen sich den Lebensraum mit Rosa Röhrenschwämmen. Aber besonders charakteristisch für diesen Platz und besonders bemerkenswert sind die Myriaden von Juwelenanemonen, die in wechselnden Farben auftreten können, hier aber überwiegend lila sind. Die kleinen Anemonen sind untermischt mit Schwämmen, Seeanemonen und Rotalgen und geben dem Tauchplatz eine ungewöhnlich exotische Note. Interessanterweise liegt mitten in der Anhäufung der lila gefärbten Juwelenanemonen ein Fleck mit anders gefärbten: Diese Variation ist zitronengelb und hat schwarze Tentakel. So scheint es zumindest bei Umgebungslicht – denn unsere Lampe bringt eine limonengrüne Grundfärbung zutage, und aus dem Schwarz der Tentakel wird ein Rot.

In 27 Meter Tiefe angekommen, beginnt man, die senkrechte Wand seitlich zu umtauchen, wobei man sie linker Hand behält. Am Meeresgrund kann man um die großen Steinblöcke herum Meerraben, Gabeldorsche und Schwärme von Zweibinden-Brassen beobachten. Wenn man zu den Felsformationen hinabtaucht, kann man eine weitere Besonderheit dieses Tauchplatzes entdecken: die langen Thalli eines Seetangs. Diese Alge gehört zur Gattung Phyllariopsis und lebt im allgemeinen tiefer bei rund 40 Meter.

Weiterhin an der Wand entlang, die immer steiler wird, gelangt man zu den Stellen mit der größten Dichte an Juwelenanemonen. Diese zusammen mit den im Freiwasser kreisenden Mönchsfischen beeindrucken wohl am meisten bei diesem Tauchgang. Die Wand endet mit einem tiefen Einschnitt, der sie von dem Hang trennt, über dem der Tauchgang begonnen hat.

Bei der Rückkehr zum Anker kann man zwischen den Algen die verschiedensten Arten von Seescheiden und Nacktschnecken beobachten, darunter Ischia-Fadenschnecken, Violette Weißspitzen-Fadenschnecken und Leopardschnecken. Beim Aufstieg besteht immer die Chance, umherstreifende Seriolas zu sichten oder auch eine wunderschöne Melonenqualle und andere planktonische Geschöpfe, die vorbeiziehen.

F

F - Die Juwelenanemonen sind Nesseltiere und gehören der Ordnung Corallimorpharia *an. Die Tentakelkrone hat einen Durchmesser von weniger als einem Zentimeter.*

G

*G - An den Wänden dieser Untiefe findet man unter anderem auch Rasenkorallen (*Cladocora cespitosa*), deren Polypen durch ein Kalkskelett geschützt sind.*

E

H

H - Die Kleinlebensräume setzen sich jeweils aus einer verwirrenden Mischung von Organismen aus den verschiedensten Gruppen zusammen: Schwämme, Juwelenanemonen, Moostierchen und Algen schaffen eine beeindruckende Farbpalette.

CORONA NIEDDA

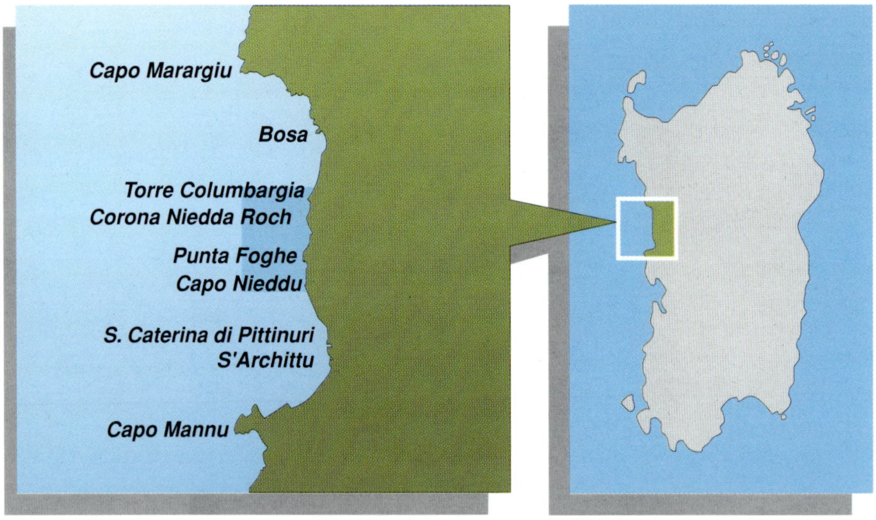

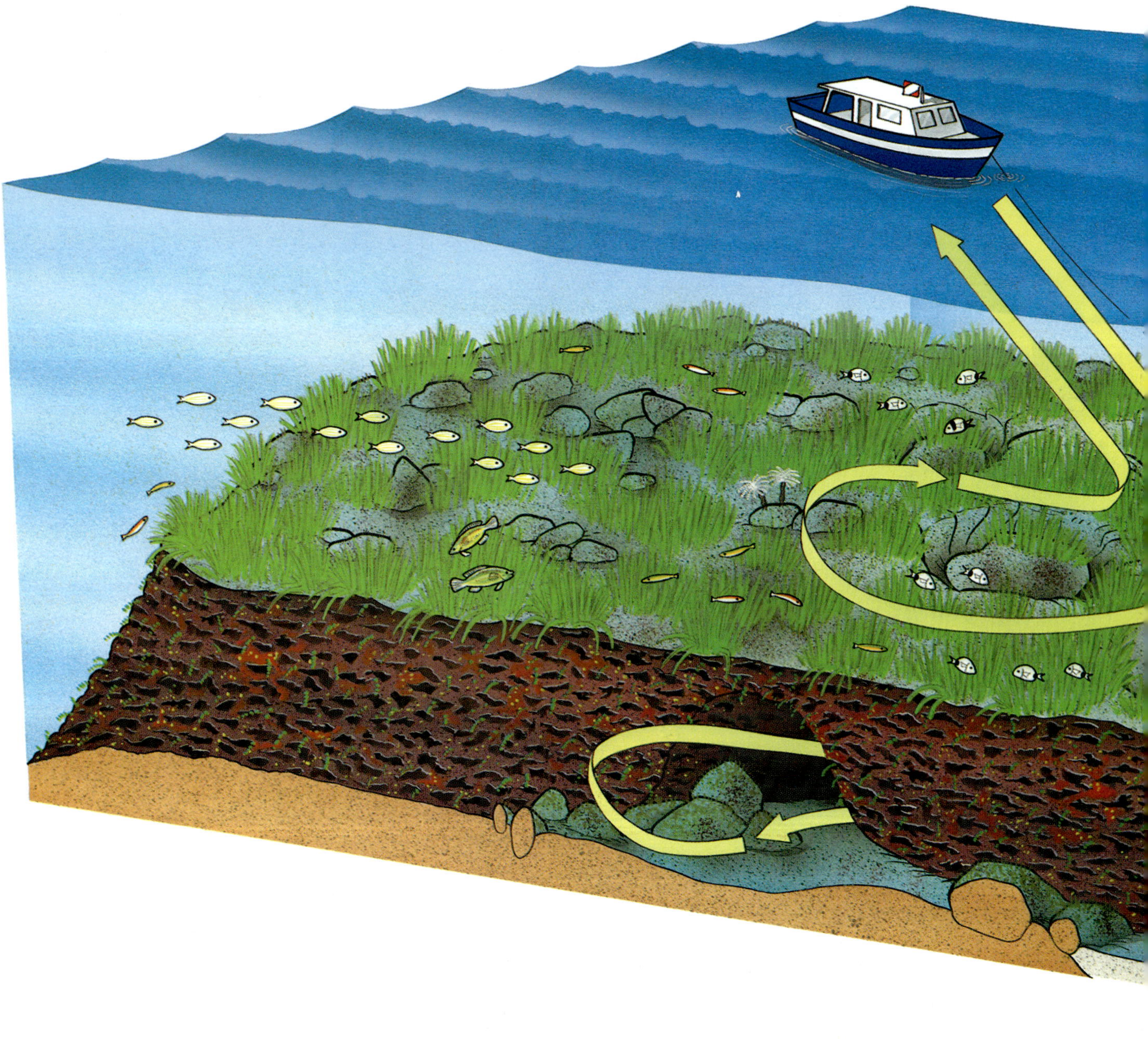

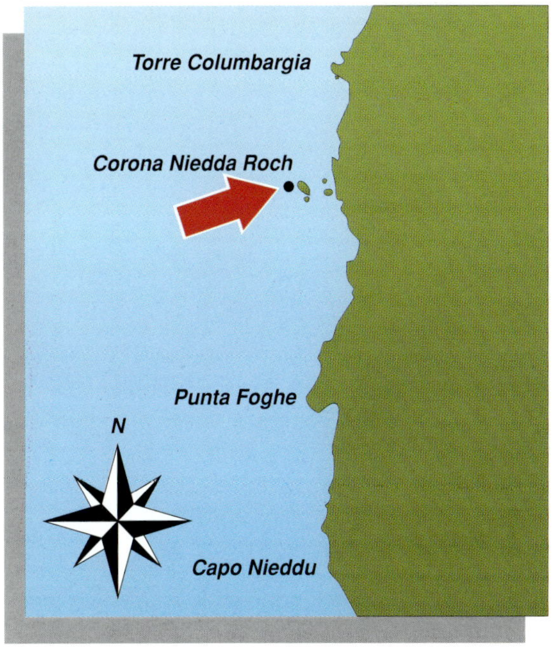
Torre Columbargia
Corona Niedda Roch
Punta Foghe
N
Capo Nieddu

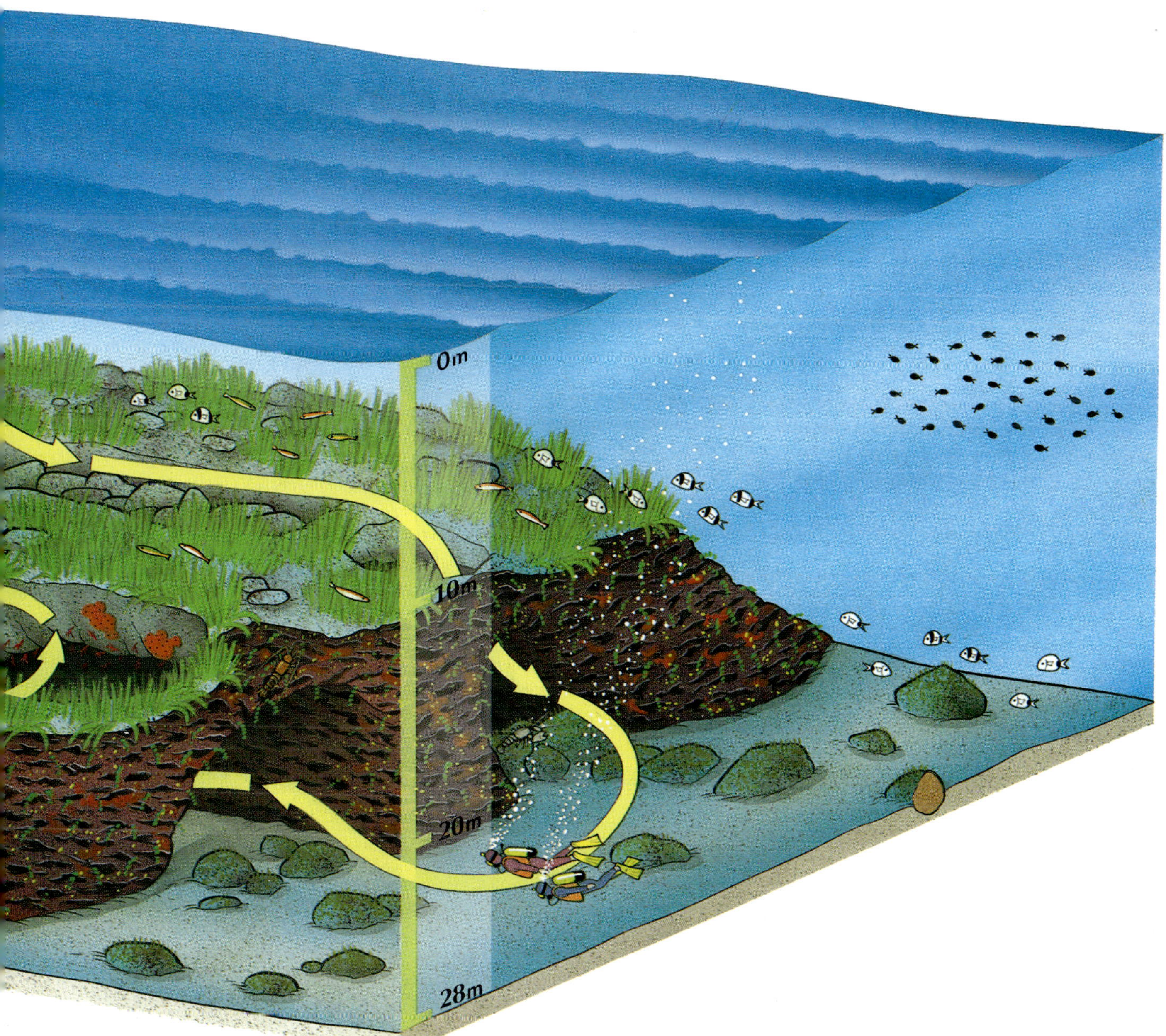
0m
10m
20m
28m

A

B

C

D

In einiger Entfernung von der Küste liegt zwischen Punta Foghe und Bosa eine senkrecht vom Meeresgrund aufsteigende Bastion aus vulkanischem Material, von der eine Gruppe hoher, zerklüfteter Riffe sowie zwei weitere, niedrigere, ausgehen. Das ganze Gebiet hat den Namen Isolotto Corona Niedda und wird nur von einer großen Kolonie Krähenscharben bewohnt. Man ankert direkt am Riff, 300 Meter von den größten hervorragenden Felsen entfernt. Die Felsmasse hat eine länglich-rechteckige Form und weist nach Westen. Die Nord- und Südseite fallen gemächlich ab, die West- und Ostseite dagegen bestehen aus Steilwänden.

E

Das Plateau, auf das man hinabtaucht, liegt 14 Meter tief und weist verstreute Felsformationen auf, zwischen denen kleine Posidonienwiesen liegen. Man überquert es in Richtung zum offenen Wasser hin und gelangt an dessen Rand zu einem Schacht, der zu einem Felsbogen hinunterführt. Der Ausgang dieser Passage liegt zehn Meter weiter unten und führt in etwa 27 Meter Tiefe ins Freiwasser hinaus. Die Wand ist mit wunderschönen Korallenformationen bedeckt, die Hohlräume und kleine Terrassen bilden, auf denen wiederum kleine Büschel Neptunsgras Platz gefunden haben. In diesen verwinkelten Lebensräumen findet man häufig verschiedene Kru-

A - Entlang der Westküste zwischen Punta Foghe und Bosa ragen mehrere Gruppen dunkler Vulkanfelsen aus dem Meer. Der höchste ist Corona Niedda.

B - Die Untiefe westlich von Corona Niedda ist ein ausgedehnter Rücken aus Vulkangestein, auf dessen Plateau eine schüttere Posidonienwiese wächst.

C - Die Kalkschichten, die die Felsen überziehen, wurden von Kalkrotalgen geschaffen.

D - An der Außenseite der Untiefe öffnet sich eine Reihe von Höhlen und Tunneln. Diese bilden weite, leicht zu betauchende Gänge, in die man von der Nordseite aus hineinschwimmen kann. Ein senkrechter Schacht führt direkt zum Plateau hinauf.

E - Die innersten Bereiche der Gänge erhalten sehr wenig Licht, deshalb sind die Wände nur mit wenigen typischen Schattenliebhabern wie Schwämmen, Moostierchenkolonien und Röhrenwürmern bewachsen.

F - Hauptattraktion dieses Tauchplatzes ist der senkrechte Schacht, der sich vom Meeresgrund bis zur Höhe des oberen Plateaus erhebt. Die Wände und der Rand dieses Schachts bestehen aus Versteinerungen von Kalkrotalgen. Am Ausgang werden sie von der Posidonienwiese überragt.

F

G

stentiere, namentlich Bunte Springkrebse und Langusten. An manchen Stellen fällt die Wand senkrecht ab, und auch hier gibt es vieles zu beobachten: Recht häufig sind Geweihschwämme der Gattung Axinella, die ebenso häufig von Gelben Krustenanemonen besiedelt sind. Folgt man dem Fuß der Wand, findet man an manchen Stellen Ansammlungen der Rotalge Windende Vidalia, deren blattförmiger Stamm wenig verzweigt und schraubenartig gedreht ist.

Dann gelangt man zu einem weiten Felsbogen, der in eine Höhle mit zwei Ausgängen hineinführt. Hält man sich links, gelangt man durch einen Tunnel an der tieferen Seite des Riffs wieder ins Freie. Der andere Ausgang ist ein senkrechter, etwa zehn Meter hoher und vier bis fünf Meter Durchmesser aufweisender Schacht. Dies ist der interessanteste Bereich: Das Licht, das durch die drei Öffnungen hineinstrahlt, schafft spektakuläre Erscheinungen aus Licht und Schatten. Während der horizontale, fast dunkle Tunnel kahle Wände aufweist, sollten die Wände des senkrechten Schachts Zentimeter für Zentimeter abgesucht werden, weil sie von einer Vielzahl interessanter Lebewesen besiedelt sind. Kleine, aber dafür umso zahlreichere Kolonien von Edelkorallen hängen von den schmalen Vorsprüngen herunter, die die koralligenen Algen geschaffen haben.

Man schwimmt durch den Schacht nach oben, wo Neptunsgras das ganze Plateau besiedelt. Es wächst auf einer koralligenen Basis. Farbenprächtige Nacktschnecken, vor allem Violette Weißspitzen- und Ischia-Fadenschnecken, weiden auf den Hydrozoen. Diese Nacktschnecken wurden erst in jüngerer Zeit klassifiziert und beschrieben. Sie wurden früher wohl mit verwandten Arten wie den Violetten Fadenschnecken verwechselt.

Am besten beendet man den Tauchgang in den höchstgelegenen Bereichen des Plateaus, in denen man sich mit der Beobachtung des geschäftigen Treibens der Meerjunker und Meerpfauen die Zeit vertreiben kann.

H

I

J

*G - Die Gänge und der Schacht werden von Strömungen durchzogen, die den Wuchs der Hydroiden begünstigen. Kolonien dieser Nesseltiere, die auf Rotalgen der Gattung Peyssonellia sitzen, sind ein bevorzugter Weidegrund der Ischia-Fadenschnecken (*Flabellina ischitana*).*

*H - Verschiedene Arten von Rotalgen wachsen unter dem Neptunsgras. In Bereichen mit starker Wasserbewegung kann man Gorgonienalgen (*Sphaerococcus coronopifolius*) finden, deren Thalli aussehen wie Gorgonienzweige.*

*I - Zwischen den Wurzelausläufern des Neptunsgrases befindet sich häufig der Stein-Seeigel (*Paracentrotus lividus*). Er weidet Algen mit weichen Thalli ab.*

*J - Die Wände des senkrechten Schachts begünstigen den Wuchs der Edelkorallen (*Corallium rubrum*). Die ausgestreckten Polypen sind schneeweiß und kontrastieren mit dem Rot des Skeletts.*

DIE NORDKÜSTE: VON ALGHERO BIS MORTORIO

Der Küstenstreifen zwischen Bosa und Alghero ist eine der wildesten Landschaften der ganzen Insel. Der interessanteste Punkt ist Capo Maragiu mit seinen vorgelagerten Untiefen. Hier auf den Klippen, die steil zum Meer abfallen, lebt die größte Mönchsgeier-Kolonie Sardiniens. Es ist ein Schauspiel wilder Schönheit, wenn die Geier über den Klippen und dem Meer kreisen. Sie breiten ihre bis zu drei Meter langen Schwingen aus und segeln auf den warmen Aufwinden, während sie die Küste nach Nahrung absuchen.

Ein außerordentlich interessantes Tauchgebiet liegt hinter Alghero. Zwischen Punta Giglio und der Küste von Capo Caccia stürzt das Land förmlich ins Meer, und hohe Wände umgeben die tief eingeschnittene Bucht von Porto Conte. Die aus Kalkstein bestehenden Küstengebirge sind von Karsthöhlen durchzogen, die den Fels sowohl an Land als auch unter Wasser durchlöchert und ausgehöhlt haben. Als erstes ist die Grotta Verde zu nennen, auch wenn sie für Besucher gesperrt ist. Sie öffnet sich viele Meter über dem Meeresspiegel an der Ostseite von Capo Caccia. Ihre Höhlen bergen eines der wichtigsten Zeugnisse für prähistorische Zivilisationen auf Sardinien. In den siebziger Jahren wurde hier eines der ungewöhnlichsten Vorhaben der Unterwasserarchäologie der ganzen Welt durchgeführt. Vor etwa 7000 Jahren, als der Meeresspiegel einige Meter unter seinem gegenwärtigen Stand lag, wurde diese heute halb überschwemmte Höhle von Urbewohnern des Kaps als Begräbnisstätte für ihre Toten und als Ort für die Begräbniszeremonien benutzt. Eine andere Entdeckung ist ebenso wichtig und überraschend: In einer der vielen überfluteten Höhlen wurde eine große Menge von Gebeinen verschiedener Arten von Säugetieren aus dem Quartär gefunden – die vollständig erhaltenen Überreste von Elchen, Wölfen und kleinen Nagetieren sind im Kalkstein nur wenig unter dem heutigen Wasserspiegel eingeschlossen – ein weiterer Beweis für die Veränderungen, die zur heutigen Erscheinung dieser Küste beigetragen haben.

Punta Giglio und Capo Caccia sind ein Paradies der Unterwasserhöhlen, und mindestens zehn davon sind für Taucher zugänglich. Sie sind auch gleichbedeutend mit Edelkorallen: Das legendäre „Rote Gold" wächst hier in jeder Höhle und Kaverne, in der gedämpfte Lichtverhältnisse herrschen. Man muß gar nicht tief tauchen, um die Kolonien dieser kostbaren Tiere zu finden.

Weiter nördlich passiert man die Inseln Foradada und Piana, und die Küste bleibt weiterhin bis

A

B

A - Ein Leuchtturm thront über den senkrechten Klippen von Capo Caccia. Das Vorgebirge zu seinen Füßen heißt Punta dell'Asino. Im Hintergrund links erhebt sich die Insel Foradada unweit der Küste ebenso steil aus dem Meer. Capo Caccia soll bald zum Naturschutzgebiet erklärt werden.

B - Punta Sardegna liegt im Gebiet von Palau und ist zur Straße von Bonifacio und dem La-Maddalena-Archipel hin ausgerichtet. Die gesamte Insel gehört zu einem neuerdings errichteten Nationalpark.

C - Die Küste von Spargi ist von niedriger Macchia überzogen, zwischen der überall die vom Wind zerklüfteten Granitfelsen hervorschauen.

Ghisciera hoch und steil abfallend. Kurz vor Punta Cristallo erreicht sie 326 Meter Höhe und bildet ein spektakuläres Steilkliff. Hinter Argentiera gibt es von Porto Palmas bis Capo Falcone keine Spur von menschlichen Siedlungen. Auch das Aussehen der Felsen verändert sich, sie werden dunkler, da sie hauptsächlich aus Schiefer bestehen. Der gesamte Küstenstreifen ist vorherrschenden Winden aus West beziehungsweise Süd- oder Nordwest ausgesetzt. Stürme sind häufig, und die Ausbildung der Küstenfelsen sowie die Überbleibsel vieler versunkener Schiffe zeugen von der Heftigkeit der dabei wirkenden Kräfte.

Capo Falcone gegenüber liegt die Insel Asinara. Diese ist zur Zeit noch nicht zugänglich, weil dort ein Gefängnis für Schwerverbrecher stationiert ist. In naher Zukunft soll sie aber in ein Naturschutzgebiet umgewandelt werden. Wenn das soweit ist, werden die Tauchgründe um die Insel herum sicherlich eine große Attraktion werden.

D

E

D - Das Vorgebirge von Capo Testa ist umgeben von aus dem Wasser ragenden Felsen und Untiefen, die man von oben gut erkennen kann. Wenn der Mistral bläst, werden die Felsen des Kaps von den Wellen gepeitscht.

E - Der gesamten Küste von Gallura sind kleine Inselchen und Riffe vorgelagert. Sie stellen besonders wichtige und gleichzeitig fragile Ökosysteme dar.

F - Die gefalteten, durchlöcherten und rundgeschliffenen Granitformationen auf der Insel Motorio kontrastieren zu den niedrigen Büschen der blühenden Felsenrosen. Mortorio und die anderen umliegenden Inseln sind Teil des La-Maddalena-Nationalparks.

C

F

Von Capo Falcone bis Castelsardo ist die Küste niedrig und sandig. Extrem lange Strände säumen den weiten Golf von Asinara. Um felsige Küstenabschnitte zu finden, muß man zurück bis zur Insel Rossa und dann zur Costa Paradiso fahren. Von dort bis Capo Testa gibt es auch wieder Edelkorallen, und in der Straße von Bonifacio werden sie sogar noch abgeerntet. Capo Testa wird von einer Gruppe von Untiefen eingerahmt, die man vom Kap aus deutlich erkennen kann. Sie sind aber wegen Wind und Strömungen häufig nicht erreichbar. In der Tat verstärken sich in der Straße von Bonifacio Wind und Strömungen und sind oft äußerst heftig.

Etwas östlich jenseits von Capo Falcone liegt das Wrack der „Marmorata“. Ein anderes, der griechische Frachter „Angelika“, konnte bis vor kurzem noch an den aus dem Wasser herausragenden Masten leicht ausgemacht werden. Nunmehr sind sie zusammengebrochen, und das Wrack zerfällt rasch. Das gesamte La-Maddalena-Archipel ist voller Wracks: U-Boote, Torpedoboote, Frachtschiffe und Flugzeuge aus dem Zweiten Weltkrieg. Unglücklicherweise liegen sie fast alle tief, meist weit unter 40 Meter.

Zwischen den vielen Inseln des Archipels gibt es Dutzende wunderschöner Untiefen voller Gorgonien und vom Granit geformte Unterwasserlandschaften mit majestätischen Felsbögen, und auch an der vor dem Mistral geschützten Küste Capreras gibt es herrliche Tauchplätze. Nach Westen hin ist die ausgedehnte Secca dei Monaci die westliche Begrenzung dieses Gebiets – und gleichzeitig eines der bemerkenswertesten Tauchgebiete ganz Sardiniens. Wendet man sich südwärts, kommt man nach der Costa Smeralda zum kleinen Mortorio-Archipel, wo die interessantesten Tauchplätze an der östlichen, dem Meer zugewendeten Seite liegen.

DIE NEREO-HÖHLEN

DIESE DARSTELLUNG DER NEREO-HÖHLEN BERUHT AUF DEM ORIGINALRELIEFF VON V. PIRAS, R. CONGIU UND A. ADDIS.

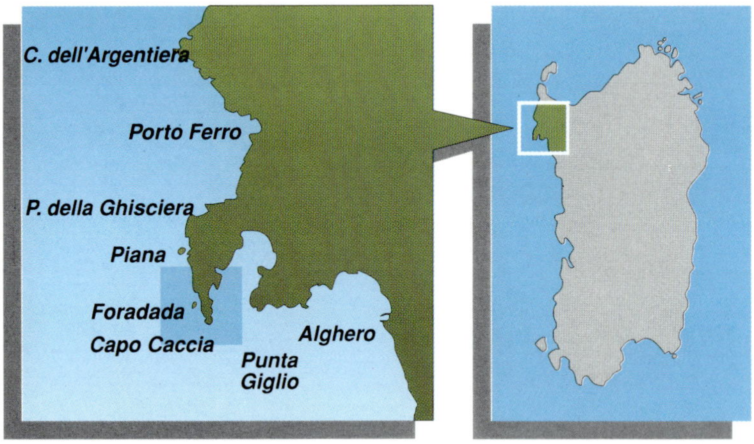

LÄNGSSCHNITT

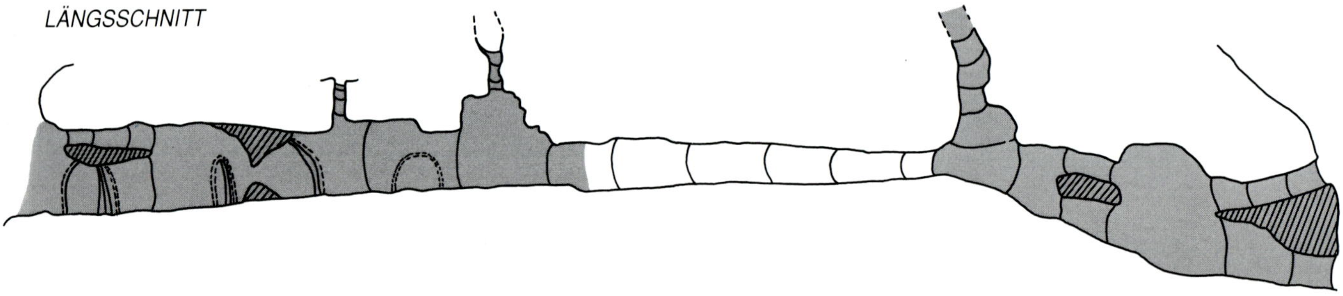

N
Piana
Porto Conte
Foradada
Punta Giglio
Capo Caccia

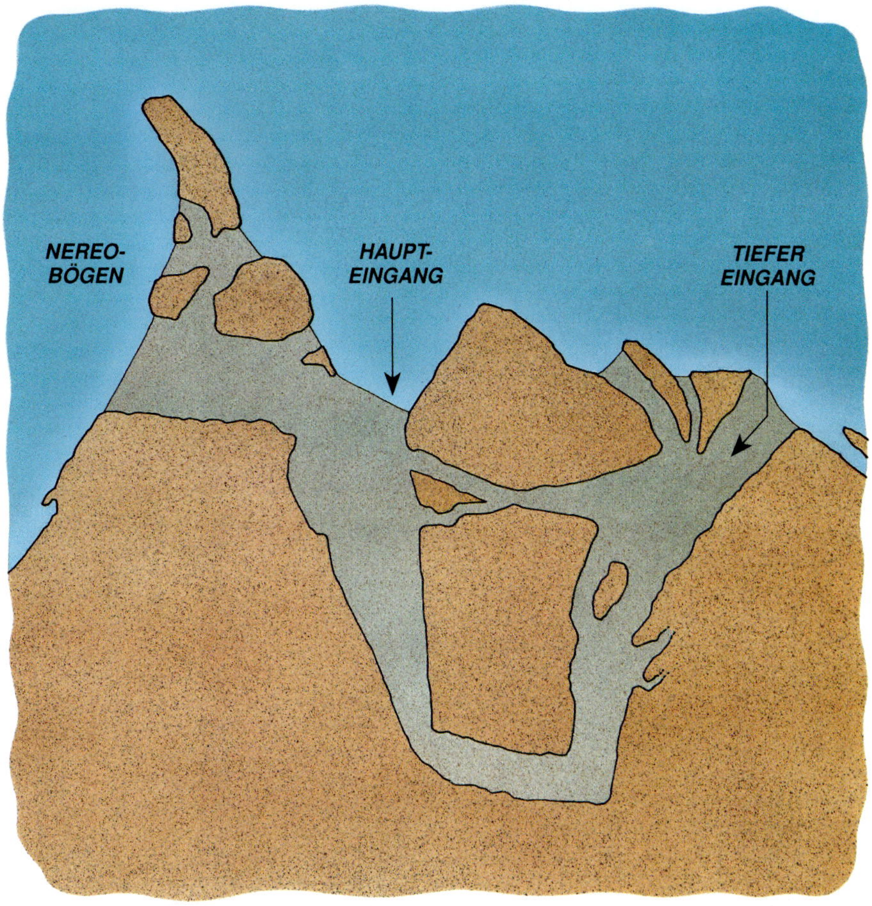
NEREO-BÖGEN
HAUPT-EINGANG
TIEFER EINGANG

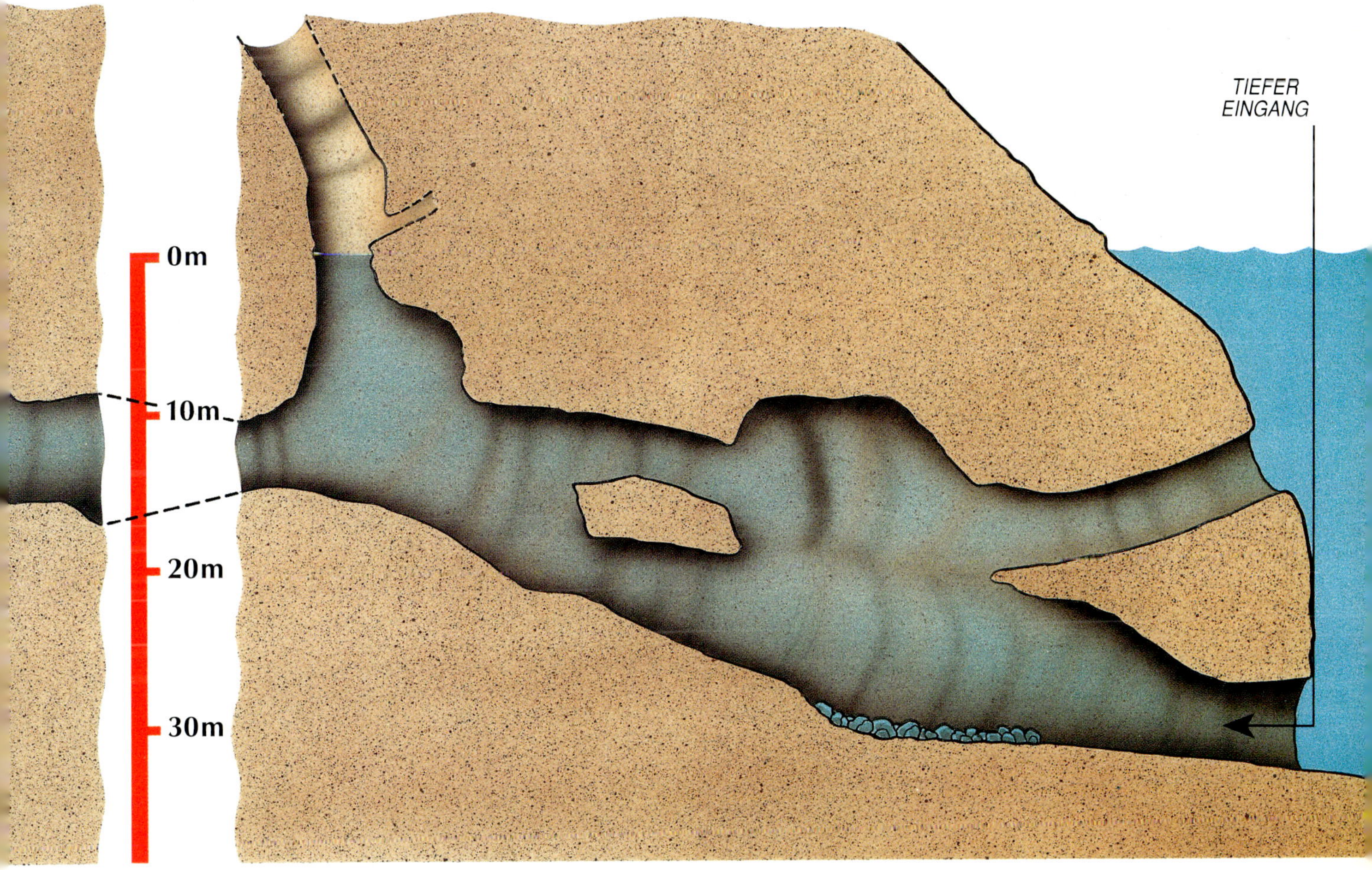
TIEFER EINGANG
0m
10m
20m
30m

A

B

C

Unweit vom Capo Caccia liegt Punta dell'Asino, eine aus der Wand hervorspringende Felsnase. Unter der Wasserlinie, zu beiden Seiten dieses Sporns, liegen die Haupteingänge zu den Nereo-Höhlen. Es handelt sich wahrscheinlich um die größte Unterwasserhöhle Europas. Sie ist über 250 Meter lang, und an einigen Stellen ist das Gewölbe beinahe zehn Meter hoch. Das Höhlensystem hat einen weiteren Ausgang weiter nördlich nahe Scoglio del Sommergibile, einem unterseeischen Fels, sowie verschiedene horizontale Abzweigungen und zwei enge, über den Wasserspiegel hinaufführende Kamine.

Es gibt drei Haupteingänge. Der erste schaut zum Kap hinüber und ist der majestätischste. Sein Boden liegt 20 Meter tief. Der zweite ist spektakulärer: Die große Öffnung bildet einen Bogen, durch den die Lichtstrahlen eindringen. Der dritte öffnet sich in 32 Meter Tiefe und führt zu einer großen Kammer, von der zahlreiche Gänge zu den beiden anderen Eingängen führen. Diese Seite der Höhle schaut fast nach Norden und ist weniger hell erleuchtet als die andere Seite. Von den Eingangsbereichen abgesehen, ist der Rest der Höhle mit den inneren Tunneln vollkommen dunkel.

Früher waren die in die Höhle hineinführenden Gewölbe vollständig mit Edelkorallen bedeckt; aber unkontrollierter Abbau hat nur ein paar Kolonien an wenigen Stellen übriggelassen. Zwischen den Sedimenten am Boden findet man nur noch wenige Bruchstücke von dem einstigen Schatz, der aus vielen Zentnern von im Lauf der

A - Das Vorgebirge von Capo Caccia ist ein Kalksteinmassiv, das in nordsüdlicher Richtung ins Meer abfällt. Die Felsmassen sind sowohl über als auch unter Wasser von Tausenden von Höhlen und Gängen durchzogen.

B - Die Nereo-Höhlen besitzen drei Haupteingänge. Der größte führt quer durch die Felsnase Punta dell'Asino hindurch. Dieser Taucher erscheint winzig klein im Eingang.

C - Neben dem Haupteingang gibt es kleine Seitengänge, durch die das Sonnenlicht eindringt. Die Lichtverhältnisse sind saisonal unterschiedlich. Die beste Zeit zum Betauchen ist unabhängig davon der frühe Nachmittag.

D

D - Edelkorallen bedecken die äußeren Bereiche der Höhlen von Capo Caccia und bilden zierliche Teppiche an den Wänden. Mit den aktiven Polypen erscheinen diese Tierkolonien wie von einem feinen Nebel umsponnen. Nur an wenigen Stellen sind die früher üppig vorhandenen Edelkorallen noch wirklich intakt geblieben.

Jahrhunderte von der Höhlendecke gefallenen Korallen bestand.
Wenn man entlang der Klippe zum größten Eingang abtaucht und in die Höhle eindringt, stellt man eine fortschreitende Sequenz von Veränderungen in der Zusammensetzung der den Fels besiedelnden Organismen fest, je mehr das Licht abnimmt. An der Außenseite sind die Felsmassen mit einem dünnen Mantel lichtliebender Algen überzogen, Goldstriemen weiden daran, und Brandbrassen sowie andere Brassen schwimmen darüber. An den Wänden des Höhleneingangs findet man die typische Lebensgemeinschaft der gemäßigt schattenliebenden Algen wie Pfennigalgen sowie Gorgonien. Die Abfolge setzt sich fort mit Gelben Krustenanemonen, die dann durch Gelbe Nelkenkorallen ersetzt werden. Zwischen diesen finden sich neben spärlichen Zweigen der Edelkorallen Flecken von Schwämmen, Moostierchenkolonien, Ringelwürmern und Seeanemonen. Am Eingang der inneren Gänge haben sich große Mikrokosmos-Seescheiden entwickelt, deren eigentliche Gestalt man kaum erkennen kann, da sie mit anderen Tieren, speziell Schwämmen, besetzt sind. Wo kein Licht mehr verfügbar ist, findet man auch keine Algen mehr.
Die Höhlen sind auch ein typischer Lebensraum für viele Krustentiere wie die Wollkrabbe mit ihren pinkfarbenen Klauen, die Langusten, die Runzeligen Seespinnen und die Bärenkrebse. Im inneren Bereich der Höhlen leben große Hummer und Einhorn-Garnelen, die mit ihren langen Rostren und den feinen weißen Antennen sehr elegant wirken. Sie versammeln sich manchmal in riesigen Mengen. In der Höhle gibt es auch Putzerstationen, an denen die mit langen weißen Antennen ausgestatteten Scherengarnelen ihren Dienst verrichten. Ein ausschließlicher Höhlenbewohner ist ein kleiner brauner Fisch mit abgestutzter Schnauze: der Höhlenfisch (Oligopus ater). Sein lateinischer Name ist zutreffend, denn er hat nicht voneinander getrennte Brust-, Bauch- und Afterflossen, sondern einen zusammenhängenden, vom Rücken bis zur Bauchseite reichenden Flossensaum. „Ater" beschreibt seine nahezu schwarze Färbung. Abgesehen von den zur Eigenbewegung befähigten Tieren sind alle seßhaften Tiere auf Wänden und Decken entweder Planktonfänger oder Filtrierer: Sie nutzen unterschiedliche Systeme, um die von der Wasserbewegung in die Höhle hineingetragenen Partikel einzusammeln, und setzen ihrerseits Abfallstoffe frei, die auf den Höhlenboden absinken. Das erklärt die Anwesenheit großer, in Röhren lebender Anemonen in der Höhle, die von dem ständigen Herabfallen feinen Materials profitieren.
Auch während der Nacht hält die Höhle Überraschungen bereit. Bei Dunkelheit kommen häufig große Zahnbrassen herein, um in den Höhlen zu schlafen, und das ist die einzige Gelegenheit, bei der diese geheimnisvollen pelagischen Raubfische dem Taucher erlauben, sich ihnen zu nähern.

G

*G - Dunkle Höhlen sind die typischen Lebensräume für die Meerbarbenkönige (***Apogon imberbis***), die im Schwarm die Dunkelheit beleben.*

H

*H - Die Gelbe Nelkenkoralle (***Leptosammia pruvoti***) ist ein typischer Bewohner wenig beleuchteter Zonen und bedeckt an den Höhleneingängen ganze Wände. Jedes Individuum hat sein eigenes Kalkskelett, auch wenn die Tiere in Kolonien zusammenstehen.*

E

*E - Ein Kleiner Roter Drachenkopf (***Scorpaena notata***) drückt sich zur Tarnung eng an den Felsen. Wie auch bei den größeren Drachenköpfen nutzt ihm die Tarnung sowohl zur Verteidigung als auch zum Beuteerwerb.*

F

*F - Eine Wollkrabbe (***Dromia personata***) sucht in den Nereo-Höhlen den Boden ab. Diese Krabben befestigen vor allem im Jugendstadium mit Vorliebe Schwammfragmente auf ihrem Rückenpanzer. Auf diesem großen Exemplar haben sich winzige Röhrenwürmer angesiedelt.*

SECCA DI PORTO LECCIO

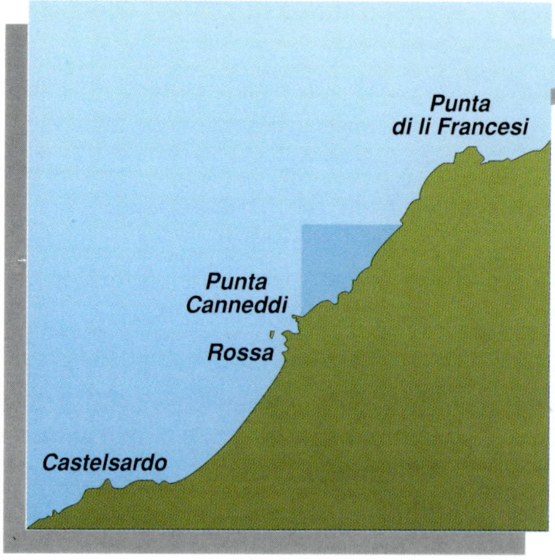

N
Cala Sarraina
Costa Paradiso
Porto Leccio
Punta
li Canneddi

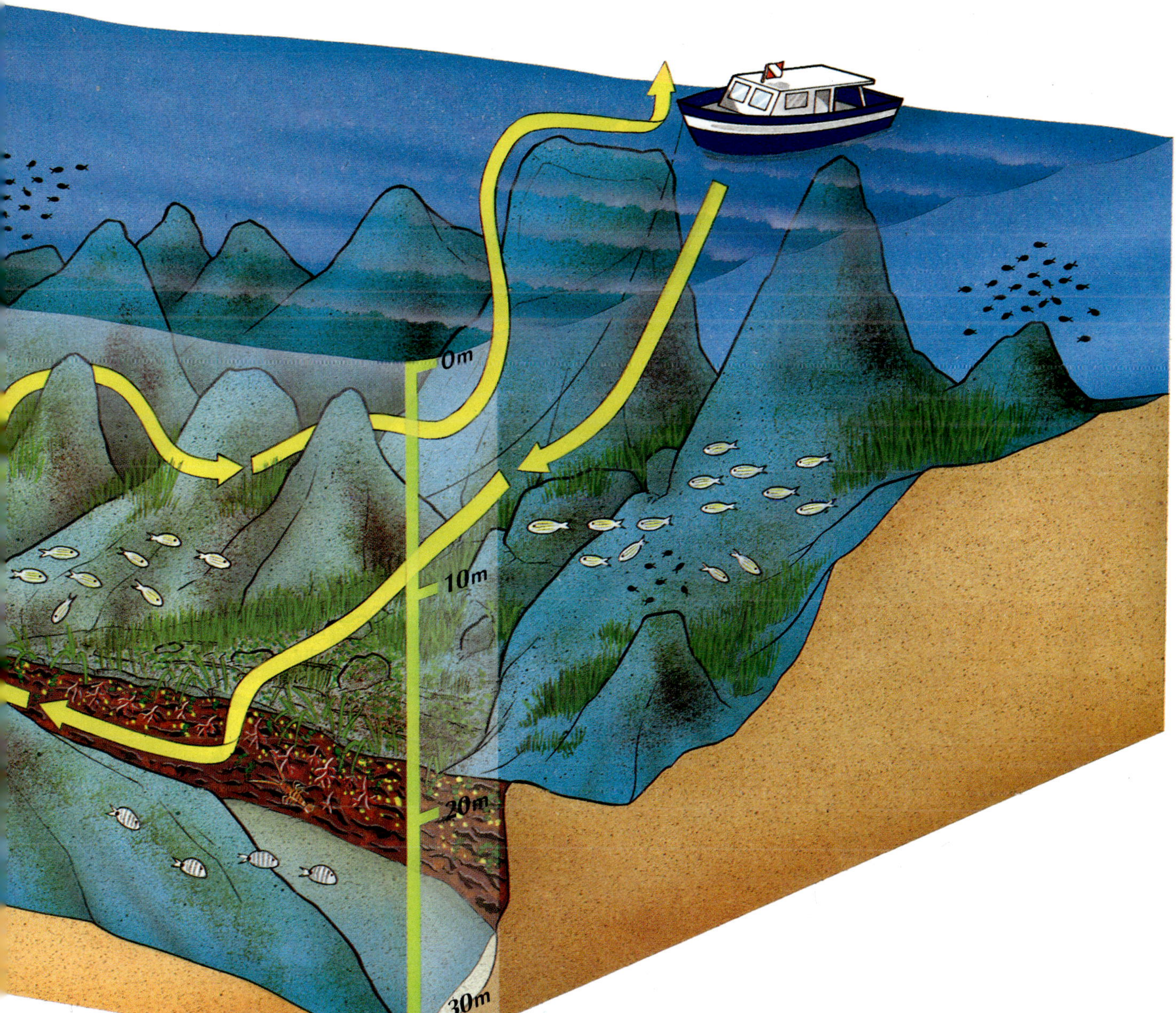
0m
10m
20m
30m

A

B

C

D

Costa Paradiso ist ein Touristenzentrum an der Nordküste zwischen Castelsardo und Vignola. Die Küste ist felsig und zerklüftet und besteht aus rötlichem Granit. Dazwischen liegen kleine, von niedrigem Gebüsch umstandene Buchten. Ein felsiges Vorgebirge, umgeben von Felsen und Untiefen, erstreckt sich zwischen der Bucht von Li Cossi und der von Porto Leccio aufs Meer hinaus. Westlich dieses Punkts steigen mehrere unterseeische Spitzen bis drei Meter unter den Wasserspiegel auf: Dort sollte man das Boot verankern. Die beiden größten Riffe liegen dicht beieinander und sind nur durch eine Schlucht voneinander getrennt, so daß

E

sie wie zwei Hörner aussehen. Aus diesem Grund trägt der Platz auch den Namen Secca del Vichingo.

Zwischen den beiden Spitzen gelangt man zuerst zu übereinandergetürmten Felsmassen. Wenn man sich von hier nach rechts wendet, weitet sich der Meeresgrund, und in zehn bis zwölf Meter Tiefe befindet sich eine seltsame Mischung aus Neptunsgras und koralligenem Bewuchs mit tiefen Spalten, Rissen und Löchern. Der Oberflächenbewuchs besteht aus Pfennigalgen und direkt darunter eine dicke Schicht aus Rotalgen.

Ein kurzer Abstieg führt zu einem 31 Meter tief liegenden Sandgrund. Die andere Seite dieses Kanals bildet die Ba-

A - Den größten Teil des Tauchgangs an der Secca di Porto Leccio verbringt man in einem tiefen, schattigen Kanal, dessen Wände mit ausgedehnten koralligenen Formationen bewachsen sind.

B - Der obere Bereich dieser Untiefe ist mit vereinzelten Büscheln von Neptunsgras bestanden.

C - Die bis dicht unter die Wasseroberfläche ragenden Felsspitzen werden häufig von Goldstriemenschwärmen aufgesucht, die die Algen abweiden.

D - Die schwach belichteten Bereiche des Riffs sind mit Rotalgenschichten überzogen.

E - Die Abnahme des Lichts im tiefen Kanal ist auffällig und zwingt zum Einsatz von Lampen beziehungsweise Blitz.

F - Hübsche Kolonien der Edelkorallen wachsen zwischen den Rotalgen an der Wand.

G - In der koralligenen Lebenswelt sitzen die einzelnen Organismen häufig auf den anderen, und über allen anderen dominieren die grünen Thalli der Schirmchenalgen.

*H - Regungslos auf der Lauer liegt dieses Weibchen des Roten Spitzkopf-Schleimfischs (*Tripterygion tripteronotus*).*

*I - Der bevorzugte Lebensraum der Europäischen Languste (*Palinurus elephas*) sind Schlupflöcher in der koralligenen Zone.*

H

sis einer weiteren Felsspitze, die bis zu sieben Meter unter den Wasserspiegel ansteigt. Die Wände des Kanals sind mit den Ablagerungen von Kalkrotalgen bedeckt, weil die Lichtverhältnisse sich hier abrupt verändern: Am Rand des Kanals stehen vereinzelte Büschel von Neptunsgras, und direkt unter den Wurzeln dieser Blütenpflanzen wachsen Edelkorallen. Zahlreiche kleine Kolonien von Edelkorallen gibt es auch in den Spalten und unter Überhängen, daneben auch eine große Vielzahl von anderen, für dunkle Bereiche typischen Lebewesen wie Schwämmen, Moostierchenkolonien und Röhrenwürmern. Dies ist auch ein beliebter Lebensraum für die Langusten. Dutzende

F

I

G

von Antennen ragen aus den Löchern, und einige Tiere sind recht groß. Zwischen den Schwämmen kann man viele Nacktschnecken entdecken, Bärenkrebse sitzen in den dunklen Ecken, und in den tieferen Löchern findet man vor allem im Frühsommer Fangschreckenkrebse.

Behalten Sie das Finimeter und den Computer im Auge, denn Sie befinden sich in 27 Meter Tiefe! Der Aufstieg erfolgt entlang einer talartigen, mit Korallen bestandenen Senke. Am Fuß der beiden Spitzen hat man flacheres Wasser zwischen zehn und 15 Meter erreicht. Hier stehen große Schwärme von Goldstriemen, Meerbrassen und prachtvollen Brandbrassen zwischen vereinzelten Neptunsgräsern, Korallen und Felsblöcken. Auf den verschiedenen Algenarten kann man kleine, weidende Meerestiere beobachten: Schnecken der Ordnung Sacoglossa wie die Gestreifte Flügelschnecke und die gut getarnte Grüne Samtschnecke, die bevorzugt Meerbälle abweidet.

Bevor Sie auftauchen, absolvieren Sie einen Sicherheitsstopp, wobei Sie von der einen Spitze zur anderen schwimmen. Dabei hat man Gelegenheit, die recht lebendige Szene unter sich zu genießen: Gruppen von Quallen treiben schwerelos durchs Wasser, und Mönchsfischschwärme schweben um die aufragenden Felsspitzen herum.

DAS WRACK DER „ANGELIKA“

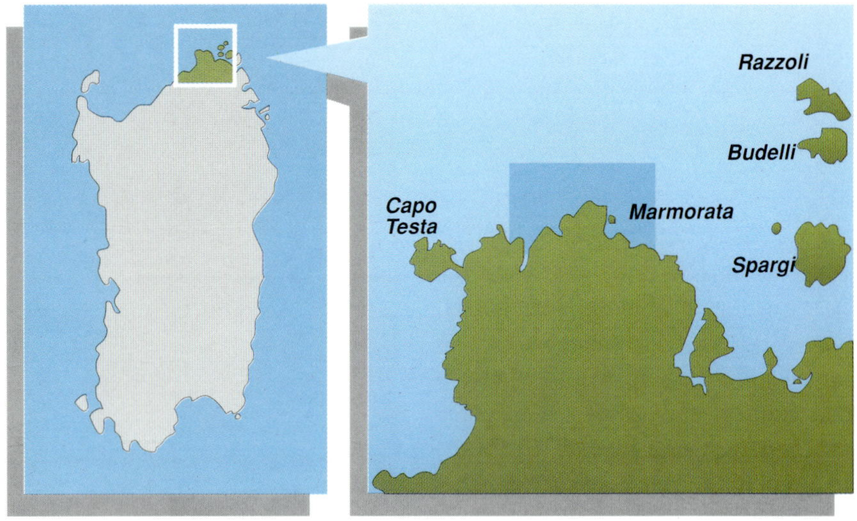

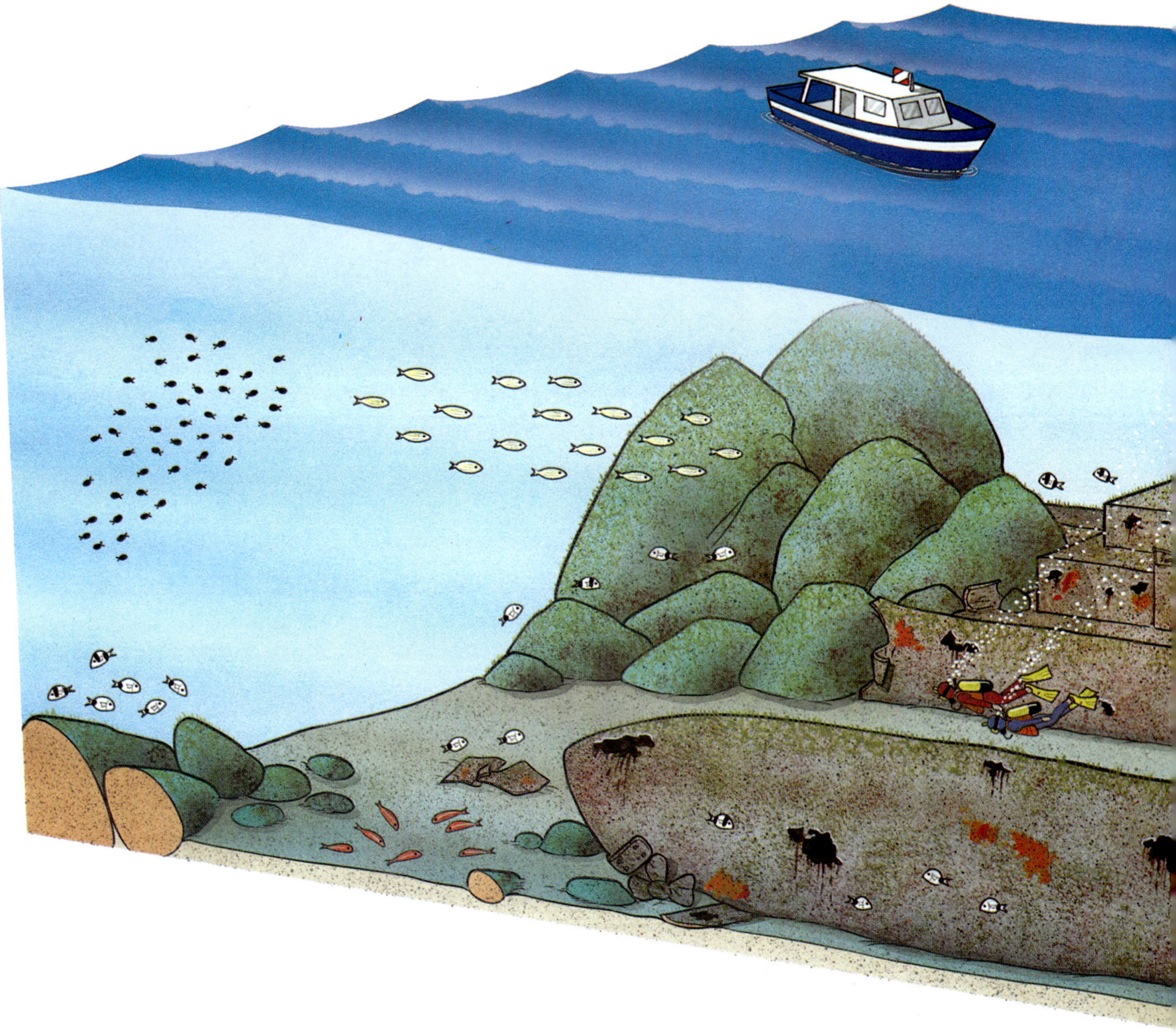

N
Punta Falcone
S. Teresa
di Gallura
Marmorata

0m
10m
19m

Es ist gerade 40 Jahre her, daß das römische Wrack von Spargi entdeckt und im Jahr darauf die ersten unterwasserarchäologischen Untersuchungen mittels moderner Techniken durchgeführt wurden. Viele Jahrhunderte vor diesem römischen Schiff sank in den Gewässern der Straße von Bonifacio ein anderes Schiff unbekannter Herkunft, das bedeutende Ladung trug: Obsidianblöcke, das wichtigste Handelsgut Sardiniens in jener Zeit, die wohl zur Nordküste des Mittelmeers geschafft werden sollten. Niemand weiß, wieviele andere Boote den kraftvollen Strömungen dieser Meeresstraße seit der Antike zum Opfer gefallen und – hin- und hergeworfen von den Wellen, vom Kurs abgedrängt durch den Mistral – ohne eine Spur zu hinterlassen, gesunken sind.

Mehr wissen wir über die Schiffe, die während der letzten beiden Jahrhunderte in dieser Straße gesunken sind. Erst vor ein paar Monaten sind die letzten gescheitert, ein Frachtschiff, das vor Lavezzi auf Grund lief, und ein Transportschiff, dem die Untiefen von Barettini di Fuori zum Verhängnis wurden. Man kennt die genauen Positionen von vielen anderen Wracks, die zum Teil auch beliebte Tauchziele darstellen.

15 Jahre hat es gedauert, bis alle über Wasser sichtbaren Spuren des Wracks der „Angelika" beseitigt waren, die westlich der Punta Marmorata liegt. Die letzten aus dem Wasser ragenden Stücke wurden von den Wellen wegrasiert, und nun liegen alle Bruchstücke dieses Frachtschiffs zerschmettert zwischen den Felsen des Kaps. Die „Angelika" lief, wie so viele Frachter im Mittelmeer, unter griechischer Flagge. In den Laderäumen hatte sie vermutlich Zucker, Getreide und verschiedene andere Lebensmittel, aber wie immer, wenn ein Schiff gesunken ist, kamen sofort Gerüchte über illegale Fracht auf: Man flüsterte von Fässern voller Gift und alle möglichen anderen Arten gefährlicher Substanzen.

Die „Angelika" hatte das Pech, die Straße von Bonifacio an einem stürmischen Frühlingstag des Jahres 1982 zu befahren. Während sie wohl einen vor dem Mistral geschützten Liegeplatz suchte, kam sie den Inselchen zu nahe, die gegenüber der Punta Marmorata liegen, und lief auf die Riffe auf, die diese Gewässer so gefährlich machen. Das Schiff wurde von der Kraft der Wellen überwältigt, und die Besatzung hatte keine andere Wahl, als es zu verlassen und sich auf die nahegelegenen Inseln zu retten. Nun begann das langsame, aber unaufhaltsame Zerstörungswerk, das den Rumpf in mehrere Teile zerbrach und diese zwischen den Felsen auf dem etwa 20 Meter tiefen Sandgrund zerschmetterte.

Von den vielen auf dem Grund der Straße von Bonifacio verstreuten Wracks ist die „Angelika" sicher das populärste bei den Tauchern, und zwar sowohl wegen der Nähe großer Touristenzentren, die haufenweise Taucher hierher bringen, als auch wegen seiner leichten Betauchbarkeit. Hier kann man die Faszination eines Wracks in geringer Tiefe erleben und hat ausreichend Zeit für seine Erkundung. Beachten muß man lediglich die Strömung, die manchmal recht heftig ist – als wolle sie daran erinnern, daß dies wirklich die gefährlichen Gewässer der Straße von Bonifacio sind.

Der Tauchgang beginnt am Bug, wo zwischen den Felsen Wrackteile, Teile des Rumpfes und weitere schwer zu identifizierende Bruchstücke herum-

A

B

C

A - Nachdem die „Angelika" gesunken war, ragten ihre Ladebäume noch etwa vier Meter aus dem Wasser, so daß die Stelle leicht gefunden werden konnte. Kürzlich hat ein heftiger Sturm sie zerstört – ein Schicksal, das alle Wracks im Flachwasser früher oder später ereilt.

B - Obwohl das Wrack in mehrere Teile zerbrochen ist, sind einige Bereiche noch gut erhalten. Hier das Oberdeck mit seinen Treppen, der Brücke und den Geländern, die zu einer Erkundung einladen.

C - Die große, dreiflügelige Schraube liegt auf dem Sandgrund zusammen mit der Schraubenwelle und einem Bruchstück des Hecks. Die Flügel sind beim Aufprall auf die Klippen verbogen worden.

liegen. Die Gangspills sind noch zu erkennen, außerdem weiteres Maschinenwerk, zwischen dem man an manchen Stellen einladende Passagen findet. Von hier folgt man den herumliegenden Wrackteilen und gelangt zu den Masten, die nun weitgehend zerstört sind. Sie dienten als Ladebäume, was man heute noch an Stahltrossen, Rollen und Flaschenzügen erkennen kann. Auch die Winschen, mit denen die Trossen bewegt wurden, sind noch zu sehen.

Seitlich vom Rumpf liegt abgetrennt das Oberdeck, das noch erstaunlich intakt wirkt. Man kann durch die Fenster und Türen hineinschwimmen und die Korridore und Treppengänge zwischen den verschiedenen Ebenen erkunden. An guten Tagen mit klarem Wasser scheint das Sonnenlicht durch die Luken und Öffnungen hinein und schafft stimmungsvolle Ansichten.

Von hier geht es zum Heck, das auf der Backbordseite liegt. Die Relings sind noch intakt, die großen Poller ebenso, und das Ruder ragt aus dem Sand. Alles andere ist nur noch verbogenes, unkenntliches Metall. Die Fässer und Tonnen zwischen den Wrackteilen stammen nicht von der „Angelika", sondern wurden als Requisiten hierhergebracht, als Folco Quilici an der Wrackstelle einen Film drehte.

Das Wrack ist auch wegen der Lebewesen interessant, die es inzwischen in Beschlag genommen haben. Dazu gehören Algen, Schwämme und viele andere Wirbellose. In verschiedenen Bereichen findet man die bäumchenartigen Kolonien von Hydroiden, die sich in die Strömung recken, und auf ihnen entdeckt man leicht Violette Fadenschnecken und Wander-Fadenschnecken.

Wenn man so zwischen den Wrack stücken umherschwimmt, beeindruckt am meisten die Vorstellung, daß diese dramatischen Zerstörungen alleine von den Wellen verursacht wurden. Am Wrack der „Angelika" bekommt man anschaulich nicht nur die Heftigkeit der Kräfte vor Augen geführt, die das Wrack zerschlugen, sondern auch deren Unerbittlichkeit.

D

E

F

G

D - Beim Aufprall auf die Felsen sowie durch nachfolgende Stürme ist das Schiff in mehrere Teile zerbrochen, die aber noch gut zu identifizieren sind. Hier die Motoren und ein Teil des Hecks.

E - Die „Angelika" war ein Frachtschiff und mit einem großen Ladebaum ausgerüstet, mit dem die Fracht be- und entladen werden konnte. Alle Teile des Rumpfes sind heute mit Algen und Schwämmen bewachsen.

F - Auf dem Oberdeck, einem der am besten erhaltenen Teile des Wracks, sieht man in das Dunkel einer geöffneten Tür.

G - Das Innere des Oberdecks ist leicht zugänglich. Wie immer beim Tauchen an Wracks sind jedoch bestimmte Vorsichtsmaßnahmen zu beachten.

Alle Fotos vom Wrack der „Angelika": Andrea Ghisotti

SECCA DI SPARGIOTTELLO

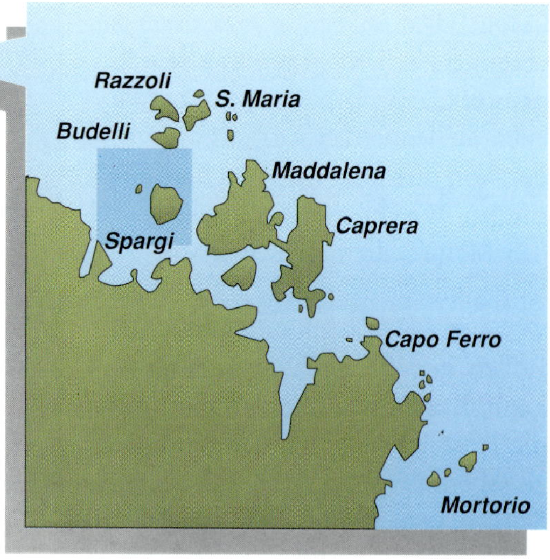

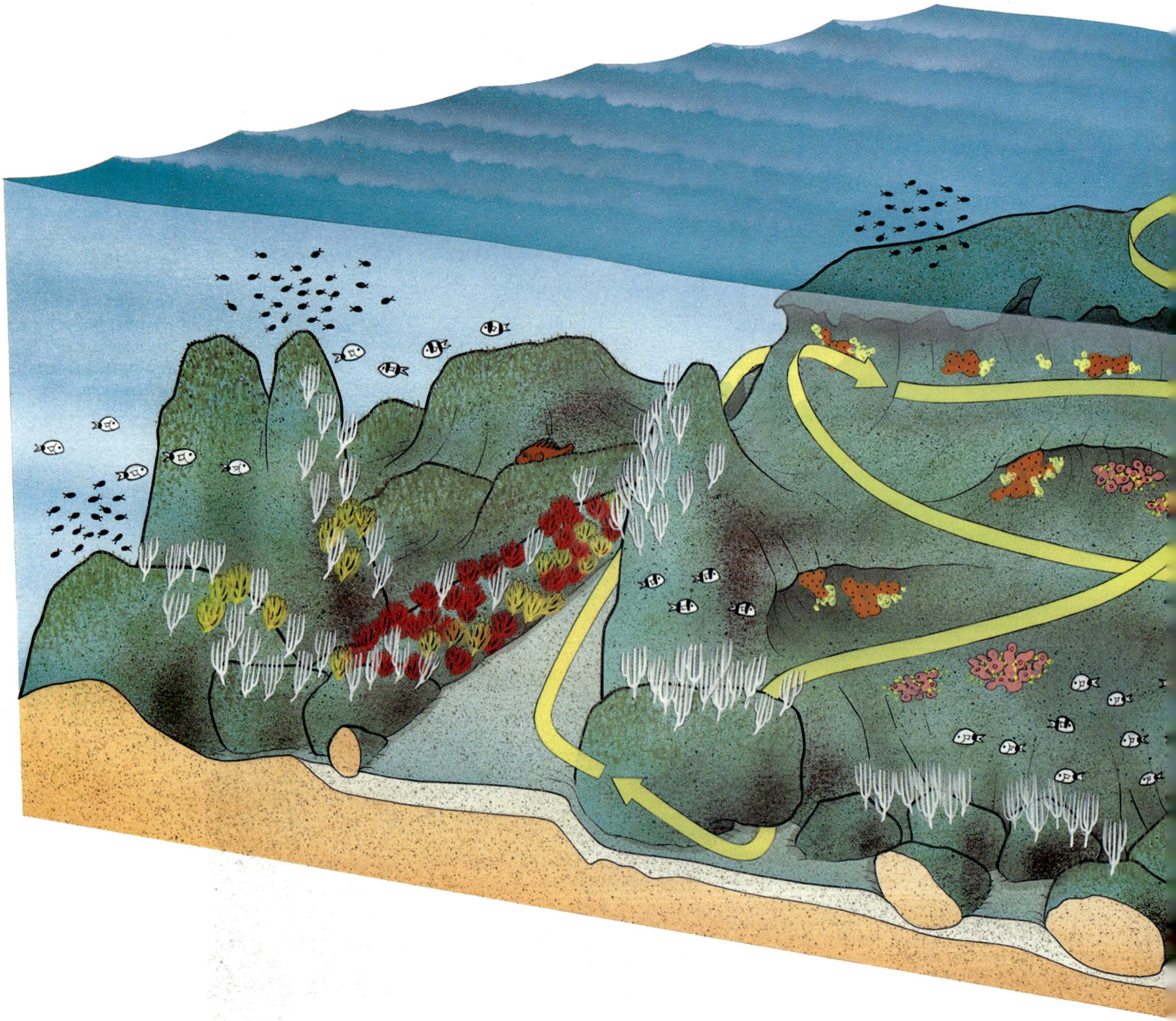

N
Budelli
Spargiottello
Spargiotto
Spargi

0m
10m
20m
30m

Nordwestlich der Insel Spargi liegt das Riff Spargiotto und etwas weiter westlich Spargiottello, das aus ein paar über die Wasserfläche ragenden Granitklippen besteht. Noch ein kleines Stück weiter westlich davon erkennt man den hellen Fleck einer Untiefe, die bis drei Meter unter den Wasserspiegel aufsteigt. Sie besteht aus einem großen zentralen Gesteinsblock, der auf einer Seite gemächlich zu einer Geröllhalde hin absinkt, worauf in 26 Meter Tiefe der Sandgrund folgt. Die entgegengesetzte Seite fällt senkrecht zu einem sandbedeckten Kanal in 23 Meter Tiefe ab, auf dessen anderer Seite eine weitere senkrechte Felswand steht.

Man taucht von der Spitze des Riffs zu einer großen Gesteinsmasse auf dem Meeresgrund ab, die einen Gewölbebogen bildet. Das charakteristische Element dieses gesamten Tauchplatzes wird hier gleich offensichtlich: Sowohl an den Wänden als auch auf den flachen Gesteinsmassen wachsen zahlreiche Weiße Gorgonien, die an manchen Stellen kleine Wälder bilden.

Die Landschaft verändert sich drastisch, wenn man in den Kanal hineinschwimmt, der die beiden großen Gesteinsmassen voneinander trennt. In den weniger beleuchteten Gebieten nimmt die Zahl der Weißen Gorgonien ab, und an ihre Stelle treten Gelbe Gorgonien zusammen mit Ar-

D

A

E

B

C

A - Nordwestlich der Insel Spargi liegen die Riffe von Spargiotto und Spargiottello. Noch weiter westlich erstreckt sich unser Tauchplatz vollständig unter Wasser – eine Verlängerung der den Wasserspiegel durchstoßenden Inseln.

B - Einem Kapitell gleich verläuft ein langer Überhang um das obere Drittel des Hauptfelsens herum und bildet Überhänge und Höhlen, in denen viele Lebewesen Zuflucht finden. Die Granitfelsen sind mit einer dünnen Schicht lichtliebender Algen überzogen.

*C - Das charakteristischste Merkmal dieses Tauchplatzes sind die weiten, mit Weißen Gorgonien (*Eunicella singularis*) bestandenen Flächen.*

D - Im nördlichen Teil dieser Untiefe sieht man gelegentlich drei verschiedene Arten zusammenstehen: die Gelben, Weißen und Roten Gorgonien.

ten aus der Gattung Paramuricea. Je weiter man nach Norden vorstößt, desto größer wird die Zahl der für dunkle Gebiete charakteristischen Organismen. Rotalgen ersetzen die Grün- und Braunalgen, und große Flächen Gelber Krustenanemonen treten auf. Die Unterwasserlandschaft mit dem großen, von kleineren Blöcken umringten Fels wirkt majestätisch. Meeraale und Muränen schauen aus ihren Löchern heraus, und ein schöner Zackenbarsch schwimmt um die Felsmassen herum. Große Feigenschwämme der Gattung Petrosia haben an den Wänden eine Unterlage geschaffen, auf der sich Kolonien der Gelben Krustenanemonen gerne ansiedeln. Diese Kombination ist nicht alltäglich, da die Krustenanemonen normalerweise eher Geweihschwämme der Gattung Axinella besiedeln, was in ihrem wissenschaftlichen Namen Parazoanthus axinellae seinen Niederschlag gefunden hat.

Wenn man den Hauptfels umrundet hat, kommt man wieder an die dem Licht zugewandte Seite zurück und beginnt mit dem Aufstieg. Zwischen den niedrigen Algen sieht man viele kleine rote Flecken: Schwämme, die sich zu bewegen scheinen. In Wirklichkeit sitzen diese Höckrigen Krustenschwämme auf den Schalen von kleinen Archenmuscheln, die sich bei Störungen schnell schließen. In manchen Bereichen sind die Geröllhalden mit Meerbällen bedeckt. Man trifft auch auf seltsame Drachenköpfe, die sich mit gelben Punkten farblich angepaßt haben. Dies ist ein typischer Fall von gestaltauflösender Mimikry.

Der obere Bereich der Untiefe weist eine Reihe niedriger Gewölbe und Überhänge auf, die in unterschiedlichen Tiefen liegen. An deren Rändern wachsen Hydroidenkolonien, auf denen Fadenschnecken weiden. Unmittelbar darunter beginnt wieder die Fauna und Flora der Lichtscheuen.

An der höchsten Stelle des Felsmassivs legt man einen Sicherheitsstopp ein und kann unter einem kleinen Überhang erforschen, wie viele Kleinorganismen sich hier verstecken.

*E - Die Granitmassen werden von tiefen Rissen durchzogen. Hier hat ein Conger (*Conger conger*) seine Zuflucht zwischen den mit Gelben Krustenanemonen bewachsenen Wänden gefunden. Dieser Fisch ist nachtaktiv und zieht dann zum Beuteerwerb aus.*

F

F - Ein Beispiel für den dichten Bestand der Weißen Gorgonien. Bei dieser Art sind die Zweige lang und wachsen aufrecht dem Licht zu.

G

*G - Auch Mittelmeer-Muränen (*Muraena helena*) sichtet man an diesem Tauchplatz häufig. Muränen gelten traditionell als aggressiv, vielleicht weil sie zum Atmen das Maul öffnen müssen und dabei ihre scharfen Zähne zeigen. In Wirklichkeit sind sie dem Taucher gegenüber friedlich.*

H

*H - Manche Felsen sind mit einem Teppich von Meerbällen (*Codium bursa*) bedeckt. Auf ihnen hat sich ein Drachenkopf niedergelassen, der sich mit seiner Tarnung den Farben seines Liegeplatzes anpaßt.*

I

*I - In den Geröllhalden zu Füßen des Hauptfelsens haben viele Gemeine Kraken (*Octopus vulgaris*) ihre Wohnhöhlen. Die Oktopusse sind geschickte Räuber und verfügen über extrem leistungsstarke Augen. Diese scheinen ganz anders gebaut zu sein als Menschenaugen, verleihen den Kraken aber ein vergleichbares Sehvermögen.*

SECCA WASHINGTON

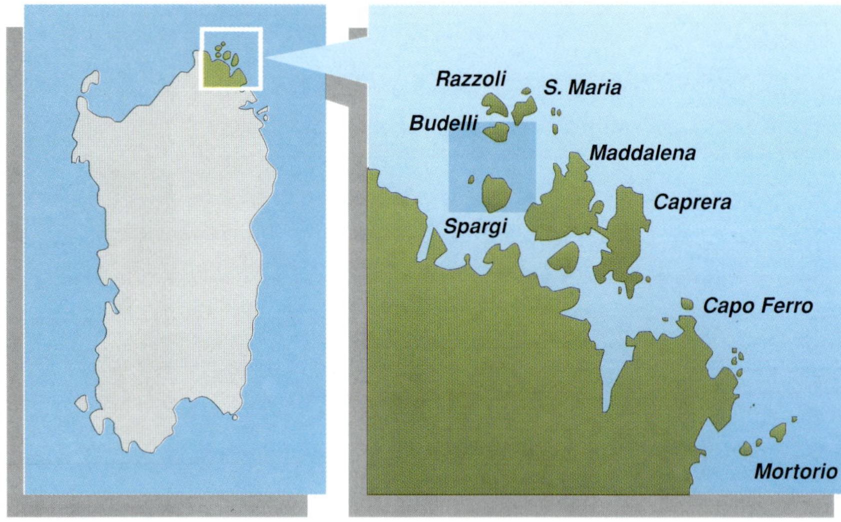

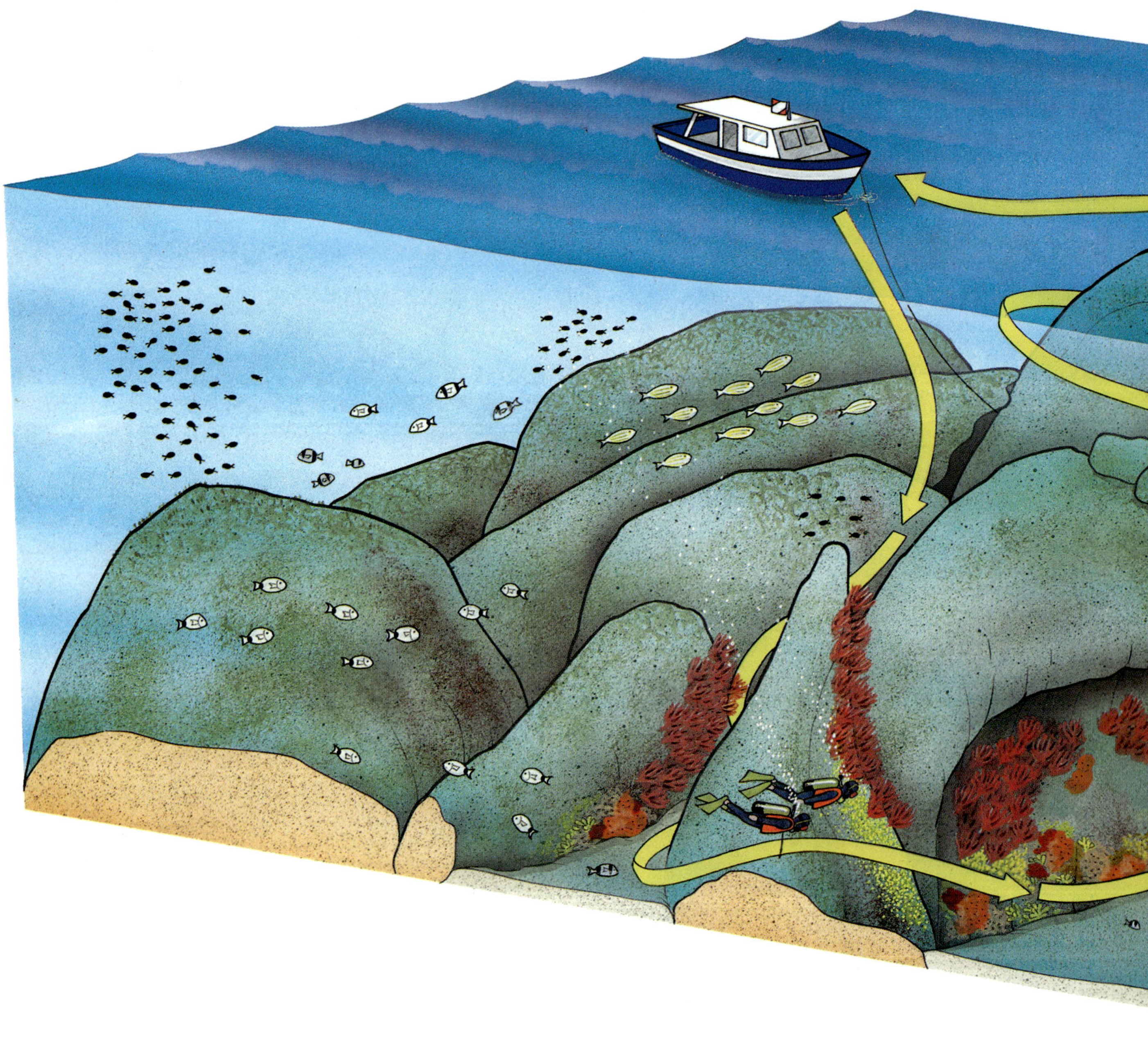

N
Budelli
Spargiottello
Spargiotto
Spargi

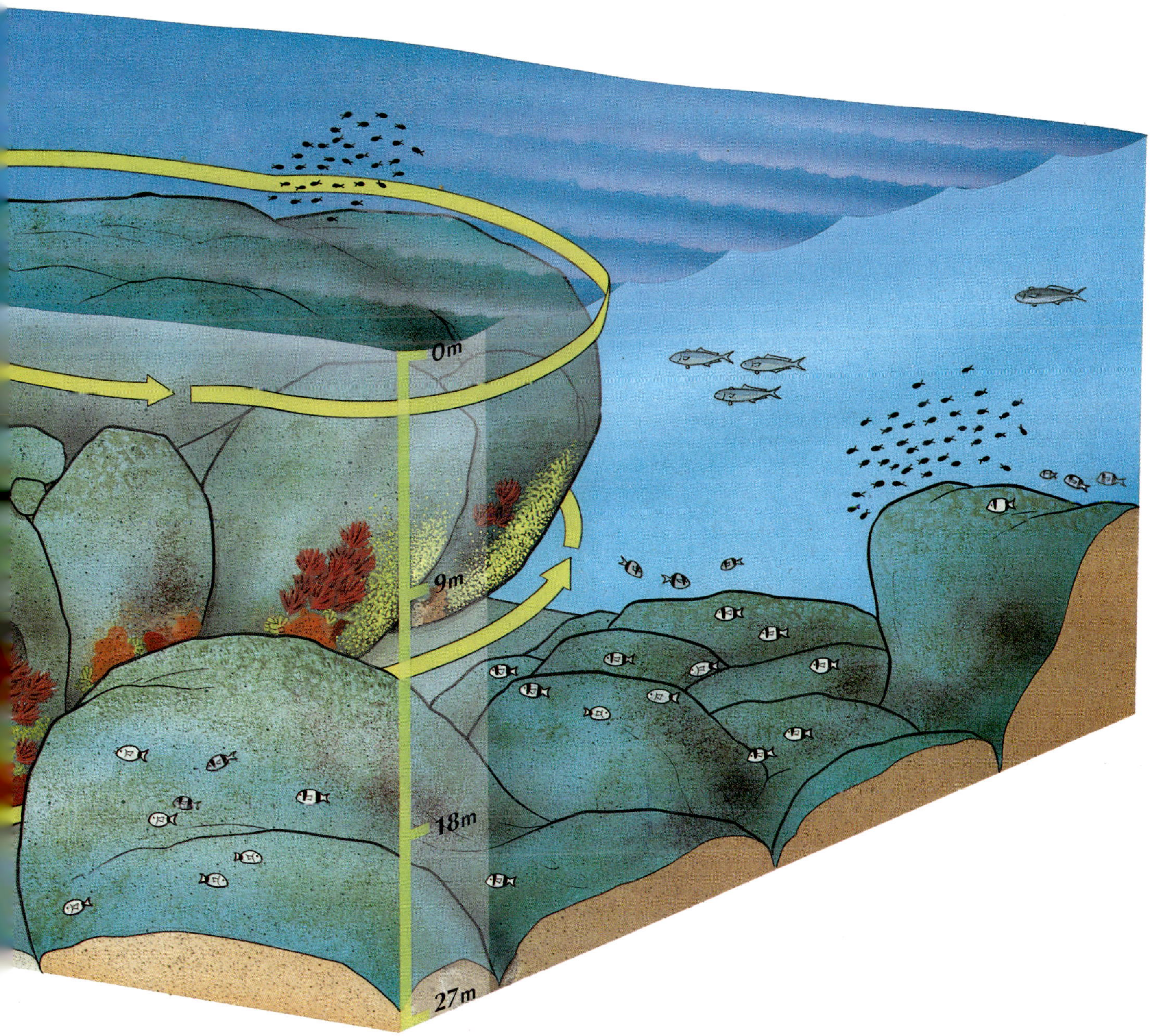
0m
9m
18m
27m

A

B

Schon von weitem kann man zwischen den Inseln Spargi und Budelli den hellen Fleck einer Untiefe erkennen, die etwa eineinhalb Kilometer nördlich der Punta Zanotto liegt. Sie ragt bis sechs Meter unter den Wasserspiegel hinauf, und an den seltenen Tagen mit ruhigem Wasser sieht man deutlich die große Granitbastion mit den tiefen Spalten darin. Diese Untiefe ist recht ausgedehnt: Der Meeresgrund ist mit riesigen Granitblöcken übersät, zwischen denen Geröllfelder und kleinere Blöcke liegen, oftmals getrennt durch sandige Kanäle. Häufig herrscht Strömung, manchmal so stark, daß man auf das Tauchen verzichten muß. Es kommt auch oft vor, daß die Strömung anders verläuft als der Wind, wodurch das Ankern schwierig wird, denn das Boot stellt sich quer. Trotz all dieser Schwierigkeiten bleibt die unwiderlegbare Tatsache, daß diese Untiefe wirklich wundervolle Landschaftsbilder bietet und durch eine Reihe möglicher Tauchrouten erschlossen werden kann. Die Strömungen begünstigen das Wachstum großer Gorgonienfelder, die in 15 Meter Tiefe beginnen und vor allem die Nordseiten besiedeln.

Man ankert über den obersten Bereichen der Untiefe und versucht, den Anker in einer tiefen Spalte zu plazieren, wo er keine Gorgonien beschädigen kann. Dann taucht man zu dem Plateau hinab, das den höchsten Bereich der Untiefe darstellt, und folgt einem Einschnitt zwischen großen Granitblöcken. So gelangt man zu einem sandbedeckten Kanal und einer

A - Die ausgedehnte Untiefe Secca Washington liegt nördlich von Spargi. Die obersten Felsen kann man im kristallklaren Wasser schon vom Boot aus erkennen.

B - Dieser Tauchplatz besteht aus riesigen Granitblöcken, zwischen denen tiefe Spalten klaffen und die von Anhäufungen großer, runder Gesteinsformationen umrundet sind.

C - Die Roten Gorgonien sind eine der Hauptattraktionen von Secca Washington. Sie wachsen auf den senkrechten Wänden, aber auch in den Passagen zwischen den Felsmassen. Das Foto zeigt den Boden eines Tunnels, den ein auf anderen Felsen aufliegender großer Felsblock bildet.

C

E

D

*D - Große Violette Gorgonien (*Paramuricea chamaeleon*) stehen weit von der Wand ab, um ein Maximum an Nahrung aus der Strömung herausfiltern zu können. Sie schaffen wiederum für das Wachstum anderer Organismen ideale Bedingungen.*

*E - Große Drachenköpfe (*Scorpaena scrofa*) findet man häufig auf den Felsen liegend. Diese Nahaufnahme zeigt die komplexen Anhängsel am Kopf, die gestaltauflösend wirken, und das verwirrende Farbmuster.*

zugespitzten Felspyramide, die sich diagonal zur Oberfläche reckt. Die geschütztere Seite dieses „Zahns" ist von einem Teppich aus Gelben Krustenanemonen und roten Schwämmen bedeckt, über denen sich die Fächer der Gorgonien entfalten. Schwimmt man bis zum Grund, gelangt man in eine Passage zwischen dreieckig geformte Felsmassen. Rote Gorgonien wachsen hier nicht nur an den Wänden, sondern auch am Grund – ein klares Anzeichen für die kräftigen Strömungen, die durch diesen Tunnel eindringen. Schule von Adlerrochen auf. Langsam schweben sie davon, vertrieben vom Geräusch der Luftblasen.

Schwimmt man weiter, werden die Wände immer steiler und teilweise überhängend wie gigantische Bäuche, und zwischen den Krustenanemonen darauf ersetzen gelbe Schwämme die Gorgonien. Diese Unterwasserlandschaft ist so beeindruckend, daß man beinahe vergißt, die außerordentliche Vielfalt an Kleinlebewesen zu beachten, die den Fels besiedelt.

Indem man der Kontur der Felsmasse

G - Häufig werden die Gorgonien von Teppichen aus Gelben Krustenanemonen und Schwämmen umgeben. Nur die Lampe oder der Blitz bringt aber die leuchtenden Farben zum Vorschein.

F

G

H

F - An bestimmten Stellen entlang der senkrechten Wände stehen die Gorgonien so dicht, daß sie einen richtigen kleinen Wald bilden. Alle Gorgonien wachsen in einer bestimmten Ebene, die durch die vorherrschende Strömung bestimmt wird.

Nun kommt man in einen Kanal mit Sandgrund, dessen Seiten aus hohen Felswänden bestehen. Hier ist man am Fuß der riesigen Steinformationen im Zentrum. Die Szenerie ist beeindruckend. Leuchtet man die im Schatten liegenden Wände an, treten die leuchtenden Farben der Gelben Krustenanemonen und das Rot der Gorgonien hervor. In den Spalten zwischen den Felsen verstecken sich große Muränen, und ebenso häufig sieht man wundervolle Zackenbarsche. Manchmal fliegt auch eine folgt, steigt man langsam immer höher und gelangt so im Kreis bis zum Hauptplateau hinauf, wo kleine Wolken von Meerbrassen und Geißbrassenschwärme ruhig ziehen und ihre Nahrung zwischen den Algen suchen, die die Felsmassen überziehen. Während des kurzen Sicherheitsstopps hat man die Felsen unten immer noch im Blick, und wenn man schließlich wieder auf dem Boot ist und die Inseln ringsherum sieht, scheinen sie wie Kopien der eben erlebten Unterwasserlandschaften zu sein.

H - Wenn die Polypen der Gorgonien eingezogen sind, verändern sie ihr Aussehen und sehen viel „schlanker" aus. Sind die Polypen dagegen aktiv, sehen die Gorgonien aus, als würden sie blühen. Deshalb ist es verständlich, daß die früheren Zoologen die Korallen „Blumentiere" nannten.

SECCA DEI MONACI

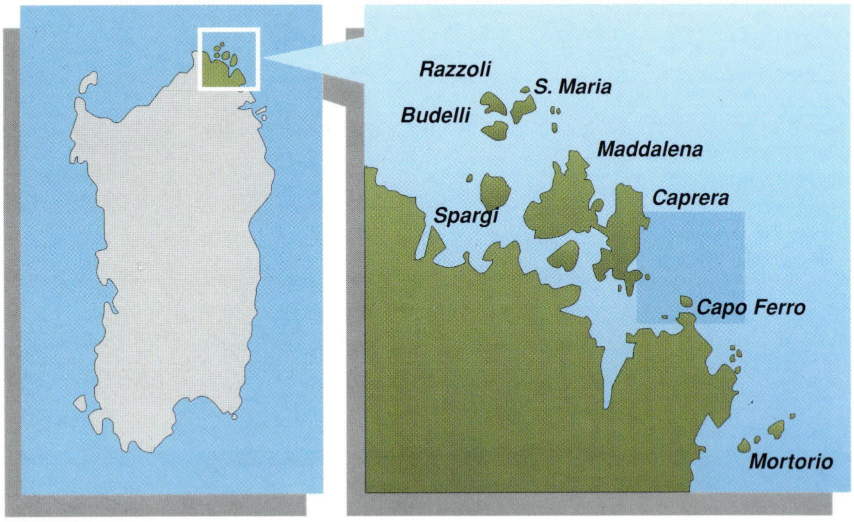

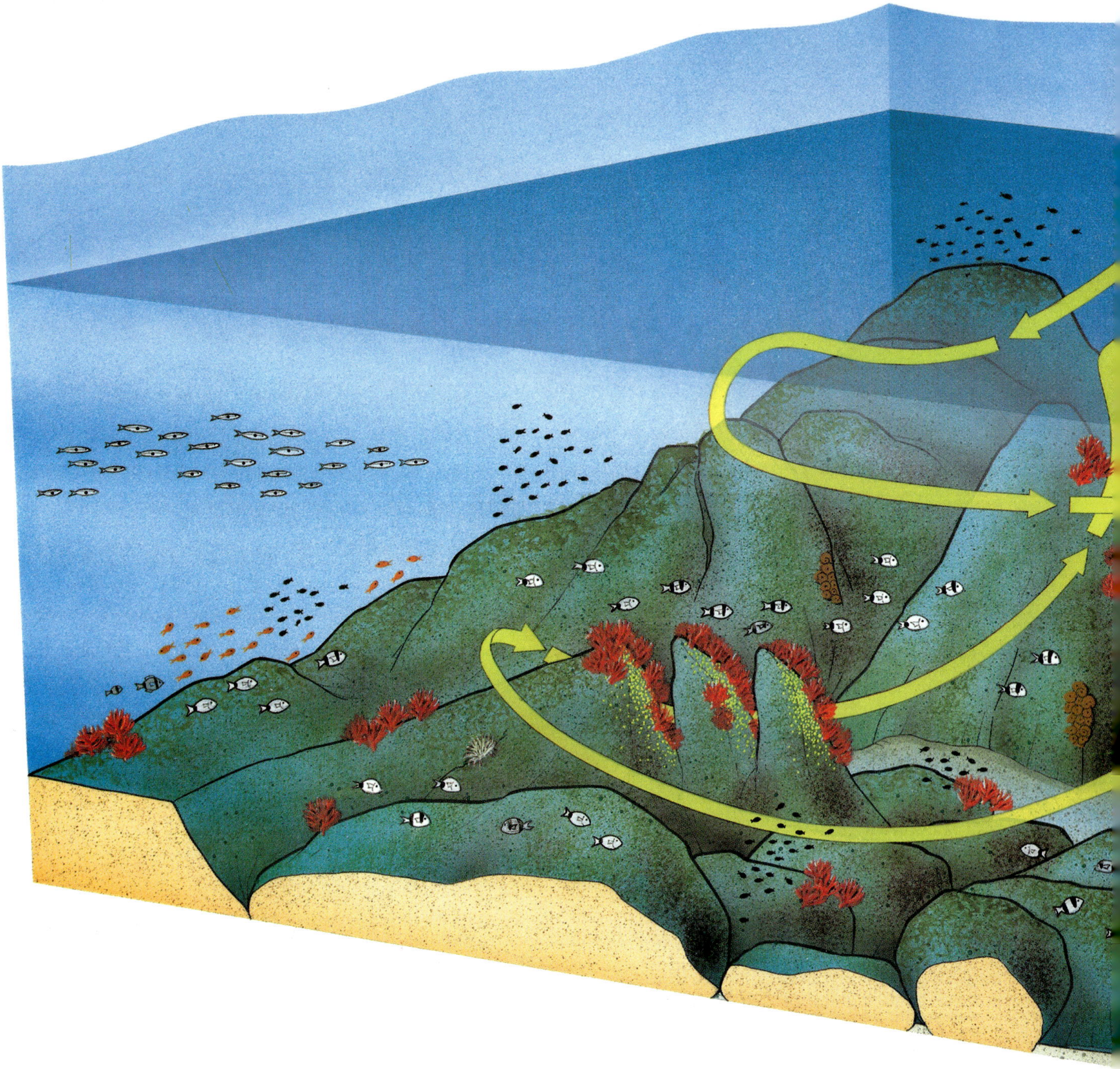

Secca dei Monaci
I Monaci
Caprera
N
Le Bisce
Capo Ferro

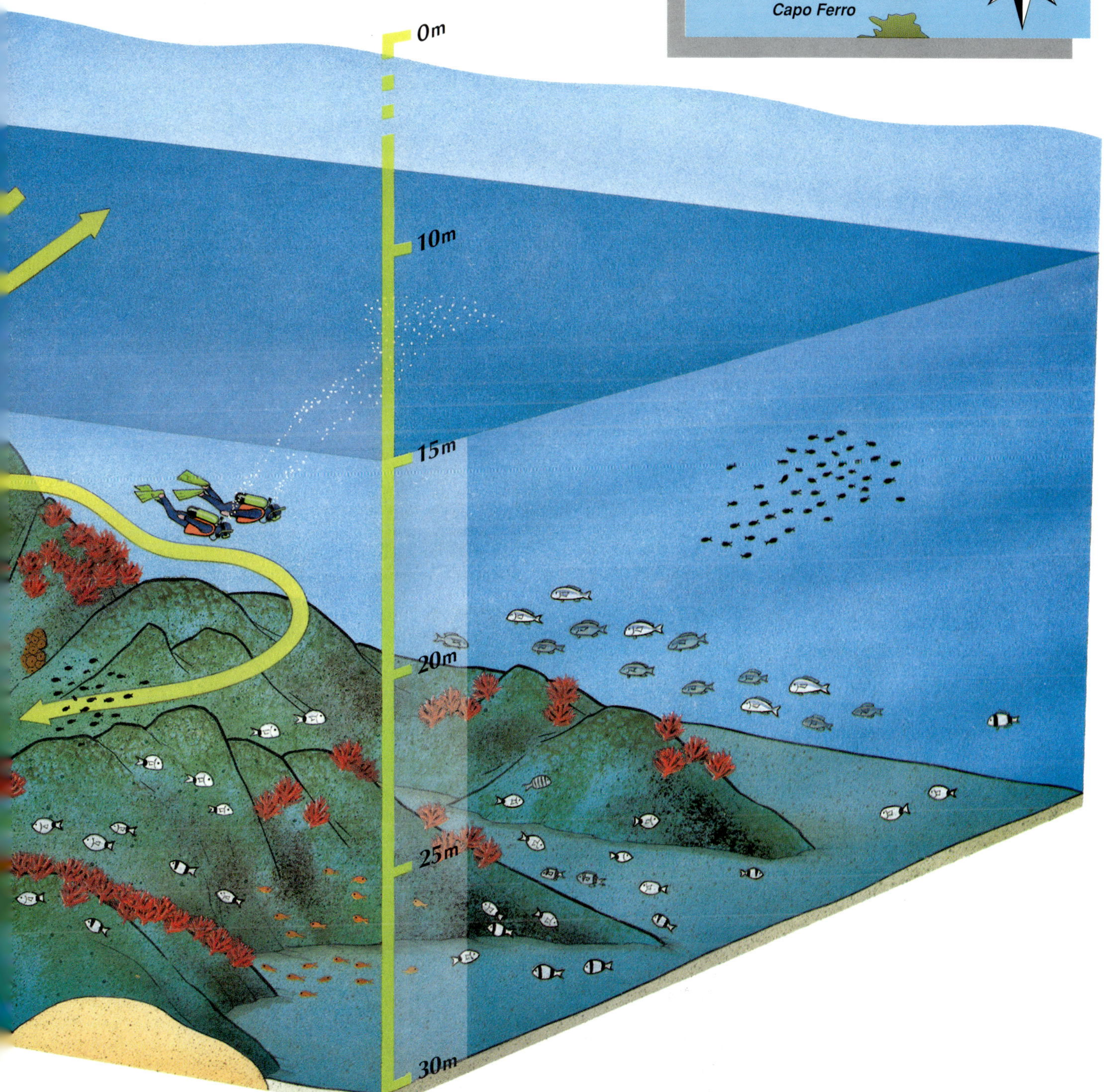
0m
10m
15m
20m
25m
30m

Östlich der Insel Caprera liegt eine Gruppe von Granitklippen, die Secca dei Monaci, die einzigen aus dem Wasser ragenden Felsen einer ausgedehnten Untiefe. Auf der größten steht ein Leuchtturm, und etwas weiter östlich markiert eine Boje eine weitere Untiefe. Nördlich dieses Schiffahrtszeichens liegt der Tauchplatz, dessen Spitzen 13 und 16 Meter tief liegen.

Man verankert das Boot an den Felsen in 16 Meter Tiefe. Dieses Riff wird von einer Gruppe von Granitblöcken gebildet, die recht zerklüftet sind. Wie üblich schwimmt ein Mönchsfischschwarm um das Riff herum, und beim Abtauchen sollte man die blauen Tiefen um sich herum beobachten, dann wird man Zahnbrassen- und Seriolaschwärme sichten. Man taucht am Hang entlang nach unten bis zu einem sandigen Kanal, der 27 Meter tief liegt und die Hauptfelsen von einer weiteren Gruppe trennt. Das Gestein ist mit Algen bewachsen, aber schon in geringen Tiefen erscheinen auch die ersten Gorgonien. In den schattigeren Bereichen bilden die Gelben Krustenanemonen richtige Teppiche, unterbrochen nur von ausgedehnten Flächen von Nierenschwämmen.

Die tiefsten Felsen am Rand des Sandkanals sind gezackt und bilden enge Passagen. Hier findet eine Explosion der Farben statt: Das Gelb der Krustenanemonen wetteifert mit dem Purpur der Gorgonien, die ganze Wände bedecken und auf beiden Seiten der vertikalen Wände so dicht wachsen, daß sie beinahe den Weg versperren. Dichte Schwärme von Fahnenbarschen schwimmen zwischen ihren Fächern. Diese Fische sehen aus der Entfernung alle einheitlich rosafarbig aus, aber von nahem erkennt man das komplexere Farbkleid der Männchen mit gelben, lilafarbenen und rosa Streifen. Auch an ihren längeren Rücken- und Brustflossen und an ihrer Körpergröße kann man die Männchen identifizieren. Viele Tiere leben auf den Gorgonien und ziehen ihren Vorteil aus der strömungsgünstigen Position: Röhrenwürmer der Gattung

C

A

D

B

A - Östlich von Caprera markiert ein kleiner Leuchtturm das Inselchen Monaci, das in weitem Umkreis von Untiefen umgeben ist. Etwas nördlich davon liegt der Tauchplatz.

*B - Die Violetten Gorgonien (*Paramuricea chamaeleon*) sind die Hauptattraktion dieses Tauchplatzes. Sie wachsen hier sehr dicht auf den tiefer gelegenen Felsen.*

C - Die Konzentration der Gorgonien ist ein guter Indikator für starke Wasserbewegungen. Wo sie weniger Nahrung zugeführt bekommen, wachsen sie spärlicher.

D - Trotz des klaren Wassers und des bis in große Tiefe eindringenden Sonnenlichts erscheinen die Gorgonien im Umgebungslicht eher schwärzlich als purpurrot. Erst das Kunstlicht bringt die Farben zum Leuchten.

Filograna beispielsweise, die verwickelte Klumpen aus kleinen weißen Röhren bauen, sind häufige Gäste auf Fächerkorallen.
Schwimmt man um die Felsnadel herum, stößt man auf eine große Seeanemone, die einer Gruppe von Anemonen-Gespenstkrabben Zuflucht bietet. Diese Gespenstkrabben bedecken sich zur Tarnung mit Algen und erhalten zusätzlichen Schutz durch die Nesselkapseln der Seeanemone.
Zwischen den Felsnadeln hindurch gelangt man wieder zum Hang des Hauptfelsens, an dem man an den strömungsexponierten Stellen ebenfalls Gorgonien und Krustenanemonen findet. Dann steigt man höher und kehrt zur Spitze des Riffs zurück. Hier sieht man Große Geiß- und Spitzbrassen auf Futtersuche: Auf der Spitze der Felsformationen stehen aufrechte Hydrozoenkolonien, die von Nacktschneckenarten abgeweidet werden, insbesondere von Violetten Weißspitzen-Fadenschnecken.
Oben auf dem Gipfel bleibt noch Zeit genug, rings um sich in die blauen Tiefen zu spähen. Häufig locken die Luftblasen Seriolas an, während die Zahnbrassen immer auf Distanz bleiben. Den Aufstieg unternimmt man an der Ankerleine. Beim Sicherheitsstopp hat man einen ausgezeichneten Rundumblick über diesen Tauchplatz mit seinem äußerst klaren Wasser.

F

E

G

H

*E - Ein Felssporn ist vollständig mit Gelben Krustenanemonen (*Parazoanthus axinellae*) bewachsen. Ihre Färbung steht in lebhaftem Kontrast zum Rot der Gorgonien.*

F - In einer Passage stehen die Gorgonien so dicht, daß sie den Weg verstellen. Diese Stelle liegt 27 Meter tief.

*G - Die tieferen Bereiche des Riffs werden von dichten Schwärmen von Fahnenbarschen (*Anthias anthias*) bewohnt. Sie sehen auf den ersten Blick alle gleich aus, bei näherem Hinsehen erkennt man jedoch die komplexere Körperzeichnung und die längeren Flossen der Männchen.*

H - Verglichen mit den üppig bewachsenen unteren Felsen erscheint der obere Bereich der Granitformationen eher kahl. Man darf sich aber nicht täuschen lassen: Große Krustenschwämme und viele andere Lebewesen schaffen auch hier außerordentlich interessante Lebensräume.

MORTORIOTTO

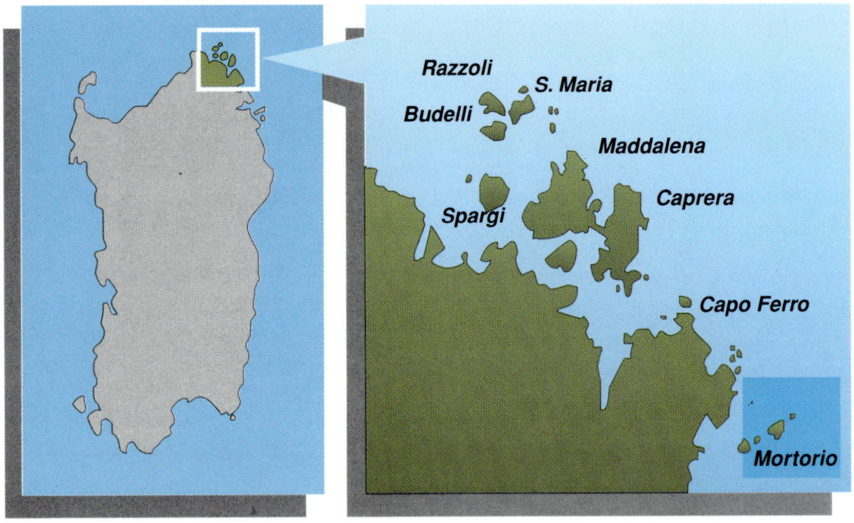

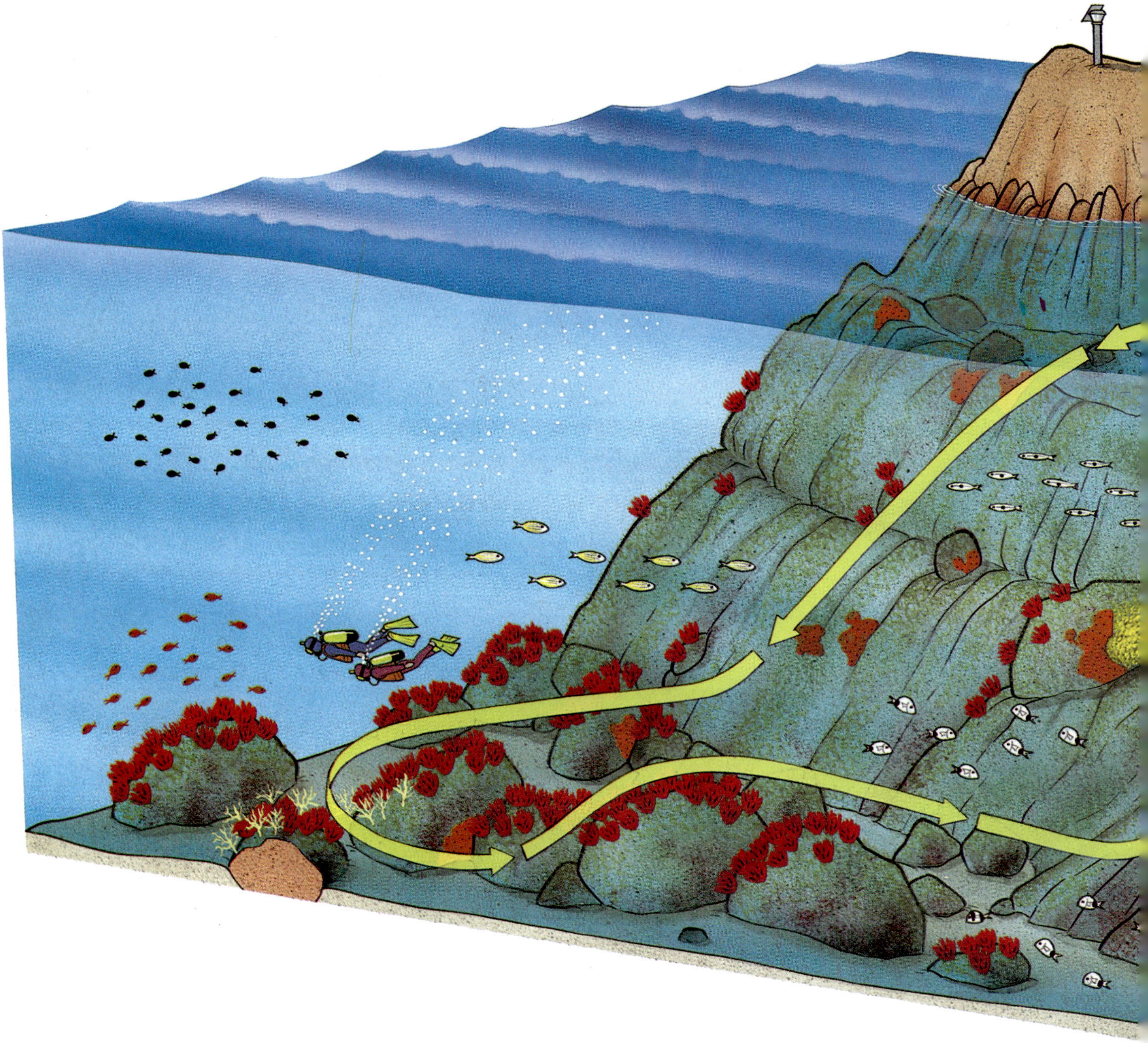

Mortoriotto
Cala di Volpe
Mortorio
Soffi
N
Portisco
Porto Rotondo

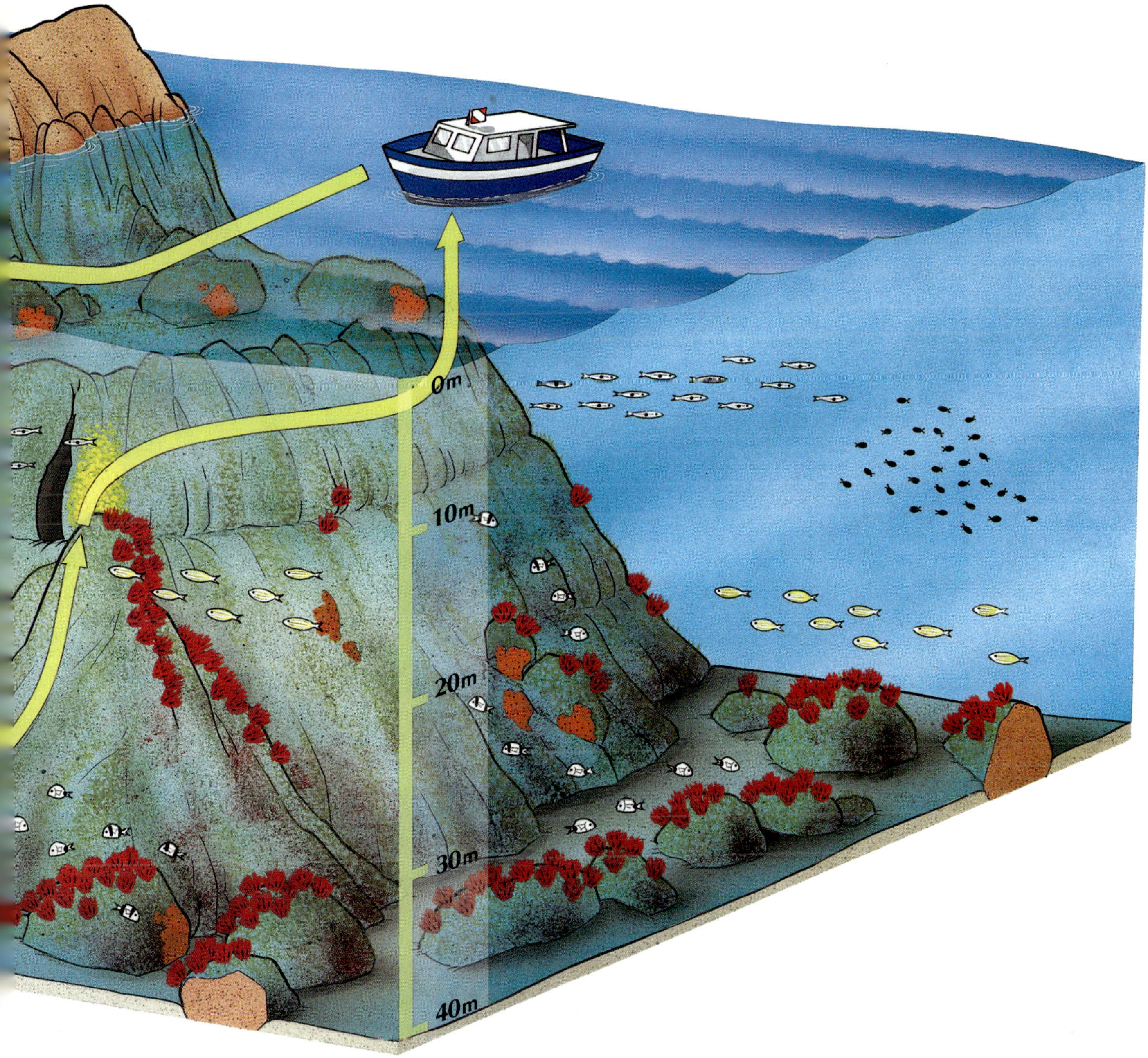

0m
10m
20m
30m
40m

A - Mortoriotto ist die äußerste Klippe in einer Gruppe von Inseln und Inselchen vor dem Golf von Cugnana. Die größten sind Soffi, Camere und Mortorio. Auf Mortoriotto steht ein Leuchtfeuer. Das Tauchgebiet liegt an der Außenseite der Klippe.

B - Auf den ersten Metern sind die Felsen mit weit ausgebreiteten Krustenschwämmen verschiedener Arten und Farben überzogen, die untereinander um Lebensraum kämpfen.

*C - Die Attraktion dieses Tauchplatzes sind Falsche Schwarze Korallen (*Gerardia savaglia*). Mit ihrer gelben Färbung heben sie sich deutlich von den Gorgonien ab. Falsche Schwarze Korallen kommen in größeren Tiefen häufig vor. In nur 36 Meter Tiefe allerdings findet man sie sehr selten.*

*D - Viele Tiere finden zwischen den Felsen und Geröllfeldern Zuflucht, die sich am Meeresgrund auftürmen. Hier ist es ein Conger (*Conger conger*), der aus seinem Loch herausschaut.*

E - Ein Einsiedlerkrebs schleppt seine Last von Seeanemonen. Die weißen Filamente, die die Seeanemone ausgestoßen hat, enthalten Nesselzellen und dienen der Verteidigung. Auch der Einsiedlerkrebs profitiert von dieser Verteidigung und bietet der Seeanemone seinerseits Mobilität und Nahrungsreste.

A

B

C

D

Mortoriotto ist der am weitesten draußen gelegene Ausläufer einer Gruppe von Inseln vor dem Golf von Cugnana. Die größeren Inseln heißen Mortorio, Soffi und Camere.

Das Boot legt man recht nah an der Klippe direkt unter dem Leuchtfeuer vor Anker, und dann taucht man entlang der rasch abfallenden Granitwand ab. Der Meeresgrund besteht aus Felsmassen sowie einzelnen kleineren Formationen und weist zwei Dropoffs auf. Man behält immer den Hang im Blick und taucht direkt in die Tiefe. Ab 30 Meter ist der Sandgrund, der bis zu 39 Meter abfällt, mit angehäuften Felsen und Geröll übersät. Diese sind mit großen Gorgonien und Falschen Schwarzen Korallen bewachsen. Zwei recht große Kolonien gedeihen hier in einer Vertiefung, wobei sie teilweise das Skelett der Gorgonien überwachsen. Die Falschen Schwarzen Korallen sehen unter Wasser gelb aus, denn nur ihr Skelett ist schwarz, während das umhüllende Gewebe hellgelb gefärbt ist. Diese Art mit wissenschaftlichem Namen Gerardia savaglia gehört zu den Krustenanemonen, ist also lediglich ein entfernter Verwandter der Schwarzen Korallen des Indischen Ozeans. In manchen Gebieten des Mittelmeers gibt es in größerer Tiefe – vorzugsweise zwischen 60 und 80 Meter – riesige Kolonien dieser Art mit über eineinhalb Meter hohen Exemplaren. Wenn eine Strömung ansteht, öffnen sich die Polypen, und nun erkennt man auch den Unterschied zu den Gelben Gorgonien. Daß die Falschen Schwarzen Korallen hier bereits in 36 Meter Tiefe vorkommen, stellt so etwas wie einen Rekord dar.

Trotz der Tiefe ist der Meeresgrund noch hell erleuchtet, denn die Transparenz des Wassers ermöglicht es dem Sonnenlicht, tief einzudringen. 36 Meter mögen für die Falschen Schwarzen Korallen keine nennenswerte Tiefe sein, wohl aber für den Taucher, und deshalb sollte man wieder in flachere Gebiete zurückkehren. Zuerst schwimmt man über die großen Gorgonien hinweg, die die Felsmassen bedecken. Hier findet

E

rasse. Auch hier gibt es in den geschützteren Bereichen eine Menge zu sehen. Sehr leicht kann man verschiedene Arten von Nacktschnecken finden. Am häufigsten sind die zur Familie Eolidiacea gehörenden Wander-Fadenschnecken.
Dann steigt man langsam zur Wasseroberfläche empor und legt am äußeren Riffrand einen Sicherheitsstopp ein. Auch hier kann man bei näherer Inspektion der Felsen und Spalten noch interessante Entdeckungen machen.

*I - Diese Nahaufnahme zeigt die Polypen der Falschen Schwarzen Koralle (*Gerardia savaglia*). Man erkennt den Unterschied zu den Gorgonien. Die Falschen Schwarzen Korallen gehören zu den Krustenanemonen, sind also den Gelben Krustenanemonen näher verwandt als den Hexacorallia.*

F

G

*F - Europäische Langusten (*Palinurus elephas*) findet man recht zahlreich zwischen den Felsen von Mortoriotto.*

*G - Ein kleiner Meerbarbenkönig (*Apogon imberbis*) schwimmt in seiner Höhle. Wie bei allen Arten aus seiner Familie ziehen sich über die Augen zwei helle Streifen.*

*H - Eine Kolonie von Kleinen Keulenseescheiden (*Clavelina nana*) bildet ein filigranes Muster. Die Tunikaten gehören zur selben Gruppe wie die Wirbeltiere, sind also trotz der großen Unterschiede im Körperbau aus der Perspektive der Evolution enge Verwandte.*

man zu Füßen der Fächer zwischen den Gelben Krustenanemonen zahlreiche Langusten. Noch weiter oben erreicht man den Hang des Hauptmassivs mit einem Dropoff. Zwischen den Felsen entdeckt man hier Muränen, und die weniger beleuchteten Teile der Wand sind mit Gelben Krustenanemonen und Schwämmen besetzt. Gorgonien sind hier seltener und stehen hauptsächlich an den strömungsexponierten Stellen. Sehr oft sind sie von Röhrenwürmern und von Nacktschnecken besiedelt.
Je höher man steigt, desto seltener werden die Gorgonien, und in 15 Meter Tiefe endet ihr Verbreitungsgebiet ganz. Parallel dazu gibt es zunehmend mehr Algen, vor allem im späten Frühjahr, wenn sie ganze Teppiche bilden. Rasenförmig ausgebreitet sind auch die Kolonien der Kleinen Keulenseescheiden, deren Individuen einen becherförmigen, transparenten Körper haben. In zwölf Meter Tiefe beginnt ein weiteres steiles Dropoff, und darüber liegt eine sandige Ter-

H

I

KURZE EINFÜHRUNG IN DIE FLORA UND FAUNA

Eine der ältesten Aktivitäten des Menschen ist das Beobachten, Benennen und Klassifizieren der Dinge. Dies wird umso komplizierter, wenn die Zahl der Subjekte und der Beobachter ansteigt. Deshalb ist es erforderlich, einen allgemein gültigen Code für das Interpretieren und Einordnen zu verwenden. Die Klassifikation der Lebewesen basiert auf der Festlegung einer Bezugsbasis: der Art. Alle Lebewesen, die mehr oder weniger dieselben morphologischen Merkmale haben und in der Lage sind, zeugungsfähigen Nachwuchs hervorzubringen, gehören zur selben Art. Dieses Grundkonzept, das Carolus Linnaeus im 18. Jahrhundert entwickelte, ist allgemein anerkannt, auch wenn vor allem in jüngerer Zeit die Mittel zur Artbestimmung immer mehr verfeinert worden sind und Klassifizierungen teilweise kontrovers diskutiert werden. Wenn die Basiseinheit festgelegt worden ist, werden unter dem Gesichtspunkt von Ähnlichkeit und Verwandtschaft eine Reihe weiterer Unterteilungen vorgenommen. Alle Lebewesen werden in fünf Reiche klassifiziert. Dies sind sehr umfassende Einteilungen, die wiederum in zunehmend kleinere Gruppen unterteilt werden: Stamm, Klasse, Ordnung, Familie, Gattung und schließlich Art sind die wesentlichen Stufen der Klassifikation. Bei dieser binominalen Klassifikation tragen alle Lebewesen einen aus zwei lateinischen Begriffen zusammengesetzten Namen: Der erste gibt die Gattung an, der zweite die Art. Beispielsweise gehört die Edelkoralle zum Tierreich, Stamm Cnidaria, Klasse Anthozoa, Ordnung Gorgonacea, Familie Corallidae, Gattung Corallium, Art rubrum, also Corallium rubrum.
Die im Mittelmeer lebenden Organismen lassen sich vereinfacht in etwa zehn Gruppen zusammenfassen:

Die Algen (Phycophyta)
Algen sind Pflanzen und als solche in der Lage, mittels Photosynthese organische Materie herzustellen. Im Hinblick auf ihren Bau weisen sie manchmal komplexe Strukturen auf, im Hinblick auf die Funktion sind sie jedoch nicht differenziert: Die gesamte Alge ist ein Zellager (Thallus). Sie vermehren sich sowohl geschlechtlich als auch ungeschlechtlich. Die Algen werden in zahlreiche Gruppen eingeteilt: Zu den am häufigsten vorkommenden zählen die Rot-, Braun- und Grünalgen. Die verschiedenen Gruppen benutzen zur Photosynthese Pigmente, die für verschiedene Wellenlängen des Lichts empfindlich sind.

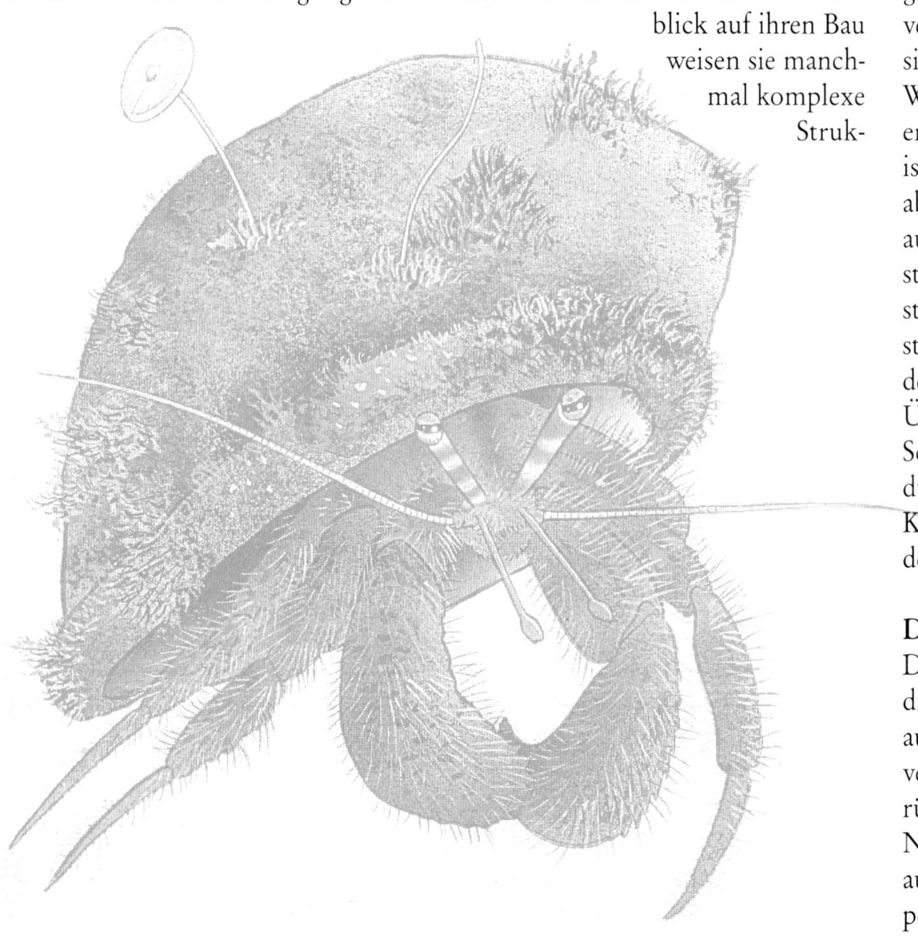

Die marinen Blütenpflanzen
Dies sind Pflanzen mit denselben Merkmalen wie die Landpflanzen, die aber der marinen Umwelt vollkommen angepaßt sind. Sie verfügen über differenzierte Teile wie Wurzeln, Stengel, Blätter, Blüten und Früchte und vermehren sich auch ungeschlechtlich. Der bekannteste Vertreter ist das Neptunsgras (Posidonia oceanica).

Die Schwämme (Porifera)
Schwämme sind aquatische Tiere, die man lange Zeit als Pflanzen betrachtete, denn sie sind nicht zur Fortbewegung fähig und haben auch kein Nervensystem. Sie sind aber Tiere, weil sie sich zur Lebenserhaltung und zum Wachsen von anderen Lebewesen ernähren. Die Form der Schwämme ist sehr unterschiedlich. Alle haben aber einen Körper, der von Nadeln aus verschiedenen Materialien gestützt wird und von einem Kanalsystem durchzogen ist, das durch Einström- und Ausströmöffnungen mit der Umwelt in Verbindung steht. Über Einstrudelporen absorbieren die Schwämme große Wassermengen, die durch Cilien an den Wänden der Kanäle durchgefiltert und dann wieder ausgestoßen werden.

Die Nesseltiere (Cnidaria)
Diese Tiere sind komplexer gebaut als die Schwämme, und dazu gehört auch, daß sie über ein Nervensystem verfügen. Der Name der Gruppe rührt von den Nesselzellen her. Die Nesseltiere bilden zwei Grundformen aus: Polypen und Medusen. Die Polypenformen leben festsitzend am Mee-

resgrund, während die Medusen planktonisch im Freiwasser treiben. Die Polypen können einzeln oder kolonial auftreten, und häufig verfügen die Polypenkolonien über Stützskelette aus verschiedenen Materialien. Sie pflanzen sich sowohl geschlechtlich als auch durch Teilung fort. Quallen, Seeanemonen, Steinkorallen, Gorgonien und Edelkorallen gehören dieser Gruppe an.

Die Würmer

Unter diesem allgemeinen und nicht wissenschaftlichen Namen versteht man viele unterschiedliche Tierarten, die recht verschiedene Formen und Lebensweisen aufweisen. Die zahlenmäßig stärkste Gruppe sind die Ringelwürmer (Annelida), deren Körper aus vielen – außer dem ersten und dem letzten – gleichen Segmenten zusammengesetzt ist. Zu den bekanntesten Ringelwürmern zählen die Röhrenwürmer. Eine andere Gruppe sind die Plattwürmer (Plathelminthes) mit flachem, blattartigem und häufig sehr bunt gefärbtem Körper. Eine ganz kleine Gruppe bilden schließlich die Igelwürmer (Echiurida), zu denen im Mittelmeer die Bonellia (Bonellia viridis) gehört.

Die Weichtiere (Molluca)

Diese Tiere haben weiche Körper ohne tragende Strukturen und werden meist von einer Schale geschützt, die aus einem, zwei oder acht Teilen bestehen kann. Sie haben wohlentwickelte Systeme und pflanzen sich geschlechtlich fort, wobei zahlreiche Arten Hermaphroditen sind. In dieser Gruppe komplexer mariner Lebewesen gibt es die größte Anzahl bekannter Arten. Einer der Gründe dafür ist, daß die Schalen der Weichtiere als Tauschmittel Verwendung fanden und von Sammlern zusammengetragen wurden, was sehr zur Erweiterung der Kenntnisse über sie beigetragen hat. Darüber hinaus gehören viele Arten zum Nahrungsspektrum des Menschen, werden gefischt oder auch kultiviert. Porzellanschnecken, Nacktschnecken, Muscheln und Oktopusse gehören zu den Weichtieren.

Die Krustentiere (Crustacea)

Diese gehören zum Stamm der Gliederfüßer, zu dem auch die Insekten gezählt werden. Die Körper der Krustentiere werden durch einen festen Panzer geschützt, der an den Gelenken beweglich und mit einer großen Zahl von Anhängseln ausgestattet ist. Zusätzlich zu den Gliedmaßen haben diese Tiere einen komplexen Mundapparat, Tasthaare und Antennen. Sie vermehren sich geschlechtlich, und viele Arten sind Hermaphroditen. Die Krustentiere sind in allen marinen Lebensräumen vertreten, und ihre planktonische Phase stellt ein sehr wichtiges Glied in der Nahrungskette dar. Langusten, Krabben und Garnelen gehören zu dieser Gruppe.

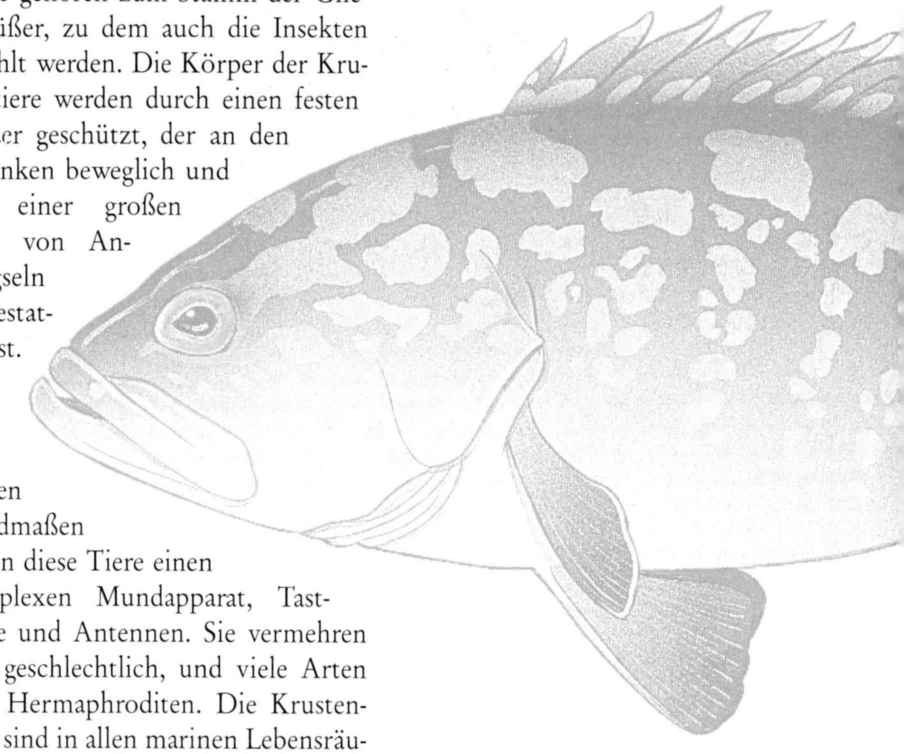

Die Moostierchen (Bryozoa)

Diese seltsamen kolonialen Tiere werden durch eine Art Tentakelbüschel in der Form eines Hufeisens charakterisiert, mit dem sie Nahrung einfangen. Die Kolonie bildet ein kalkiges oder pergamentartiges Tragegerüst voller Nischen, in denen die Individuen der Kolonie sitzen, die alle durch gemeinsames Gewebe miteinander verbunden sind. Innerhalb der Kolonie können die zahlreichen Individuen verschiedene spezialisierte Funktionen haben. Die Kolonien können verzweigt sein oder krustenförmig auf Hartsubstrat festsitzen.

Die Stachelhäuter (Echinodermata)

Diese Tiergruppe weist einen fünfzähligen, radiärsymmetrischen Körperbau auf. Seeigel, Seesterne, Haarsterne, Seegurken und Schlangensterne gehören dazu. Gemeinsam ist allen ein Hartskelett, das bei den Seeigeln verwachsen und äußerlich ist, während es bei den anderen Gruppen aus einzelnen Segmenten besteht, die über den Körper verteilt liegen. Ein weiteres typisches Merkmal sind die Dornen oder Stacheln, die man bei den Seeigeln deutlich sieht. Alle Arten verfügen über komplexe Fortbewegungssysteme, bestehend aus Ambulacralfüßchen, von einem inneren hydraulischen System gesteuert. Sie pflanzen sich geschlechtlich fort und leben auf dem Meeresgrund.

Die Chordatiere (Chordata)

Hierzu gehören in erster Linie die Wirbeltiere (Vertebrata) einschließlich dem Menschen. Gemeinsames Element aller Chordata ist das Vorhandensein einer Chorda, einer Art Rückgrat, zumindest in bestimmten Phasen ihrer Entwicklung. Die Seescheiden (Tunicata) weisen sie nur im Larvenstadium auf, und die ausgewachsenen Tiere ähneln überhaupt nicht mehr den anderen Wirbeltieren. Typische aquatische Wirbeltiere sind die Fische. Sie atmen über Kiemen, haben einen stromlinienförmigen Körperbau und sind häufig mit Schuppen bedeckt. Zur Fortbewegung dienen spezialisierte Strukturen, die Flossen. Die Fische pflanzen sich geschlechtlich fort und leben entweder im Freiwasser oder in engem Kontakt zum Meeresgrund.

ALGEN

Schirmchenalge -*Acetabularia mediterranea*

Unverwechselbare, schirmförmige Grünalge. Der Thallus besteht aus einem von Kalküberzug verhärteten erweiterten Teil, der auf einem kurzen, am Substrat haftenden Stiel sitzt. Wächst bis zu 30 Meter tief auf Felsböden. Schirmdurchmesser zehn bis zwölf Millimeter.

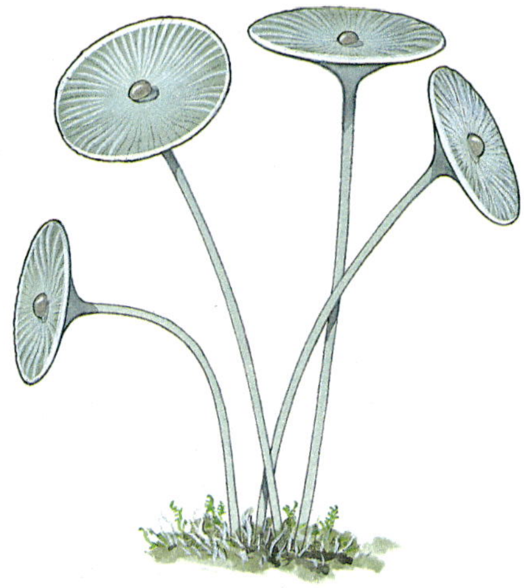

Schwammtang - *Udotea petiolata*

Fächerförmige Grünalge mit rundlichem Rand und kurzem Stiel, der sie am Substrat festhält. Während der Fortpflanzung verliert der Rand seine Farbe und wird weißlich. Lichtscheue, bis zu zehn Zentimeter hohe Art. Wächst in Tiefen zwischen fünf und 40 Meter.

Blatt-Caulerpa - *Caulerpa prolifera*

Grünalge mit typischem Thallus: Von einem dünnen, am Boden kriechenden Stolon wachsen lanzettförmige Wedel hervor. Bildet neben dem Neptunsgras auf Sand- und Schlammböden bis zu 20 Meter Tiefe kleine Rasen. Wärmeliebend, daher vor allem im südlichen Mittelmeerraum verbreitet. Die „Blätter" werden 15 bis 20 Zentimeter lang.

Meerball - *Codium bursa*

Diese Grünalge kommt in verschiedenen dunklen Grüntönen vor und ist von unverwechselbar regelmäßiger Gestalt. Die junge Alge ist beinah kugelförmige, wird jedoch mit zunehmendem Wachstum flach und im Zentrum konkav. Wächst auf Felsen bis zu einer Tiefe von 80 bis 90 Meter. Wird nach heftigen Stürmen nicht selten an die Küste gespült. Durchmesser bis zu 40 Zentimeter.

Pfennigalge - *Halimeda tuna*

Zahlreiche scheibenförmige Glieder verleihen dieser Alge das Aussehen eines winzigen Feigenkaktus. Die grüne bis gelbgrüne Alge wird von Kalkablagerungen streifenförmig überzogen. Wächst bis zu 75 Meter tief auf felsigem Substrat und wird zehn bis 20 Zentimeter groß.

Trichteralge – *Padina pavonia*

Hellbraune, weißliche Braunalge, von dunklen, horizontalen Streifen durchzogen. Die Form ähnelt einem Pfauenschwanz oder einem geöffneten Fächer. Wächst auf Felsböden an geschützten, gut durchleuchteten Gebieten bis zu 20 Meter Tiefe. Größe bis zu 15 Zentimeter.

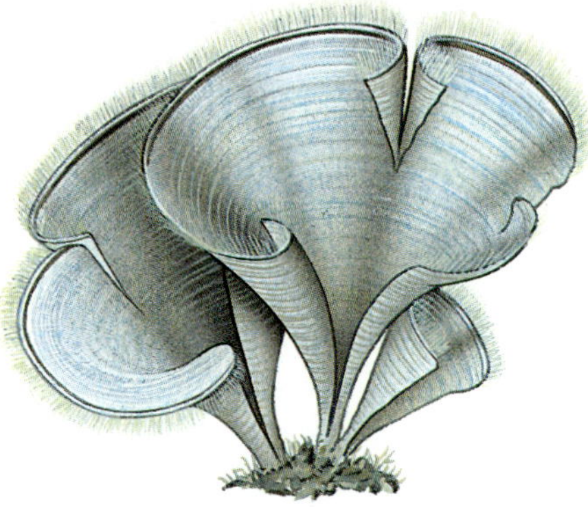

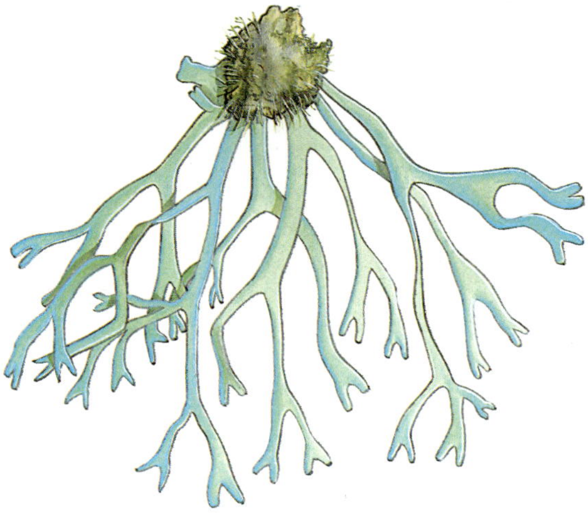

Perlmutt-Braunalge – *Dictyota dichotoma*

Alge mit dünnen, abgeflachten Wedeln, die an der Spitze eine typische Gabelung aufweisen. Farbe variiert zwischen Braun und Grün, weist jedoch während des vegetativen Wachstums ein schimmerndes Leuchten auf. Die höchstens 20 bis 25 Zentimeter große Alge wächst in einer Tiefe von 20 bis 25 Meter.

Beerentang – *Sargassum vulgare*

Ein Braunalge, die typisch für exponierte Stellen ist. Sie hat einen stark verzweigten Thallus und wächst aufrecht. An der Basis der Blätter sitzen runde Zysten, die Luft enthalten, schwimmen und deshalb den Thallus aufrecht erhalten. Bei Sardinien kommt die Art im oberen Bereich der Riffe und auf den strömungsexponierten Bereichen von Wracks häufig vor. Größe bis 30 Zentimeter.

Gorgonienalge – *Sphaerococcus coronopifolius*

Diese Rotalge ist in einer Ebene verzweigt und rot gefärbt, woraus sich der Name ableitet. Sie ist ein typischer Vertreter der Rotalgen, die gering belichtete Standorte bevorzugen, und wird häufig unter Überhängen sowie in Höhlen gefunden, wo eine leichte Strömung herrscht. Auf ihrem Thallus weiden häufig Dutzende kleiner Weichtiere. Wächst in Tiefen bis 70 Meter und wird bis zu 30 Zentimeter groß.

Peyssonnelie – *Peyssonnelia squamaria*

Rotalge mit kleinem Fächer aus einander teilweise überlagernden horizontalen Laminae. Unterhalb der Lamina sitzt die Alge mit kleinen, wurzelähnlichen Rhizoiden am Substrat fest. Wächst auf spärlich durchleuchteten Felsböden in etwa 50 bis 60 Meter Tiefe. Durchmesser bis zu zehn Zentimeter.

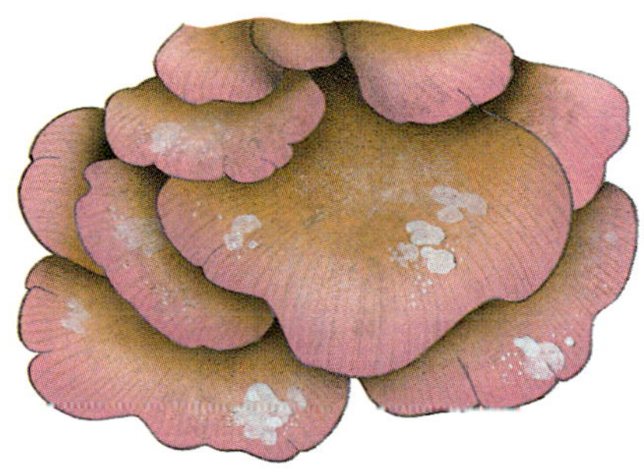

Falsche Steinalge – *Pseudolithophyllum expansum*

Vollständig verkalkte, purpur- bis rosafarbene Rotalge; überwuchert harte, spärlich beleuchtete Substrate von drei bis zu über 60 Meter Tiefe. Zählt zu den häufigsten Bewohnern der koralligenen Zonen, wo sie Detritus, Felsstücke und Algen zementartig miteinander verbindet. Durchmesser 25 bis 30 Zentimeter.

PFLANZEN

Schlick-Seegras – *Cymodocea nodosa*

Wasserpflanze mit Wurzeln, Sproß und Blättern. Steht in Büscheln und wächst aus kleinen, im Sand verankerten Rhizomen. Blätter mit spitzenartigen Rändern. Wächst in warmen, ruhigen Gewässern auf feinem, oberflächennahem Sediment. Die Blätter erreichen eine Länge von 50 Zentimeter. ▶

Neptunsgras – *Posidonia oceanica*

◀ Dieses Seegras ist die typischste Meerespflanze und das wahre Symbol des Mittelmeers. Das Neptunsgras wächst auf bis zu 30 bis 35 Meter tiefen Sand- und Detritusböden. Es besitzt echte Wurzeln, einen Sproß, Blätter, Blüten und Früchte. Aus den gelblichen Blüten gehen Früchte hervor, die Ähnlichkeit mit kleinen Oliven haben. Die Blätter sind etwa einen Zentimeter breit und bis zu 100 Zentimeter lang.

SCHWÄMME

Gelber Gitterkalkschwamm – *Clathrina clathrus*

Kalkschwamm aus zahlreichen dünnen, schwammigen Röhren, die, einander durchziehend und ineinander übergehend, erhabene Kissen bilden. Oscula (die größten Trichteröffnungen) am Ende der Röhren. Leuchtend gelb; wächst auf hartem, schwach beleuchtetem Boden bis zu etwa 20 Meter Tiefe. Größe bis zu zehn Zentimeter. ▶

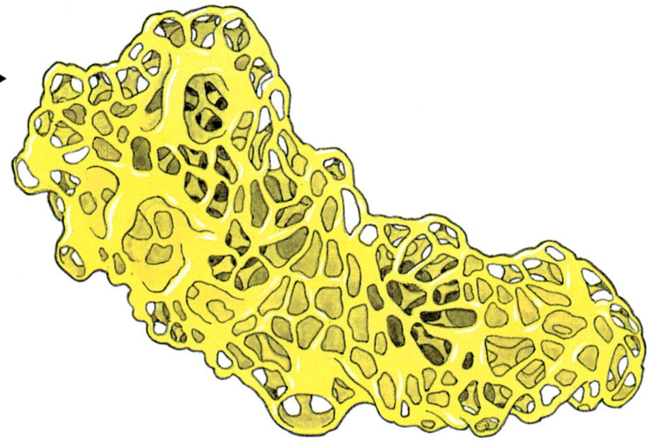

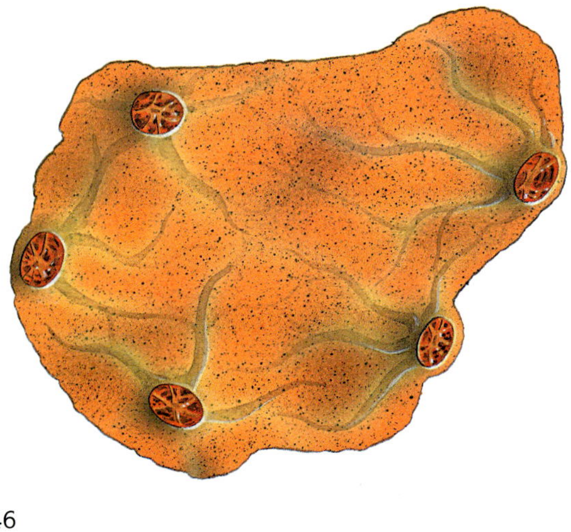

Gemeiner Krustenschwamm – *Spirastrella cunctatrix*

◀ Dies ist ein außerordentlich häufig zu findender Schwamm, der sich auf Felswänden oder über andere Lebewesen hinweg krustenartig ausbreitet. Die Färbung ist leuchtend orange, und den ganzen Körper durchziehen Kanäle, die zu den deutlich an der Oberfläche zu sehenden Osculi führen. Inkrustiert häufig große Flächen in wenig beleuchteten Gebieten.

Gemeiner Fingerschwamm – *Axinella sp.*

Fingerschwämme der Gattung Axinella sind recht häufig in allen Lebensräumen vertreten. Im allgemeinen sind sie gelb oder gelborange gefärbt. Die zahlreichen Arten weisen unterschiedliche Bauformen auf: A. polypoides hat längere Äste, wird bis zu 50 Zentimeter groß und ist typisch für felsigen Meeresgrund mit hohem Sedimentbelag. A. verrucosa hat dickere, zylindrische Äste, wird bis zu 25 Zentimeter groß und kommt gewöhnlich in flacherem Wasser vor.

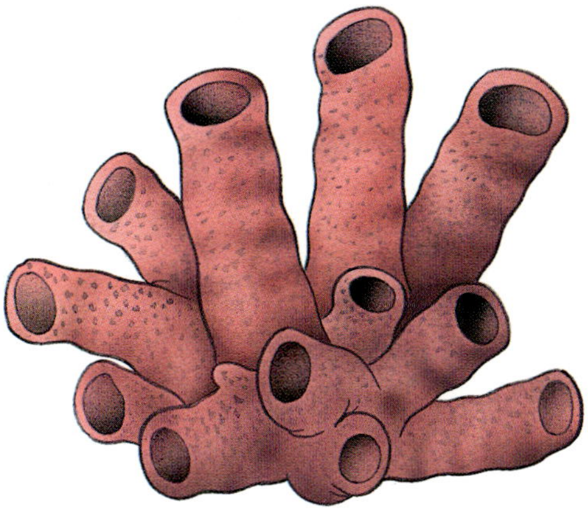

Rosa Röhrenschwamm – *Haliclona mediterranea*

Schwamm mit großen, fleischigen Röhren, an deren Enden weite Oscula stehen. Färbung rosa. Größe bis zu acht Zentimeter. Überwuchert schwach beleuchtete, korallenbildende Felswände.

Feigenschwamm – *Petrosia ficiformis*

Starrer Schwamm von unterschiedlicher Gestalt; sieht mit den auffällig vorstehenden Oscula wie ein Stein aus. Färbung variiert von Dunkelbraun über Violett bis Weiß. Durchmesser bis zu 50 Zentimeter. Wächst auf harten Böden bis in 70 Meter Tiefe.

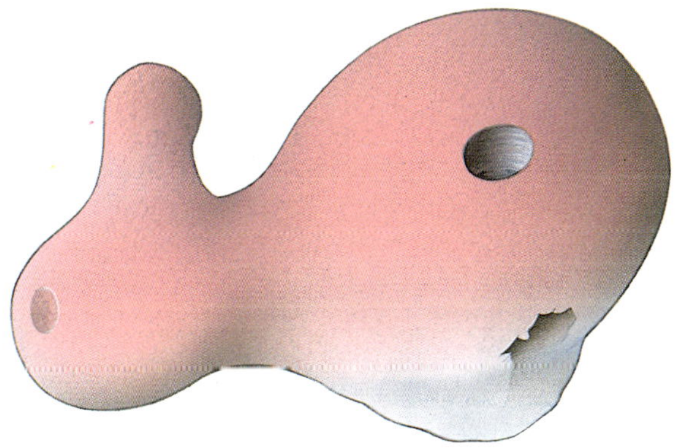

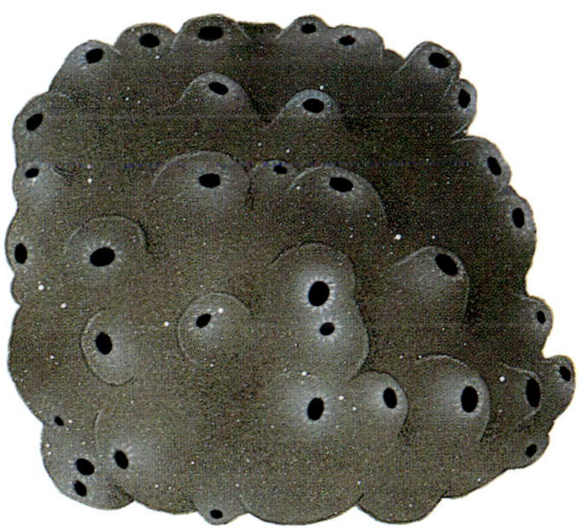

Badeschwamm – *Spongia officinalis*

Schwamm mit kräftiger, runder Form und unregelmäßigen Lappen. Wird schon seit Jahrhunderten im Mittelmeer gefischt. Färbung weißlich oder schwarz. Wächst bis zu 40 Meter tief auf felsigen Böden. Durchmesser 35 bis 40 Zentimeter.

Goldschwamm – *Verongia (=Aplysina) aerophoba*

Schwamm mit fleischigen, zähen Kissen, die von großen, fingerförmigen Verzweigungen überlagert werden. Gelb schimmernde, glatte Oberfläche; nimmt wegen der im Schwamm lebenden Algen an der Luft eine bräunliche Färbung an. Größe bis zu zehn Zentimeter. Besiedelt felsige Böden zwischen fünf und 25 Meter Tiefe.

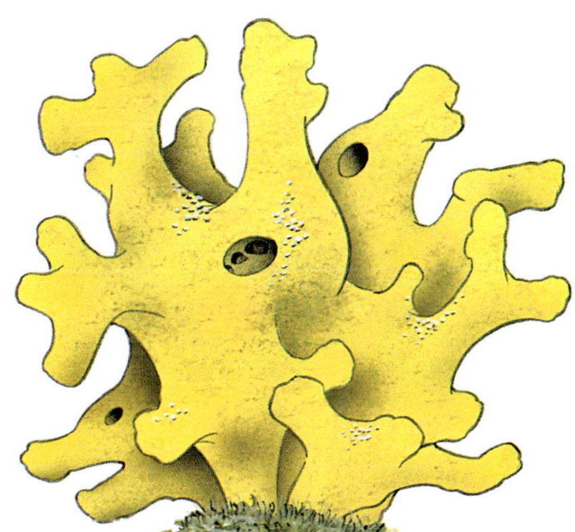

NESSELTIERE

Bäumchenpolyp – *Eudendrium rameum*

Gehören zu den kolonialen Vertretern der Klasse Hydrozoa. Die Kolonien sind baumförmig und unregelmäßig verzweigt. An den Enden der Zweige sitzen kleine Polypen mit jeweils 30 Tentakeln, deren Spitzen mit Nesselkapseln ausgestattet sind. Hiermit wird Beute eingefangen. Die Mundöffnung sitzt mittig im Tentakelkranz und führt zur Leibeshöhle. Viele Nacktschnecken der Gattungen Flabellina, Cratena, Eubranchus usw. ernähren sich von den Polypen. Vorkommen ab sechs Meter Tiefe, maximale Größe 15 Zentimeter.

Spiegelei-Qualle – *Cotylorhiza tuberculata*

Diese Qualle erkennt man sofort an ihrem scheibenförmigen, in der Mitte erhabenen Schirm und den zahlreichen kurzen Tentakeln, die in kleinen, bläulich-violetten Scheiben enden. Gelblich-weißer Schirm. Schirmdurchmesser etwa 30 Zentimeter. Kommt häufig an den Küsten vor.

Leuchtqualle – *Pelagia noctiluca*

Rosa oder rosa-gelbe, gefleckte Qualle mit kuppelförmigem, wellenförmig gerändertem Schirm. Lange, dünne Tentakel mit wirkungsvollen Nesselzellen. Bei entsprechenden Windverhältnissen konzentriert sich diese Qualle manchmal an den Küsten. Schirmdurchmesser bis zu 15 Zentimeter.

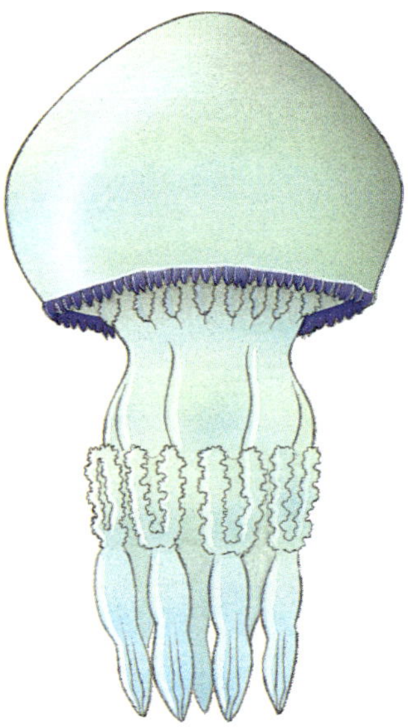

Lungenqualle– *Rhizostoma pulmo*

Größte Qualle des Mittelmeers, leicht an dem großen, durchsichtigen Schirm mit violettem Rand zu erkennen. Recht große, zerfetzt wirkende Arme mit nur mäßig wirksamen Nesselzellen. Schirmdurchmesser bis zu 60 Zentimeter. Während der Sommermonate an den Küsten häufig.

Edelkoralle – *Corallium rubrum*

Typische, baumförmig verzweigte Mittelmeerkoralle; an ihrer zumeist roten Färbung und den weißlichen Polypen mit acht gefiederten Tentakeln zu erkennen. Wächst auf lichtarmen Felsböden oder in Höhlen und Spalten von fünf bis zehn bis zu über 100 Meter Tiefe. Größe 20 bis über 30 Zentimeter. Geschützt.

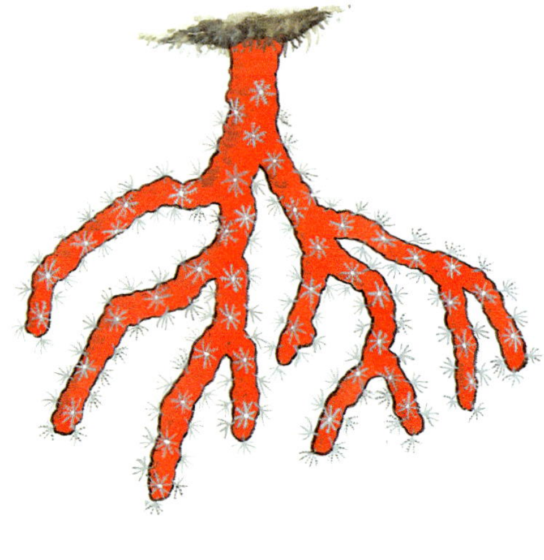

Farbwechselnde Gorgonie – *Paramuricea clavata*

Rote Gorgonie mit riesigen Fächern aus dichten, unregelmäßigen Verzweigungen, die oft untereinander verschmolzen sind. Diese dünnen, biegsamen Zweige sind mit dornartigen Fortsätzen bedeckt, die ihnen eine rauhe Oberfläche verleihen. Färbung grundsätzlich dunkelrot, doch sind auch Exemplare mit gelben Zweigspitzen bekannt. Höhe bis zu einem Meter. Wächst unterhalb von 30 bis 35 Meter Tiefe auf felsigem Boden.

Gelbe Gorgonie – *Eunicella cavolinii*

Gorgonie mit zahlreichen, häufig dichotom verzweigten, fächerförmigen Kolonien. Die gelben Zweige sind wie die Polypen biegsam und rauh. Größe 30 bis 40 Zentimeter. Wächst auf Felsböden in zehn bis zu 150 Meter Tiefe.

Weiße Gorgonie – *Eunicella singularis*

Gorgonie mit relativ wenigen und meist parallel zueinander verlaufenden Verzweigungen. Die Zweige werden von kleinen, kaum vorstehenden Warzen bedeckt, in die sich die bräunlichen Polypen zurückziehen. Färbung weißlich, an gut beleuchteten Standorten wegen mikroskopisch kleiner, symbiontischer Algen grünlich. Höhe etwa 50 bis 60 Zentimeter. Wächst auf Felsböden in zehn bis 60 Meter Tiefe.

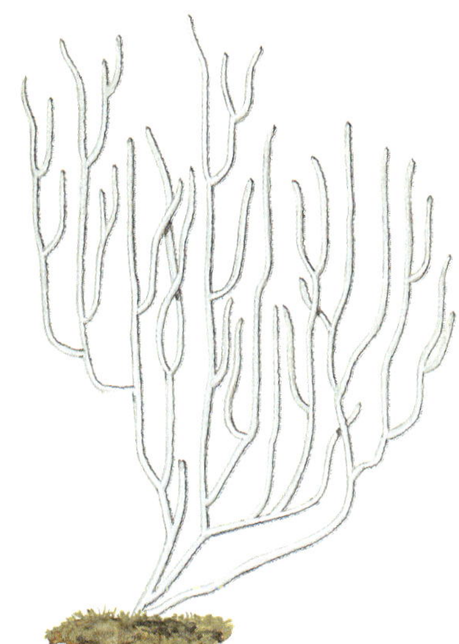

Große Meerhand – *Alcyonium palmatum*

Blumentier mit gedrungenen Kolonien und großen, fingerförmigen Zweigen, die von einem polypenlosen Stamm abgehen. Färbung variiert zwischen Rosa und einem dunklen Rot; Polypen weißlich. Kolonie bis zu 20 Zentimeter hoch. Wächst auf Detritus- oder Schlammböden in sieben bis zehn Meter Tiefe, kommt aber noch in über 200 Meter Tiefe vor.

Falsche Edelkoralle – *Parerythropodium (= Alcyonium) coralloides*

Koloniebildende Weichkoralle, vergleichbar den Weichkorallen tropischer Meere. Das gemeinsame Gewebe der Kolonie ist rot, während die Polypen gelb gefärbt sind und weiße Tentakel tragen. Wächst gewöhnlich auf den Skeletten von Gorgonien oder auf anderen Substraten, die günstig zur Strömung positioniert sind. Siedelt manchmal auch auf verlorengegangenen Netzen oder auf Wracks. Vorkommen von acht bis 90 Meter Tiefe.

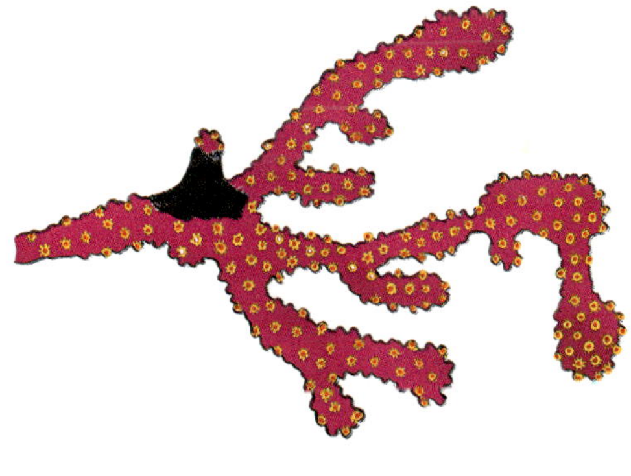

Sandgoldrose – *Condylactis aurantiaca*

Aktinie mit weitgehend im Sediment verborgenem Körper. Dennoch sind die etwa 100 einziehbaren Tentakel deutlich sichtbar – gedrungen und fingerförmig in vier konzentrischen Reihen. Weißlicher Körper, von dem sich die bräunlich-grünen Tentakel mit ihren violetten Spitzen deutlich abheben. Durchmesser zehn Zentimeter. Lebt auf Sand- und Detritusböden in bis zehn Meter Tiefe, möglicherweise auch darunter.

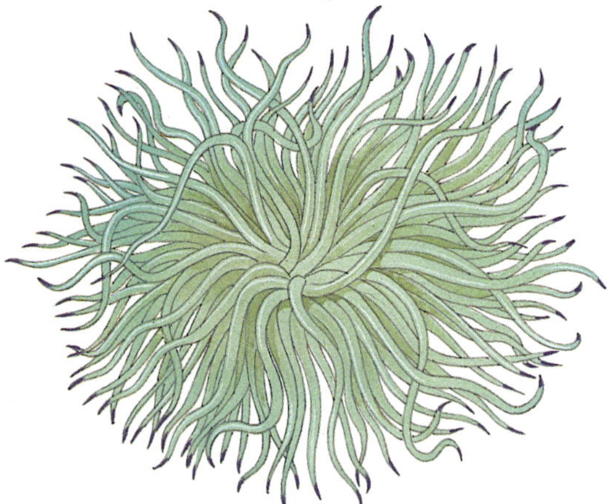

Wachsrose – *Anemonia sulcata*

Aktinie mit breiter Haftscheibe; leicht an ihren nur teilweise einziehbaren, langen Tentakeln zu erkennen. Besiedelt harte Substrate von der Oberfläche bis zu 25 Meter Tiefe. An einigen Stellen sehr zahlreich. Durchmesser bis zu 30 Zentimeter.

Wunder-Anemone – *Alicia mirabilis*

Empfindlich brennende Aktinie. Sieht tagsüber ganz anders aus als in der Nacht: Bleibt tagsüber klumpenartig zusammengezogen, richtet sich jedoch nachts auf und verwandelt sich in eine Kolonie verstreuter Fortsätze mit durchsichtiger Tentakelkrone. Höhe bis zu 40 Zentimeter. Lebt auf felsigen, manchmal auch auf sandigen Böden in zehn bis über 50 Meter Tiefe.

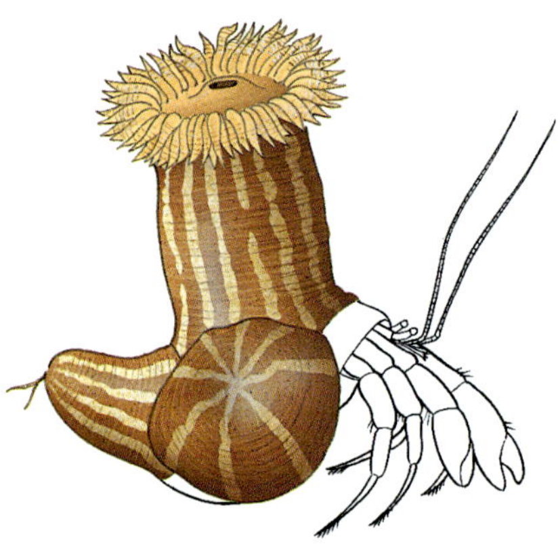

Schmarotzerrose – *Calliactis parasitica*

Diese Aktinie trifft man selten allein, denn sie lebt stets mit großen Einsiedlerkrebsen in enger Symbiose. Am oberen Rand ihres robusten, bräunlichen Stammes sitzen etwa 700 einziehbare, gelblich-weiße Tentakel. Durchmesser etwa acht Zentimeter. Lebt auf den Gehäusen von Einsiedlerkrebsen.

Rasenkoralle – *Cladocora cespitosa*

Koloniebildende Hartkoralle, deren Polypenskelette wie zylindrische, kleine Äste aussehen. Die Wuchsform variiert je nach Tiefe - von einem bis zu über 600 Meter: Oberflächennahe Exemplare wachsen kissenförmig, tiefer lebende eher verzweigt. Lebt auf harten Substraten. Durchmesser bis zu 50 Zentimeter.

Gelbe Steinkoralle – *Leptosammia pruvoti*

Solitäre Hartkoralle mit zylindrischem Kalkskelett, aus dem sich die großen Tentakeln des leuchtend gelben Polypen hervorstrecken. Nicht selten leben mehrere Exemplare dieser Art in Gruppen, so daß man glaubt, eine Kolonie vor sich zu haben. Höhe nicht über acht Zentimeter. Lebt auf schwach beleuchteten Felsböden.

Falsche Schwarze Koralle – *Gerardia savaglia*

Diese Falsche Schwarze Koralle gehört zu den Zoantharia und ist mit den tropischen Arten der Antipatharia nur entfernt verwandt. Schwarz ist lediglich das hornige Stützskelett, das hart wie Ebenholz ist. Die lebenden Teile und die Polypen sind hellgelb gefärbt. Die Kolonien werden bis zu einem Meter groß. Sie können wegen der Größe der Polypen und deren deutlichem Abstehen von den Zweigen leicht von den Gorgonien unterschieden werden. Vorkommen auf toten Gorgonien und sekundärem Hartsubstrat in mittleren bis größeren Tiefen.

Gelbe Krustenanemone – *Parazoanthus axinellae*

Kolonienbildendes Blumentier aus länglichen, einziehbaren Polypen, die alle einer gemeinsamen, krustenbildenden Basis entspringen. Mundöffnung von jeweils 24 bis 36 langen, schmalen Tentakeln umgeben. Färbung gelb. Lebt auf Felsböden und anderen Organismen, zum Beispiel Schwämmen, in Tiefen zwischen fünf und über 100 Meter. Die Kolonien bedecken manchmal weite Flächen.

Zylinderrose – *Cerianthus membranaceus*

Länglich gebautes Blumentier, das von einer weitgehend im Sediment verborgenen Hülle geschützt wird. Sichtbarer Teil mit einer doppelten Krone von über 200 langen Tentakeln. Farbe variiert zwischen violett und braun. Größe bis zu 40 Zentimeter. Lebt in Tiefen von fünf bis zu über 40 Meter auf Sand- oder Schlammböden.

Juwelenanemone – *Corynactis viridis*

Obwohl die Juwelenanemone zu einer anderen Ordnung (Corallimorpharia) gehört, ähnelt sie stark den Seeanemonen, erreicht aber nur einen Durchmesser von einem Zentimeter. Der Vulgärname leitet sich ab von der geringen Größe der Polypen und den etwa hundert kurzen Tentakeln, die kugelig enden. Die Färbung ist variabel und reicht von grün über lila bis orange. Die Juwelenanemone ist gewöhnlich koloniebildend und zieht strömungsreiche Standorte vom Flachwasser bis 100 Meter Tiefe vor.

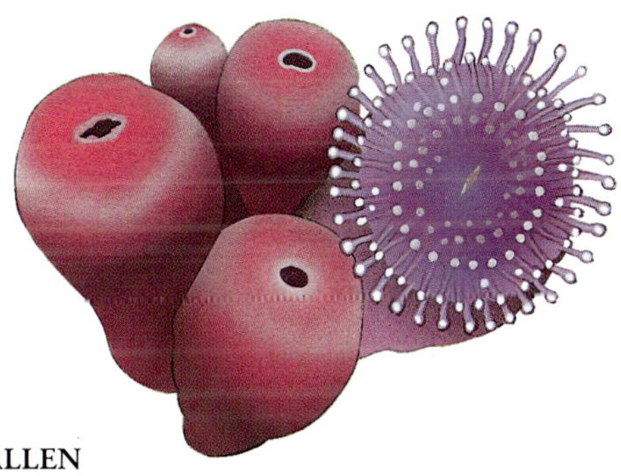

RIPPENQUALLEN

Venusgürtel – *Cestus veneris*

Der Venusgürtel lebt planktonisch und hat einen transparenten, bandförmigen Körper mit abgerundeten Rändern. Acht Reihen winziger, ständig vibrierender Ruderplättchen verlaufen längs des Körpers dieser Gürtelqualle. Die Mundöffnung liegt im Zentrum des Körpers und erhält Nahrung, die von zahlreichen Nebententakeln in zwei Rinnen gefangen und transportiert wird. Da der Körper fast ausschließlich aus Wasser besteht, ist das Tier sehr fragil. Es wird bis 1,5 Meter lang und acht Zentimeter hoch.

Melonenqualle – *Beroë ovata*

Diese Rippenqualle hat einen transparenten, faßförmigen Körper, der mit mehreren Längsreihen vibrierender Cilien überzogen ist. Die ständige Bewegung dieser kleinsten Tentakel bewirkt eine Lichtbrechung, so daß das Tier zu irisieren scheint. Die Mundöffnung liegt unten am etwa zehn Zentimeter hohen Körper, ihm wird die Nahrung von den vibrierenden Cilien zugeführt. Die Melonenqualle kann stark biolumiszierend sein.

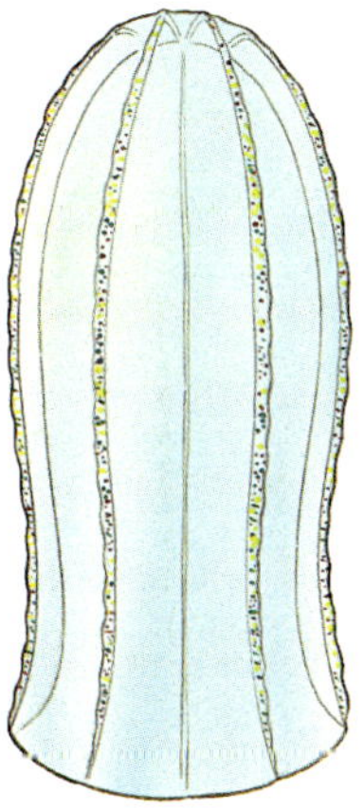

WÜRMER

Purpur-Plattwurm – *Prostheceraeus giesbrechtii*

Flacher, blattförmiger Wurm von länglicher, ovaler Gestalt. Trägt auf dem Kopf zwei kleine Tentakel und wandert mit leicht wellenförmigen Bewegungen. Rötlich-purpurfarben, weiß gestreift. Lebt ausschließlich auf felsigen Böden bis 50 Meter Tiefe. Länge bis zu vier Zentimeter.

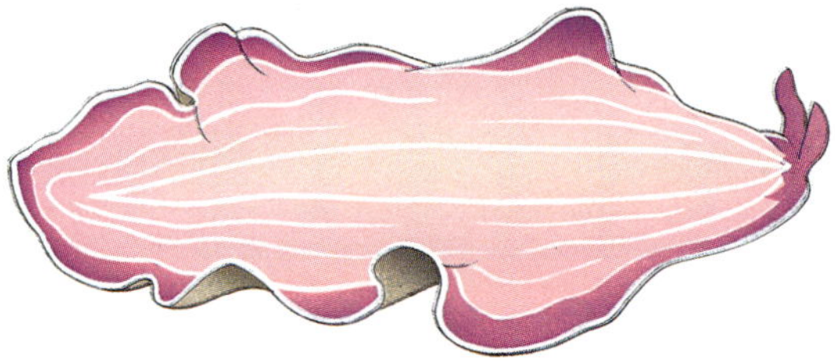

Schraubensabelle – *Spirographis spallanzani*

Typischer Röhrenwurm mit einem in einer langen, mit Einlagerungen versehenen Röhre geschützten Körper, aus dem die große, gefiederte und spiralenförmige Federkrone herausgestreckt wird. Die Federkrone dient der Atmung und dem Beutefang und variiert stark in der Färbung von dunkelbraun bis weiß. Das Tier hat keine Augen, ist aber sehr empfindlich für Bewegungen und Lichtwechsel, worauf es sich häufig blitzschnell zurückzieht. Bis 30 Zentimeter hoch.

Bunter Kalkröhrenwurm – *Serpula vermicularis*

Seßhafter Wurm. Bewohnt eine Kalkröhre mit kreisförmigem bis dreieckigem Querschnitt mit fünf bis sieben Längsrippen, aus der nur die beiden hufeisenförmigen Kronen rot-weißer, einziehbarer Tentakel herausschauen. Größe bis zu zwölf Zentimeter. Lebt bis zu 50 Meter tief, wo er sich an harten Substraten festheftet.

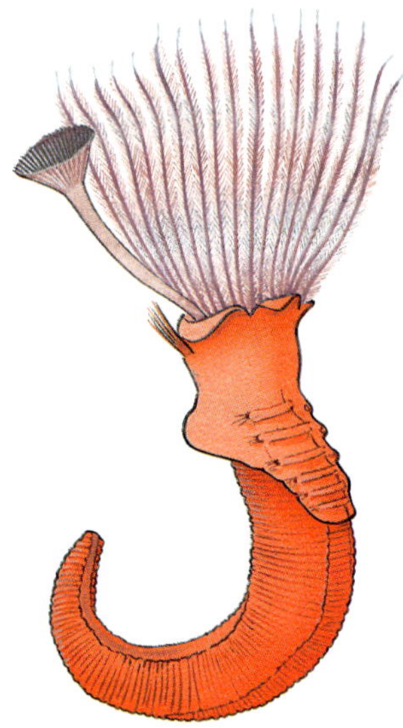

Weißer Kalkröhrenwurm – *Protula tubularia*

Seßhafter, höchstens fünf Zentimeter langer Wurm, dessen zylindrische Kalkröhre einen aufrechten Endabschnitt trägt. Einziehbares Kiemenbüschel aus zwei Lappen. Weiße oder rosa gefärbte Tentakelkrone mit gelb-oranger Streifung. Bewohnt harte Substrate von zwei bis zu über 500 Meter Tiefe.

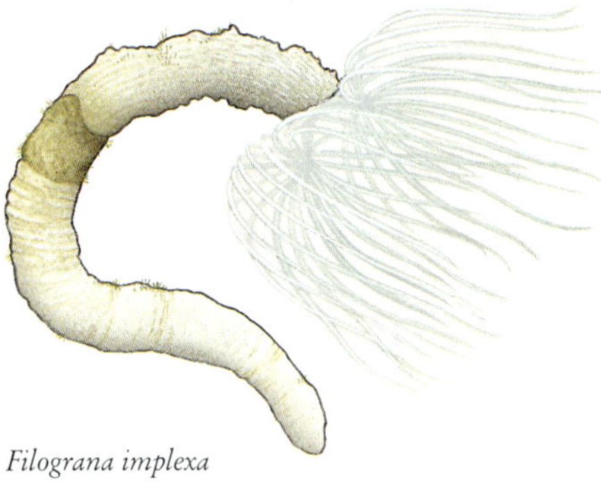

Filigranwurm – *Filograna implexa*

Ansammlungen dieses kleinen Röhrenwurms mit seinen weißen Röhren bilden eine rundliche, ineinander verwobene Masse. Sie besteht aus vielen Einzeltieren mit zwei Tentakelträgern und jeweils vier im allgemeinen transparenten, manchmal auch gelben oder orangen Tentakeln. Diese drei bis fünf Millimeter langen Röhrenwürmer leben an wenig belichteten, der Strömung ausgesetzten Standorten, häufig auch zwischen den Zweigen von Gorgonien.

Bonellia – *Bonellia viridis*

Vertreter der Echiurida mit ungewöhnlichem Geschlechtsdimorphismus: Weibchen mit sackförmigem Körper und tief gespaltenem Rüssel, der voll ausgefahren bis zu zwei Meter lang wird; das kleine Männchen lebt dagegen am Weibchen festgeheftet. Grünliche Färbung. Bewohnt zehn bis 100 Meter tiefe, von Spalten durchsetzte Fels- oder Detritusböden.

Käferschnecke – *Chiton olivaceus*

Schnecke mit verschiedenen, gelenkig miteinander verbundenen Platten, mit denen sich das Tier zusammenrollen kann. Olivgrüne Färbung mit unterschiedlich gefärbten Flecken. Länge vier bis fünf Zentimeter. Bewohnt die oberflächennahen Felsregionen und die Gezeitenzone.

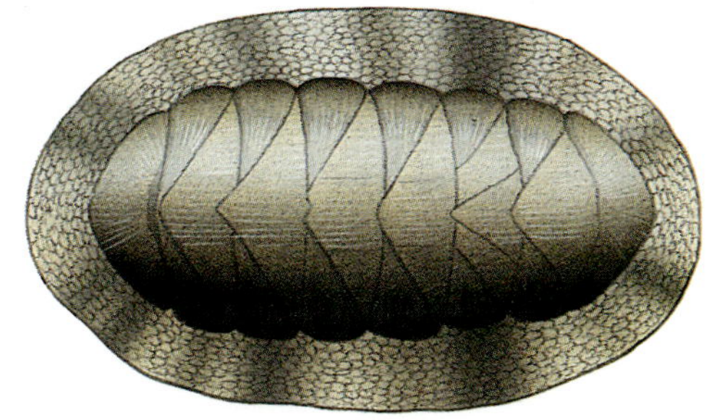

Napfschnecken – *Patella caerulea und P. ferruginea*

Die Napfschnecken haben flache, leicht konische Gehäuse und bewohnen die oberflächlichen Wasserschichten und die Gezeitenzone, wo sie sich bei Niedrigwasser mit dem muskulösen Fuß fest an die Felsen heften. Sie ernähren sich von Algen, die sie mit der Radula vom Fels abschaben. Patella caerulea hat eine flachere und nicht gerippte Schale, Patella ferruginea eine gewölbtere mit ausgeprägten Rippen. Größe maximal fünf bis sieben Zentimeter.

Warzige Kreiselschnecke – *Astrea rugosa*

Schnecke mit kräftigem, spiralig gewundenem Gehäuse und zahlreichen warzenähnlichen Fortsätzen. Die Öffnung wird mit einem spiralförmigen Operculum aus Kalk verschlossen. Lebt zehn bis über 100 Meter tief auf Fels- und Detritusböden. Größe bis zu sechs Zentimeter.

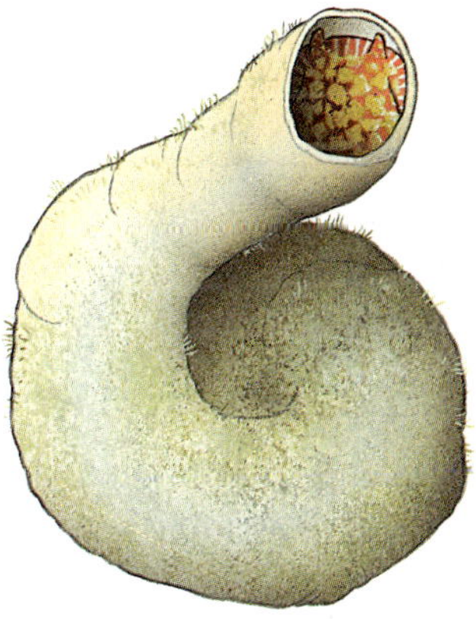

Geringelte Wurmschnecke – *Vermetus arenarius*

Diese Schnecke hat eine rohrenförmige Schale, die nur während des ersten Entwicklungsstadiums spiralig gerollt ist, wenn das Tier noch kriecht. Später sitzt es am Fels festgeheftet. Die Ernährungsweise ist eigenartig: Die Schnecke wirft ein Schleimnetz aus, das von der Strömung an hervorragende Stellen des Meeresgrundes geheftet wird und an dem organische Teilchen hängenbleiben. Von Zeit zu Zeit wird es eingezogen, um das gefangene Material zu verdauen.

Braune Maus – *Talparia (= Luria = Cypraea) lurida*

Einer der wenigen Vertreter der Porzellanschnecken im Mittelmeer. An der ovalen Form und dem schimmernden Mantel leicht zu erkennen. Färbung bräunlich; an beiden Enden dunkle Flecken. Länge bis zu fünf Zentimeter. Lebt in vier bis 45 Meter Tiefe auf spärlich beleuchteten Fels- und Sandböden.

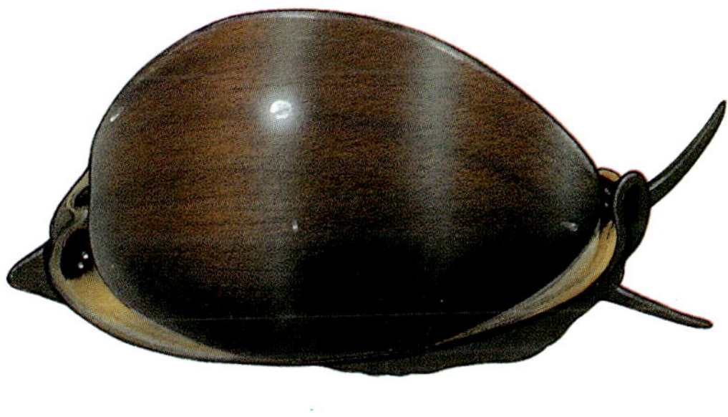

Gelbe Tylodina – *Tylodina perversa*

Bei dieser kleinen Schnecke ist die napfförmige Schale kleiner als der Körper. Das Tier ist leuchtend safrangelb und trägt zwei Rhinophoren sowie eine große Kieme auf der rechten Körperseite. Es ernährt sich ausschließlich vom Goldschwamm (Verongia =Aplysina aerophoba), auf dem es auch überwiegend lebt. Es wird 35 Millimeter groß und lebt unter einer Tiefe von zehn Meter.

Gestreifte Flügelschnecke – *Thuridilla hopei*

Vertreter der Ordnung Saccoglossa mit breitem, wellenförmigem Mantelrand. Am Vorderende ein Paar Tentakel. Zeichnung aus gelben, weißen und blauen Streifen auf dunklem Untergrund. Länge bis zu drei Zentimeter. Lebt auf felsigen Böden in drei bis zu 20 Meter Tiefe.

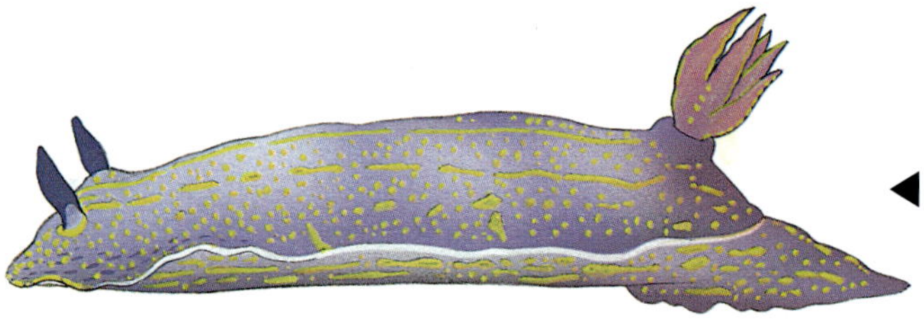

Riesen-Sternschnecke – *Hypselodoris valenciennesi*

Dies ist eine der größeren Nacktschnecken, und einige Exemplare können bis zu 20 Zentimeter lang werden. Länglicher Körper mit zwei einziehbaren Rhinophoren an der Vorderseite und einem verzweigten Kiemenbüschel am Körperende, das ebenfalls eingezogen werden kann. Die Färbung variiert stark. Häufig sind lichte Blautöne mit gelben Streifen und Flecken.

Leopardschnecke – *Peltodoris atromaculata*

Nacktkiemer mit rundlichem, flachem Körper; leicht an der weißlichen Grundfärbung mit den dunklen Flecken zu erkennen. Beinahe immer auf dem Feigenschwamm (Petrosia ficiformis) anzutreffen, von dem sie sich ernährt. Lebt auf felsigem Boden von fünf bis 50 Meter Tiefe.

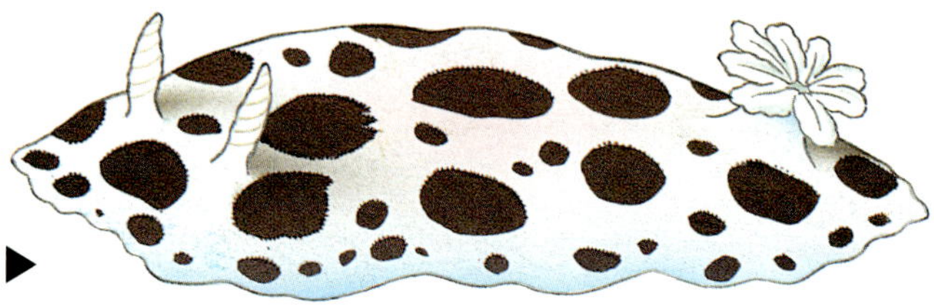

Violette Fadenschnecke – *Flabellina affinis*

Nacktkiemer mit schlankem, länglichem Körper, an dem seitlich zahlreiche verlängerte Papillen büschelweise austreten. Färbung variiert in verschiedenen Rosatönen. Länge bis zu vier Zentimeter. Lebt fünf bis 50 Meter tief auf Felsböden, normalerweise in der Nähe der Hydrozoen, von denen sie sich ernährt.

Wander-Fadenschnecke – *Cratena peregrina*

Das ist die um Sardinien herum häufigste Nacktschnecke, die man praktisch bei jedem Tauchgang sehen kann. Sie hat eine weiße Grundfärbung und trägt lange, orange-violette Anhängsel. An der Vorderseite zwei orange Flecken zwischen den weißen Tentakeln und den orangefarbigen Rhinophoren. Die Fadenschnecken ernähren sich von Hydrozoen und legen auf deren Kolonien auch ihre Eier in gewundenen weißen Laichbändern.

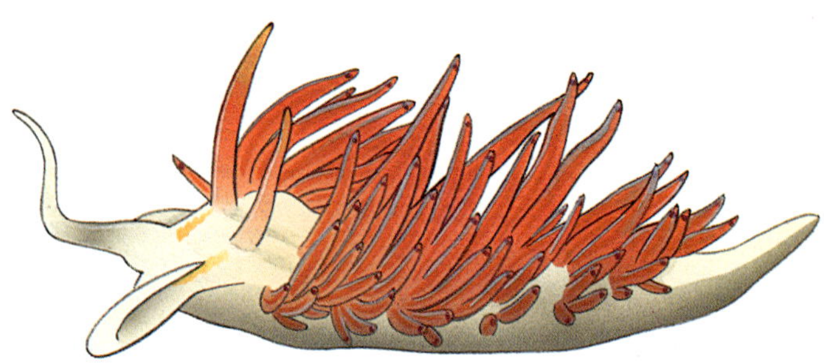

Große Steckmuschel – *Pinna nobilis*

Dies ist die größte Muschel im Mittelmeer. Erwachsene, etwa 20 Jahre alte Exemplare können einen Meter lang sein. Diese Muschel lebt auf Detritusgrund und in Posidonienwiesen und wird häufig von anderen Lebewesen wie Schwämmen, Hydrozoen und Seescheiden besiedelt. Sie beherbergt auch Garnelen und Krabben. Die Steckmuschel ist heute streng geschützt und wird dennoch an den Küsten Sardiniens immer seltener.

Vogelmuschel – *Pteria hirundo*

Muschel mit ungleichen Klappen und zwei seitlich des Schlosses unterschiedlich geformten seitlichen „Flügeln“. Bräunlich. Oft ist sie überkrustet, und innen ist sie zum Teil mit Perlmutt ausgekleidet. Größe bis zu acht Zentimeter. Lebt in 15 bis über 100 Meter Tiefe, wo sie sich an Hartsubstraten und Gorgonien festheftet.

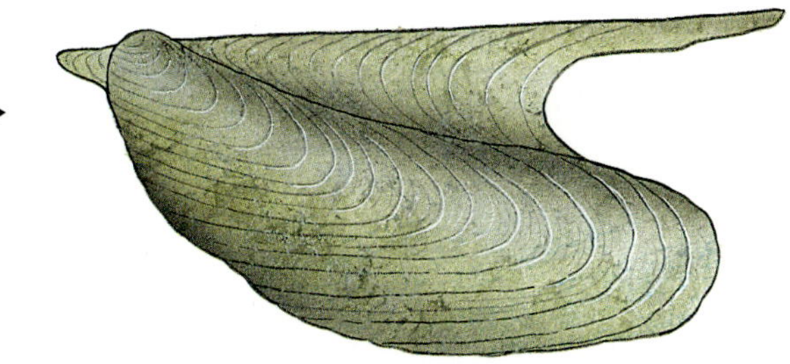

Gemeine Sepia – *Sepia officinalis*

Tintenfisch der Ordnung Decapoda. Mit breitem Kopf, acht Freßarmen und zwei ausstreckbaren Fangarmen. Im Inneren des Mantels gut entwickelte Schale (Schulp). Färbung und Zeichnung variieren mit den hervorragenden Tarnfähigkeiten dieses Tiers. Länge 35 bis 40 Zentimeter. Lebt dicht über Sand- oder Detritusböden in wenigen Metern bis über 100 Meter Tiefe.

Gemeiner Krake – *Octopus vulgaris*

Vertreter der Achtarmigen Tintenfische, Ordnung Octopoda. Leicht an dem großen, vom übrigen Körper abgesetzten Kopf und den acht mit doppelten Saugnapfreihen besetzten Fangarmen zu erkennen. Färbung und Zeichnung variieren mit den hervorragenden Tarnfähigkeiten dieser Tiere. Bewohnt spaltendurchsetzte Fels- und Detritusböden von wenigen Meter bis über 100 Meter Tiefe. Größe bis zu 60 Zentimeter.

Langarmiger Krake – *Octopus macropus*

Vertreter der Octopoda. Unterscheidet sich vom Gemeinen Kraken vor allem durch seine Arme, von denen insbesondere die dorsalen länger sind, sowie durch die rötliche Grundfärbung mit weißen Flecken. Bis zu 60 Zentimeter groß. Lebt auf Fels- und Detritusböden von wenigen Meter bis zu 100 Meter Tiefe.

KRUSTENTIERE

Perforierte Seepocke – *Balanus perforatus*

Vertreter der Cirripedia. Lebt in einem großen, konischen Panzer mit einer schmalen dreieckigen Öffnung. Größe bis zu drei Zentimeter. Heftet sich in Tiefen bis zu 40 Meter an harten Substraten fest und filtert mit seinen Cirri, modifizierten Beinen, die ständig aus dem Panzer herausgestreckt und wieder eingezogen werden, gelöste Teilchen aus dem Wasser. Heftet sich in Tiefen bis zu 40 Meter an Hartsubstrat.

Scherengarnele – *Stenopus spinosus*

Putzergarnele mit langen, dünnen Antennen und einem dritten Paar hochentwickelter Gliedmaßen, die in kräftigen Scheren enden. Antennen und Scherenspitzen heben sich mit ihrer weißen Farbe von der rötlich-orangen Grundfarbe ab. Länge bis zu sieben Zentimeter. Bewohnt felsige, spärlich beleuchtete Lebensräume und Höhlen in zehn bis über 500 Meter Tiefe.

Einhorn-Garnele – *Pleisionika narval*

Elegant aussehende Garnele mit schimmerndem Carapax und langem, leicht aufwärts geneigtem Rostrum. Zeichnung aus roten und goldenen Längsstreifen auf heller Grundfarbe. Lebt in zehn bis über 800 Meter Tiefe auf felsigen, sandigen oder schlammigen Böden. Länge bis zu zwölf Zentimeter.

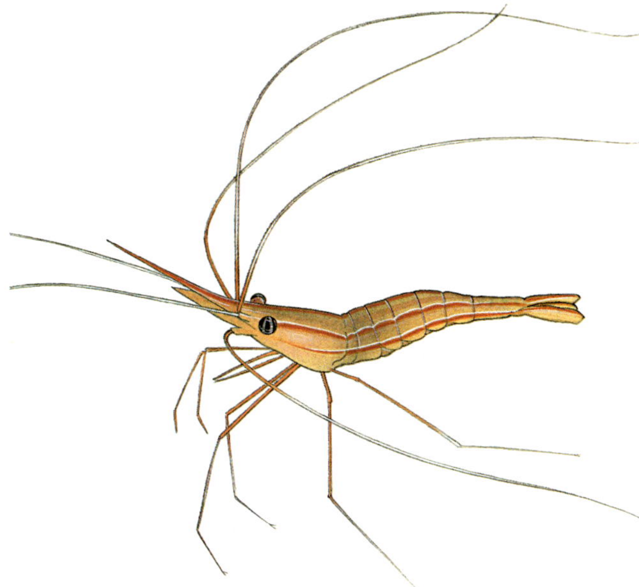

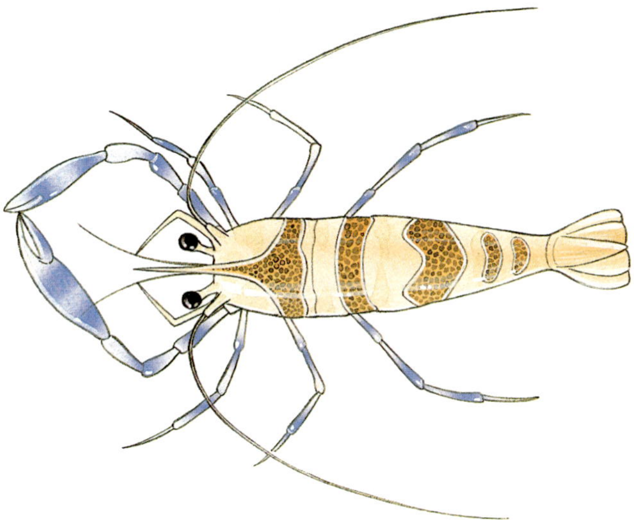

Amethyst-Partnergarnele – *Periclemenes amethysteus*

Wird auch Anemonen-Garnele genannt. Der Körper ist, von einigen pinkfarbigen Stellen abgesehen, nahezu völlig transparent. Diese Garnele lebt häufig in Symbiose mit Sandgoldrosen (Condylactis aurantiaca) oder Dickarmigen Anemonen (Cribrinopsis crassa). Es gibt weitere ähnliche Arten, beispielsweise P. sagittifer, die violette Flecken aufweisen sowie ein V-förmiges Zeichen auf der Bauchseite.

Europäischer Hummer – *Homarus gammarus*

Großer, bis zu 60 Zentimeter langer Krebs mit zwei kräftigen, ungleich großen Scheren: Die rechte dient dem Zerbrechen, die linke dem Zerkleinern der Nahrung. Blauschwarzer Rücken mit gelblicher Zeichnung. Bewohnt gemischte Sand- und Felsböden in zehn bis 60 Meter Tiefe.

Europäische Languste – *Palinurus elephas*

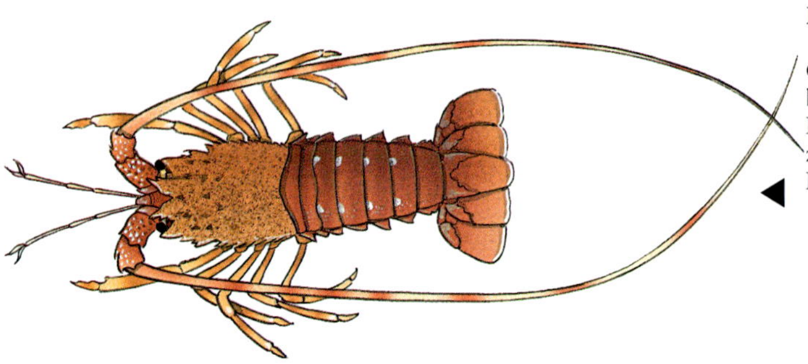

Großer Krebs mit konvex geformtem, von Stacheln und Warzen bedecktem Carapax. Antennen sind länger als der Körper. Dunkelroter Körper mit weißen Flecken, und auch die Beine sind weiß gestreift. Lebt zehn bis 70 Meter tief auf Felsböden im Inneren von Höhlen und Spalten. Länge bis zu 50 Zentimeter.

Großer Bärenkrebs – *Scyllarides latus*

Krebs mit flachem, rechteckigem Körper, der vorn breiter ist als hinten. Typisch flache, blattförmige Antennen mit wellenförmigem Vorderrand. Violette Antennen, die sich farblich vom rötlich-braunen Körper abheben. Länge bis zu 45 Zentimeter. Lebt zehn bis 100 Meter tief auf felsigem Boden.

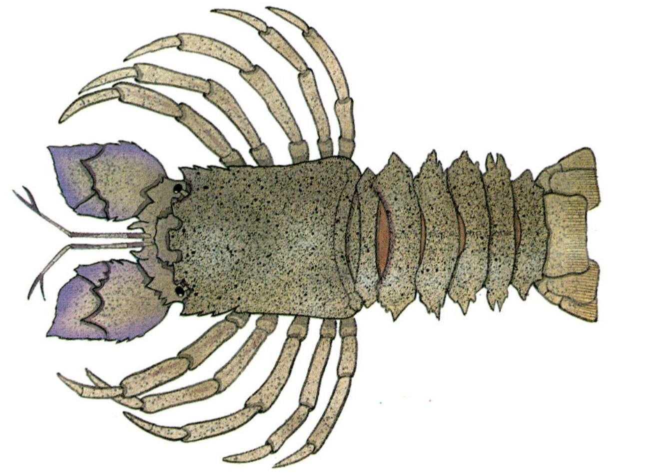

Roter Einsiedlerkrebs – *Dardanus arrosor*

Großer Einsiedlerkrebs, dessen gekerbte, asymmetrische Scheren mit hellen Borsten bedeckt sind. Oft auffällig leuchtend rote Färbung. Länge sechs Zentimeter. Bewohnt Fels- oder Detritusböden in 15 bis 50 Meter Tiefe.

Bunter Springkrebs – *Galathea strigosa*

Flacher Krebs, länger als breit, Abdomen über die Hälfte seiner Länge ventral eingeklappt. Rötliche Grundfarbe mit bläulichen Ringen. Länge bis zu 17 Zentimeter. Lebt zwischen 20 und 30 Meter Tiefe auf Fels- und Detritusböden. Er kommt noch in 600 Meter Tiefe vor.

Wollkrabbe – *Dromia personata*

Krabbe mit haarigem Bewuchs auf dem Carapax, der sich bis vor die Spitze der Scheren fortsetzt. Carapax breiter als lang. Scheren heben sich mit ihrer rosa Färbung vom dunkelbraunen Körper ab. Große sieben Zentimeter. Lebt auf felsigen Böden oder in Grotten in fünf bis zu 100 Meter Tiefe.

Große Seespinne – *Maja squinado*

Krabbe mit ovoidem, stark konvex geformtem Carapax, der von zahlreichen Stacheln bedeckt wird. Färbung gelblich oder rötlich-braun. Größe bis zu 18 Zentimeter. Typisch sind das gegabelte Rostrum und sehr lange Beine. Bewohnt felsige, algenbewachsene Meeresböden in drei bis über 70 Meter Tiefe.

MOOSTIERCHEN

Trugkoralle – *Myriapora truncata*

Koloniebildender, baumförmiger Organismus, der sich dichotom in alle Richtungen verzweigt. Die kurzen, im Querschnitt rundlichen Zweige wirken wie abgeschnitten. Die Kolonie wird von winzigen Poren bedeckt, entsprechend den Individuen, aus denen sich die Kolonie zusammensetzt. Die rosa-rötliche Farbe verblaßt außerhalb des Wassers. Wächst auf felsigen, schwach beleuchteten Böden in zwei bis über 90 Meter Tiefe. Höhe bis zehn Zentimeter.

Neptunsschleier – *Sertella beaniana*

Spitzenartige, bis zehn Zentimeter große Kolonie mit ausgestreckten, aufrechten Blättchen und geriffelten Rändern. Färbung variiert von einem leuchtenden Rosa bis zu Weiß. Besiedelt steinige, schwach beleuchtete Böden oder Höhlen in Tiefen zwischen zehn und 35 Meter.

STACHELHÄUTER

Mittelmeer-Haarstern – *Antedon mediterranea*

Typischer Stachelhäuter mit kleinem zentralem Körper und zehn dünnen Armen, deren seitliche Fortsätze ein gefiedertes Aussehen verleihen. Färbung variiert von Rot über Gelb bis Rosa. Größe bis zu 25 Zentimeter. Lebt auf Stein-, Sand- und Detritusböden von zehn bis über 80 Meter Tiefe.

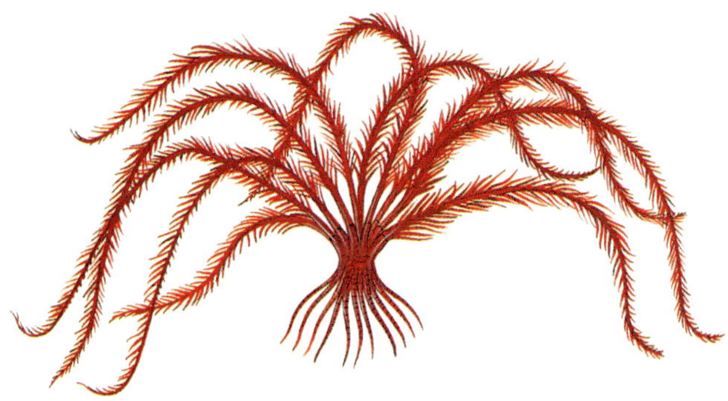

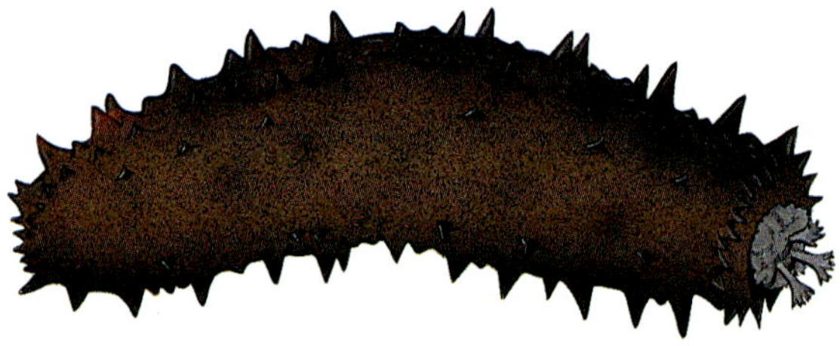

Röhren-Seegurke – *Holothuria tubulosa*

Stachelhäuter mit zylindrischem Körper und einem dicken, lederartigen Integument. Oberer Körperteil von Papillen bedeckt; an der Bauchseite sitzen Streifen von Röhrenfüßchen. Bräunliche Färbung mit manchmal rötlichem Schimmer. Bis zu 30 Zentimeter lang. Lebt zwischen drei und 100 Meter Tiefe auf Stein-, Schlamm- und Sandböden.

Rotvioletter Seestern – *Ophidiaster ophidianus*

Roter Seestern, dessen lange, biegsame und zylindrische Arme an einer kleinen zentralen Scheibe sitzen. Karmin- oder orange-roter Körper mit dunkler Zeichnung. Größe bis zu 35 Zentimeter. Lebt auf steinigen Böden in sieben bis zehn und sogar 100 Meter Tiefe.

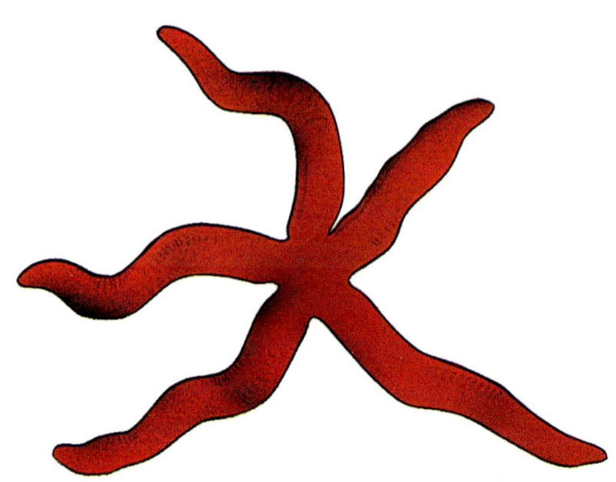

Purpurseestern – *Echinaster sepositus*

Häufigster roter Seestern des Mittelmeers. An der kleinen zentralen Scheibe sitzen fünf im Querschnitt rundliche, spitze Arme. Körnige Oberfläche. Die Farbe variiert von dunklem Rot bis zu Orange-Rot. Lebt auf steinigen Detritusböden und zwischen Neptunsgras in zwei bis 250 Meter Tiefe. Größe bis zu 30 Zentimeter.

Diadem-Seeigel – *Centrostephanus longispinus*

Rundlich gebauter Seeigel mit zahlreichen, sehr langen und außerordentlich beweglichen Stacheln. Violett-braun; die Stacheln tragen abwechselnd helle und dunkle Ringe. Bewohnt in zehn bis zu 200 Meter Tiefe steinige, schwach beleuchtete Böden. Schalendurchmesser bis zu vier Zentimeter. ▶

Schwarzer Seeigel – *Arbacia lixula*

◀ Leicht zusammengedrückter Panzer mit kurzen Stacheln. Typische schwarze Farbe. Lebt auf Felsböden mit reichem Bewuchs an Korallenalgen in Tiefen zwischen einem und 40 Meter. Schalendurchmesser bis zu sechs Zentimeter.

Violetter Seeigel – *Sphaerechinus granularis*

Schalendurchmesser bis zu 13 Zentimeter. Rundliche Form, leicht an den blau-violetten Stacheln mit den weißen Spitzen zu erkennen. Lebt auf steinigen Böden und zwischen Neptunsgras in drei bis zu 100 Meter Tiefe. Schalendurchmesser bis zu 13 Zentimeter. ▶

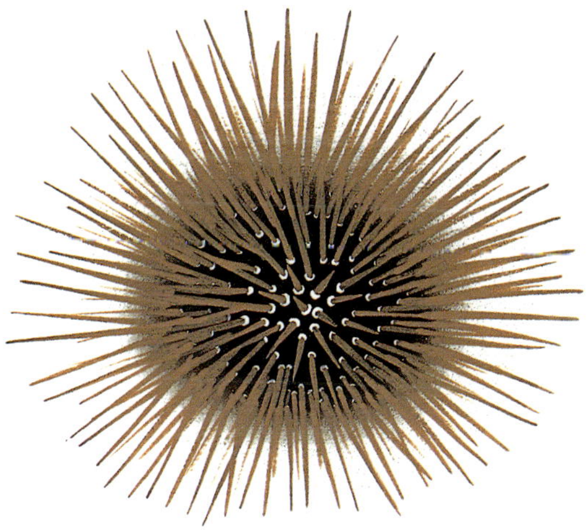

Stein-Seeigel – *Paracentrotus lividus*

◀ Leicht zusammengedrückte Schale. Nicht viele, dafür aber kräftige und spitze Stacheln. Die Farbe variiert von Rot über Braun bis Violett. Lebt auf algenbewachsenen Felsböden und zwischen Neptunsgras in Tiefen zwischen einem und 80 Meter. Schalendurchmesser bis zu sieben Zentimeter.

Violetter Herzseeigel – *Spatangus purpureus*

Herzförmige Schale ohne die übliche Radiärsymmetrie, von spärlichen Stacheln bedeckt und an der Rückenseite abgeflacht. An der Oberseite der Schale stehen lanzenförmige Ambulacralfüßchen. Dunkelviolett mit weißlichen Stacheln. Lebt auf Sand- und Detritusböden von 15 bis 900 Meter Tiefe. Schalendurchmesser bis zwölf Zentimeter. ▶

SEESCHEIDEN

Büschel-Seescheide – *Clavelina lepadiformis*

Kolonienbildende Ascidie; besteht aus durchsichtigen Individuen, die an einem einzigen Stolon festsitzen. Keulenförmig; auf Grund der Durchsichtigkeit sind die inneren Organe zu erkennen. Lebt in drei bis 50 Meter Tiefe auf Felsböden, manchmal auf anderen Organismen festsitzend. Größe bis zu sechs Zentimeter.

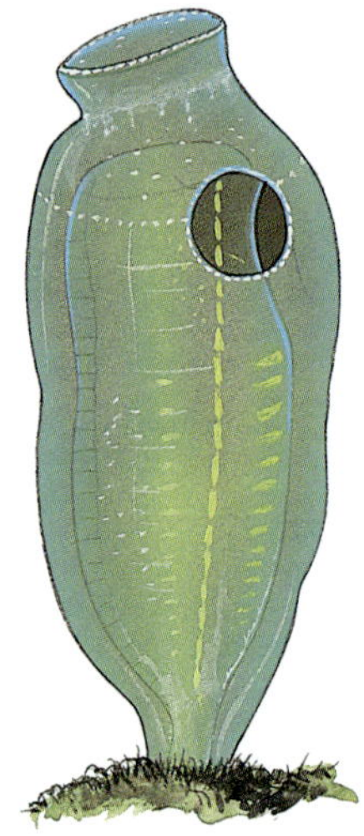

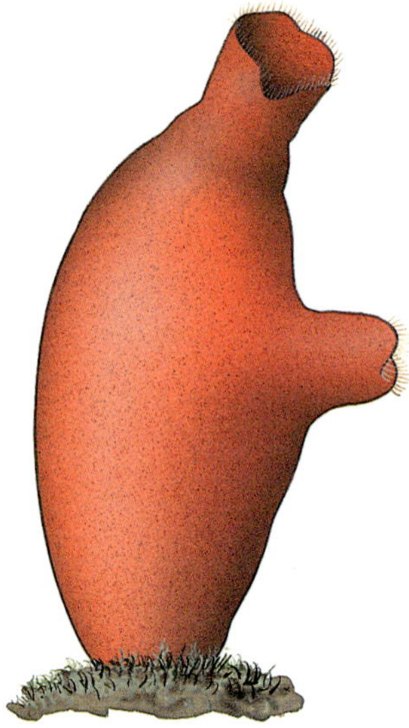

Rote Seescheide – *Halocynthia papillosa*

Eine der häufigeren Ascidien mit faßförmigem Körper, von dem der Einström- und der Ausströmsiphon ausgehen. Die Tunica fühlt sich rauh an. Rot und gelb oder weiß. Lebt auf steinigen Böden sowie zwischen Neptunsgras in zehn und 100 Meter Tiefe. Größe bis zu zwölf Zentimeter.

FISCHE

Gemeiner Stechrochen – *Dasyatis pastinaca*

Rochen mit scheibenförmigem Körper, etwas breiter als lang. Spitze Schnauze. Die Rückenflosse fehlt, und der Schwanz ist eineinhalbmal so lang wie der Körper. Färbung oliv mit rötlichem Einschlag. Lebt auf sandigen Schlamm- und auf Detritusböden bis 200 Meter Tiefe. Größe bis zu 2,5 Meter.

Mittelmeer-Muräne – *Muraena helena*

Kräftiger, aalförmiger Körper, hinten leicht zusammengedrückt. Kurzer Kopf mit gut entwickeltem Maul, das beinahe immer offensteht. Keine Brustflossen. Marmorierte Zeichnung, manchmal schwarz. Lebt auf Felsböden von wenigen bis zu 80 Meter Tiefe. Länge bis zu 1,3 Meter.

Europäischer Meeraal – *Conger conger*

Aalförmiger Körper mit subzylindrischem Vorderende. Verlängerte Schnauze mit breitem Maul und großen Lippen. Gut entwickelte Brustflossen. Die Färbung ist schwärzlich bis weißlich. Lebt auf steinigen oder sandig-schlammigen Böden von drei bis 100 Meter Tiefe. Länge bis zwei Meter.

Dunkler Gabeldorsch – *Phycis phycis*

Spitz zulaufender, hoher Körper mit zusammengedrücktem Hinterabschnitt. Trägt am Unterkiefer eine Bartel. Fadenförmige Bauchflossen. Dunkel oder rötlich braun. Lebt auf Felsböden oder sandigen Schlammböden in zehn bis 650 Meter Tiefe. Größe bis zu 65 Zentimeter.

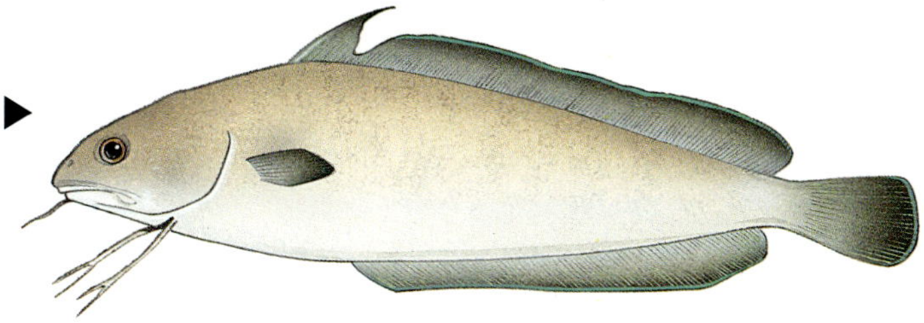

Heringskönig (Petersfisch) – *Zeus faber*

Hoher, ovaler, seitlich zusammengedrückter Körper. Typisch sind die langen Strahlen an der Rückenflosse und die seitlichen Augenflecken. Goldgrau mit dunkler Schattierung. Lebt über Sand- oder Schlammböden in 20 bis 400 Meter Tiefe. Länge bis 60 Zentimeter.

Langschnäuziges Seepferdchen – *Hippocampus guttulatus*

Unverwechselbare Form mit Greifschwanz. Der Kopf wird im typischen Winkel zum Körper getragen. Fadenförmige Hautanhänge an Kopf und Rücken. Bräunlich oder grünlich-schwarz. Das Männchen brütet die Eier in einer Hautfalte am Bauch aus. Lebt in der Nähe von Neptunsgras in zwei bis 30 Metern Tiefe. Länge bis zu 15 Zentimeter.

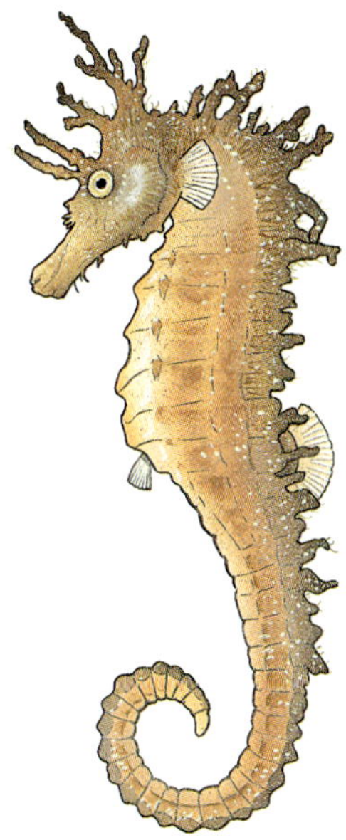

Großer Roter Drachenkopf – *Scorpaena scrofa*

Größter Drachenkopf des Mittelmeers, leicht an den vielen fransenförmigen Anhängen am Kopf, am Maul und an den Seiten zu erkennen. Rötlich mit bräunlicher und schwarzer Fleckenzeichnung. Lebt auf Fels- oder Detritusböden und zwischen Neptunsgras von drei bis über 300 Meter Tiefe. Länge bis zu 50 Zentimeter.

Brauner Zackenbarsch – *Epinephelus guaza*

Großer, ovaler Körper mit gut entwickeltem Kopf und großem Maul. Breite, rundliche Schwanzflosse. Färbung bräunlich mit unterschiedlich dunklen Flecken. Bewohnt spaltenreiche Felsböden von drei bis 100 Meter Tiefe. Größe bis zu einem Meter.

Kleiner Sägebarsch – *Serranus cabrilla*

Dieser Barsch ist in allen Lebensräumen recht häufig. Er hat einen vorstehenden Unterkiefer und einen braungestreiften, länglichen Körper. Die Art ist hermaphroditisch, besitzt also männliche und weibliche Geschlechtsorgane, die zur gleichen Zeit aktiv sind. Bisher ist aber noch nicht festgestellt worden, ob die Individuen sich selbst befruchten. Länge bis 25 Zentimeter.

Schriftbarsch – *Serranus scriba*

Leicht zusammengepreßter, sich verjüngender Körper mit spitzem Kopf. Rötlich-braun mit dunklen, senkrechten Streifen und einem typischen blauen Fleck an den Seiten. Nase und Kiemendeckel sind unterschiedlich gezeichnet. Lebt zwischen vier und 100 Meter tief auf Felsböden und in der Nähe von Posidonien. Länge bis zu 35 Zentimeter.

Wolfsbarsch – *Dicentrarchus labrax*

Stromlinienförmiger, spitz zulaufender Körper mit kräftigem Kopf und gut entwickeltem Maul. Auf dem Präoperculum stehen robuste, nach vorn weisende Stacheln. Doppelte Rückenflosse. Färbung silbrig-grau. Lebt drei bis 100 Meter tief auf Sand- und Felsböden. Länge bis zu einem Meter.

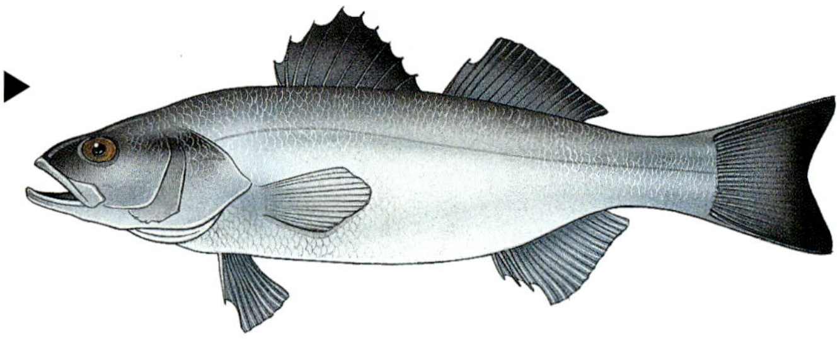

Roter Fahnenbarsch – *Anthias anthias*

Fisch von ovalem Körperbau mit kurzer Nase und deutlich sichelförmigem Schwanz mit verlängerten Lappen. Stark entwickelte Bauchflossen. Grundfärbung rot oder leuchtend rosa mit goldenen Streifen am Kopf und an den Seiten. Bewohnt spaltendurchzogene Felsböden zwischen 15 und 200 Meter Tiefe. Länge bis zu 25 Zentimeter.

Meerbarbenkönig – *Apogon imberbis*

Großäugiger Fisch von ovalem Körperbau, mit kurzem Kopf und vorstehendem Kiefer. Die erste Rückenflosse ist weniger entwickelt als die zweite. Roter oder rosafarbener Körper mit weißen Streifen über den Augen. Die Männchen brüten das Gelege im Maul aus. Die Art lebt zwischen zwei und 200 Meter tief auf spaltendurchsetzten Felsböden. Größe bis zu 15 Zentimeter.

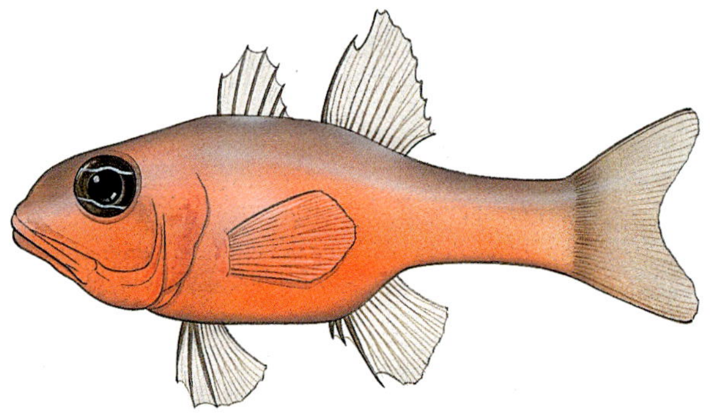

Seriola – *Seriola dumerili*

Robuster, seitlich zusammengepreßter, sich verjüngender Körper. Zweilappige, gut entwickelte Schwanzflosse an schlankem Schwanzstiel. Silbrig-grau mit einem dunklen Streifen, der von den Augen aus am Körper entlangläuft. Bewohnt tiefe Gewässer, kommt aber auch an die Küste in Tiefen zwischen zehn und 70 Meter. Größe bis zu zwei Meter.

Meerrabe – *Sciaena umbra*

Derb gebauter Fisch mit leicht gewölbtem Rücken. Unterständiges Maul mit fünf Poren am Vorderrand des Unterkiefers. Bauch- und Afterflossen tragen einen weißen Vorderrand. Kann unter Wasser sehr gut wahrnehmbare Töne hervorbringen. Bewohnt felsige Böden in der Nähe von Neptunsgras sowie an Höhleneingängen in Tiefen zwischen fünf und 180 Metern. Länge maximal 70 Zentimeter.

Gestreifte Meerbarbe – *Mullus surmuletus*

Leicht zusammengepreßter Körper. Der kurze Kopf trägt unter dem Unterkiefer ein Paar Barteln, die ebenso lang sind wie die Brustflossen. Deutlich schräges Kopfprofil. Färbung rötlich mit einem dunklen Streifen von den Augen bis zum Schwanz. Lebt zehn bis 500 Meter tief auf Fels- oder Detritusböden. Länge bis zu 40 Zentimeter.

Streifenbrasse – *Spondyliosoma cantharus*

Ovaler, zusammengepreßter Körper mit kurzer, aber spitzer Schnauze. Leicht schräg stehendes, aufwärts gerichtetes Maul. Die lange Rückenflosse kann dem Rücken vollkommen anliegen. Färbung bräunlich-grau mit metallischem Schimmer und goldenen Längsstreifen. Lebt zehn bis 150 Meter tief auf Fels- oder Sandböden in der Nähe von Neptunsgraswiesen. Größe bis zu 60 Zentimeter.

Ringelbrasse – *Diplodus annularis*

Dies ist die kleinste Art unter den Meerbrassen. Sie unterscheidet sich von den anderen durch ihre gelbliche Grundfärbung und die längliche, ovale Körperform. Schwarze Binde am Schwanzstiel. Die Art scheint zu den Folgezwittern zu gehören: zuerst weiblichen und dann männlichen Geschlechts. Sie kommt in allen Lebensräumen des Flachwassers vor und wird bis zu 18 Zentimeter lang.

Große Geißbrasse - *Diplodus sargus*

Ovaler, sehr hoher, seitlich zusammengepreßter Körperbau. Silbrig-grau, an der Schnauze dunkler. An den Seiten acht bis neun abwechselnd helle und dunkle Streifen. Schwarze Binde am Schwanzstiel. Hinterrand der Schwanzflosse schwarz. Lebt zwei bis über 50 Meter tief auf steinigen und sandigen Böden in der Nähe von Felsen. Länge bis zu 40 Zentimeter.

Spitzbrasse - *Diplodus puntazzo*

Ovaler Körper mit spitzer Schnauze. Im leicht geöffneten Maul sieht man große, dunkle Zähne. Silbrig-grau mit fünf bis sieben hellen und dunklen Streifen an den Seiten. Dunkler Schwanzstiel. Bewohnt felsige Böden in zwei bis 150 Meter Tiefe. Größe bis zu 60 Zentimeter.

Zweibindenbrasse - *Diplodus vulgaris*

Hoher, ovaler, seitlich zusammengepreßter Körper. Leicht vorstülpbares Maul. Färbung bräunlich oder grünlich-grau mit typischem dunklem Streifen am Hals. Die dunkle Zeichnung des Schwanzstiels erreicht noch die Strahlen der Rücken- und Afterflossen. Lebt auf felsigem und sandigem Grund und zwischen Neptunsgras in Tiefen zwischen zwei und 130 Meter. Größe bis zu 45 Zentimeter.

Zahnbrasse - *Dentex dentex*

Robuster, hochgezogener und seitlich zusammengepreßter Körper. Großer Kopf mit breitem Maul und großen Zähnen. Färbung blau-grau mit dunkler Zeichnung an den Seiten. Flossen mit rosafarbener Schattierung. Lebt nahe an Fels- oder Sandböden oder in Posidonienwiesen in Tiefen zwischen 15 und 150 Meter. Länge bis zu einem Meter.

Brandbrasse - *Oblada melanura*

Länglicher, leicht zusammengepreßter Körper mit kurzer Schnauze und großen Augen. Silbrig-grau mit bläulichem Schimmer am Rücken. Typisch ist die große, schwarze, weiß umrahmte, sattelförmige Zeichnung am Schwanzstiel. Lebt drei bis 40 Meter tief auf Felsböden und in der Nähe von Neptunsgras. Länge bis zu 30 Zentimeter.

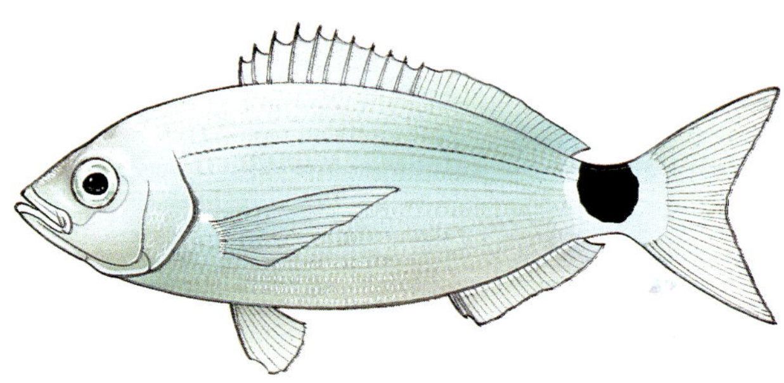

Goldstrieme - *Sarpa salpa*

Länglicher, zusammengepreßter Körper mit kleinem Kopf und rundlicher Schnauze. Dicklippiges Maul. Färbung blau-grau mit zehn bis elf längs verlaufenden Goldstreifen. Lebt an reich bewachsenen Fels- und Sandböden in Tiefen von zwei bis 20 Meter. Länge bis zu 50 Zentimeter.

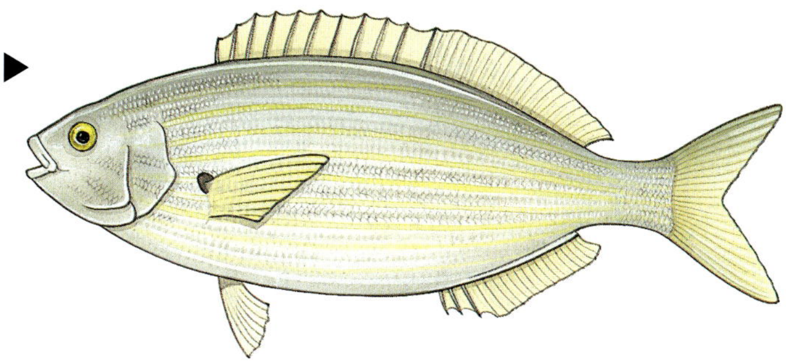

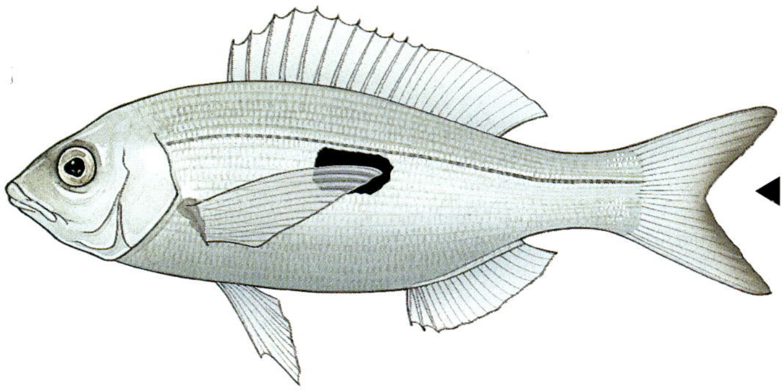

Gemeiner Laxierfisch - *Maena maena (vulgaris)*

Länglicher, leicht zusammengepreßter Körper, am hinteren Kopfbereich leicht konkav. Oberkiefer weit vorstülpbar. Färbung blau oder grünlich-grau; Seiten silbrig mit deutlich rechteckigem, schwarzem Fleck. Lebt auf steinigem Grund oder zwischen Neptunsgras in fünf bis 170 Meter Tiefe. Länge bis zu 25 Zentimeter.

Mönchsfisch - *Chromis chromis*

Ovaler, seitlich zusammengepreßter Körper mit kurzem Kopf und kleinem Maul. Die Erwachsenen sind bräunlich, während die jüngeren Exemplare beinahe leuchtende Blautöne besitzen. Wohnt an felsigen Böden und in der Nähe von Posidonienwiesen in Tiefen zwischen fünf und 50 Meter. Länge bis zu 15 Zentimeter.

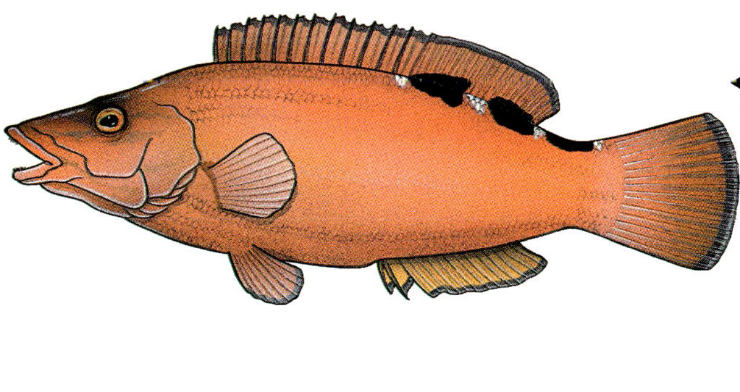

Streifenlippfisch - *Labrus bimaculatus*

Länglicher, leicht zusammengedrückter Körper. Kopflänge übertrifft die Höhe des Körpers. Jungtiere und Weibchen sind orange oder rot gefärbt mit drei dunklen Flecken auf dem Rücken. Die Männchen sind bräunlich mit grünlich-blauem Kopf und blauer Zeichnung an den Seiten und am Rücken. Lebt drei bis 200 Meter tief auf Felsböden, oft in der Nähe von Seegraswiesen. Länge bis zu 40 Zentimeter.

Pfauenlippfisch - *Symphodus tinca*

Ovaler, leicht zusammengepreßter Fisch mit länglicher, flacher Schnauze. Jungfische und Weibchen grünlich- oder bräunlich-grau mit weißen Lippen; Männchen grünlich, bläulich oder gelblich-grün mit mehreren Reihen kleiner, roter Flecken an den Seiten und blau gefärbtem oberem Kopf. Lebt auf Felsböden und nahe an Posidonien in Tiefen zwischen zwei und 80 Meter. Länge bis zu 44 Zentimeter.

Achselfleck-Lippfisch – *Symphodus mediterraneus*

Ovaler, untersetzter Fisch mit kurzem Kopf und kurzer Nase. Jungfische und Weibchen gelblich, marmoriert und braun. Männchen bläulich-, bräunlich- oder grünlich-grau mit zahlreichen hellen, in Linien angeordneten Flecken. Beide Geschlechter tragen am Schwanzstiel und am Kiemendeckel einen Augenfleck. Die Art lebt vorzugsweise in der Nähe von Posidonienwiesen in zwei bis 50 Meter Tiefe. Länge bis zu 18 Zentimeter.

Augenfleck-Lippfisch – *Symphodus ocellatus*

Fisch mit ovalem, seitlich stark zusammengepreßtem Körper, kurzem Kopf und kurzer Nase. Weibchen gelblich-braun mit grün oder rosa gestreiften Seiten. Männchen grün, orange oder bräunlich mit zwei großen, dunklen Längsstreifen und bläulicher Zeichnung. Beide Geschlechter tragen am Schwanzstiel und am Kiemendeckel einen Augenfleck. Die Art bewohnt algenreiche Felsböden von fünf bis 30 Meter Tiefe. Länge bis zu 15 Zentimeter.

Meerjunker – *Coris julis*

Schlanker, sich verjüngender Körperbau. Weibchen mit braunem oder rotem Rücken und einem hellen Seitenstreifen, Männchen dagegen mit grünlich-blauem Rücken und blau gesäumten roten oder orangen Streifen an der Seite. Bewohnt felsigen Grund in der Nähe von Posidonienwiesen in zwei bis 120 Meter Tiefe. Größe bis zu 25 Zentimeter.

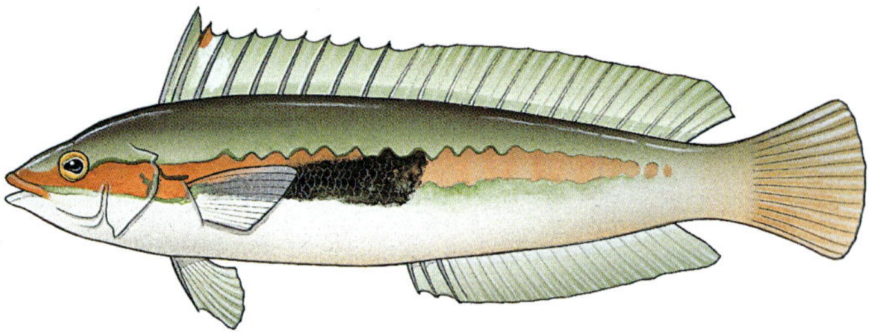

Meerpfau – *Thalassoma pavo*

Länglicher, zusammengepreßter Körper mit ovalem, spitzem Kopf und kleinem, dicklippigem Maul. Schwanzflosse mit verlängerten Lappen. Weibliche Fische grünlich-braun mit einem dunklen Seitenstreifen. Männchen mit rotem Kopf, bläulichen Streifen und einem senkrechten roten Streifen hinter dem Kiemendeckel. Bewohnt die meisten südlichen Regionen des Mittelmeers auf steinigen Böden und in der Nähe von Posidonienwiesen in Tiefen zwischen zwei und 150 Meter. Größe bis zu 28 Zentimeter.

Rotmaulgrundel – *Gobius cruentatus*

Grundel mit länglichem Körper, großem Kopf und breitem Maul. Lippen und Wangen leuchtend rot. Färbung rötlich-braun mit unregelmäßiger Fleckenzeichnung. Lebt über zehn bis 40 Meter tiefen Fels- und Sandböden und zwischen Neptunsgras. Länge bis zu 18 Zentimeter.

Schlankgrundel – *Gobius geniporus*

Schlanke Grundel mit rauhen Schuppen. Großer, rundlicher Kopf mit zahlreichen Poren an den Wangen. Braun marmoriert mit dunklen Flecken und grüner Pupille. Lebt auf sandigen Schlammböden und in der Nähe von Posidonienwiesen in Tiefen zwischen zehn und 50 Meter. Länge bis zu 16 Zentimeter.

Geweihschleimfisch – *Parablennius gattorugine*

Großer Schleimfisch mit mächtigem Kopf und Schnauze mit schrägem Profil. Über den Augen große, fetzenförmige Tentakel. Bräunlich mit dunklen, senkrechten Streifen. Lebt in Tiefen von zwei bis 35 Meter auf Felsböden und zwischen Neptunsgras. Länge bis zu 30 Zentimeter.

Gestreifter Schleimfisch – *Parablennius rouxi*

Stark nach hinten zulaufender Körper mit kleinem Kopf und beinahe senkrechtem Profil. Über jedem Auge gefiederter Tentakel. Zeichnung weißlich mit dunklem Längsstreifen. Bewohnt felsige Böden von zwei bis 40 Meter Tiefe. Länge bis zu acht Zentimeter.

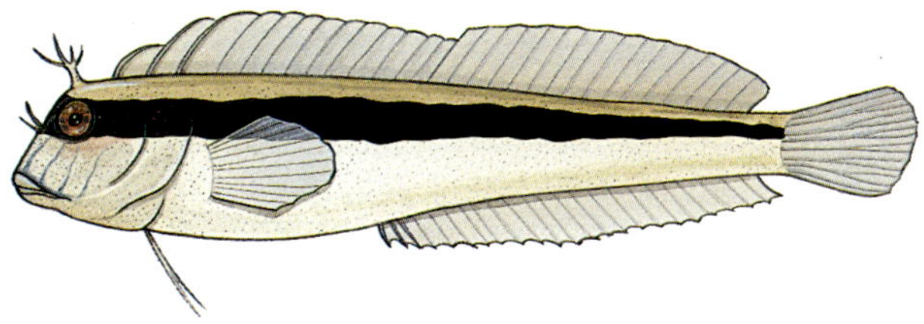

Roter Spitzkopf-Schleimfisch – *Tripterygion tripteronotus*

Länglicher, spindelförmiger Körper mit spitzer Schnauze. Dreigeteilte Rückenflosse. Färbung gräulich-braun. Männchen in der Paarungszeit rot mit schwarzem Kopf. Bewohnt felsigen, dämmerigen Meeresgrund zwischen zwei und zehn Meter Tiefe. Länge bis zu acht Zentimeter.

Pfeilhecht (Europäischer Barrakuda) – *Sphyraena sphyraena*

Pfeilförmiger, kompakter, seitlich zusammengepreßter Körper. Langer Kopf mit spitzer Nase und vorstehendem Unterkiefer. Die beiden Rückenflossen stehen weit auseinander. Oberseite bläulich-grau mit zahlreichen dunklen Streifen an den Seiten. Bewohnt die offene See bis zu einer Tiefe von 100 Meter. Länge bis zu 165 Zentimeter.

Die praktische Anleitung für den Unterwasserfotografen:

Kurt Amsler

Kurts Fototips

Warum, was und wo fotografieren – das braucht man bei der heutigen Verbreitung der Unterwasserfotografie keinem Taucher mehr zu erzählen. Bleibt aber die Frage: Wie fotografieren? Hierzu hat Kurt Amsler, basierend auf seiner Tätigkeit als Leiter entsprechender Kurse, einen praxisbezogenen Lehrgang entwickelt. Von der Pike auf werden die Grundlagen, das Equipment, alle Möglichkeiten und die dazu nötigen Techniken der Unterwasserfotografie in Wort und Bild erläutert. Jeweils in sich abgeschlossene Kapitel erleichtern das schrittweise Verarbeiten, praktische Tips regen zum Ausprobieren an. Und der Text ist kurz und prägnant nach dem Motto: Kurz mit Kurt! ISBN 3-86132-186-6

*Eine Schule Großer Tümmler (***Tursiops truncatus***) zieht an der Insel Tavolara vorbei. Diese liebenswerten Delphine sind die am häufigsten gesichteten Meeressäugetiere in den sardischen Gewässern.*

Die Unterwasserwelt erleben mit prächtigen Bildbänden:

Kurt Amsler

Malediven

Enzyklopädie der Unterwasserwelt

Dieses Buch nimmt den Leser mit auf eine Reise in das Reich der tausend Inseln und offenbart – durch die hervorragenden Fotos und den Text Kurt Amslers – den ungewöhnlichen Reiz und die Geheimnisse des Meeresgrundes. Der Leser taucht mit hinab in die Grotten von Digalihaa, begegnet Schwärmen von Haien vor Mushimasmingili oder schwimmt durch die Laderäume des Wracks der „Maldive Victory". Dabei begegnet er der Natur in ihrer bemerkenswertesten Form, voller Leben, Formen und Farben.

ISBN 3–86132–138–6

Franco Banfi

Papua-Neuguinea

Enzyklopädie der Unterwasserwelt

Eine eigene unverdorbene Welt mit einer unglaublichen Vielfalt an Formen und Farben tut sich auf. Franco Banfi läßt den Leser mit prächtigen Fotos und spannenden Erzählungen an der Erforschung einer traumhaften Unterwasserwelt teilnehmen. Kathedralenartige Höhlen öffnen sich, vielfarbige Korallenfische quellen aus den Spalten bizarrer Riffe, herrliche Korallenformationen bauen sich vor der Kamera auf. Der Leser erlebt die packenden Begegnungen des Autors mit den Großfischen des Meeres. Er sieht, wie Haie und Barrakudas aus der Weite des Meeres auftauchen, um ihr Revier zu kontrollieren.

ISBN 3-86132-172-6

Kurt Amsler

Karibik

Enzyklopädie der Unterwasserwelt

Die Karibik hat mit ihren freundlichen Bewohnern, dem milden Klima und der Üppigkeit ihrer Vegetation auf Besucher immer einen ganz besonderen Zauber ausgeübt. Und auch ihre Unterwasserwelt ist voller Wunder. Kurt Amslers prächtige Fotos und lebendige Erzählungen entführen den Leser zu einer unvergeßlichen Reise durch die Geheimnisse der karibischen Unterwasserwelt, wozu auch die Begegnung mit den Delphinen der Bahama Bank und mit den Stechrochen von Stingray Citiy, ein Tauchgang im geheimnisvollen „Blauen Loch" vor Belize oder ein Besuch des „Schiffsfriedhofs" vor Martinique gehören.

ISBN 3–86132–179–3